돌아온
희생자들

돌아온 희생자들

THE VICTIMS RETURN

스탈린 사후, 굴라크 생존자들의 증언

스티븐 F. 코언 지음 | 김윤경 옮김

글항아리

스탈린의 테러에 남편과 갓난아이,

20년이 넘는 세월을 잃었지만 인간애만큼은 잃은 적 없는

안나 미하일로브나 라리나(1914~1996)를 기리며

THE VICTIMS RETURN 차례

서문 _009

제1장 / **이 책이 탄생하기까지** _017

제2장 / **석방** _043

제3장 / **돌아온 희생자들** _081

제4장 / **'흐루쇼프파 죄수들'의 흥망** _121

제5장 / **사라진 희생자들이 다시 돌아오다** _167

맺음말 / 스탈린의 희생자들과 러시아의 미래 _219
감사의 말 _235
주 _239
옮긴이의 말 _261
찾아보기 _265

1930년대부터 1950년대 초까지 스탈린과

그의 최측근 세력이 몰고 온 대규모 공포는 이 나라 역사를 넘어

전 인류 역사상 가장 잔혹한 것이었다.

(…) 순전히 무고한 사람들을 파멸하고자 살인 기계가 탄생했다.

— 소비에트의 한 저널, 1989년

그네들의 이름을 하나하나 열거하고 싶지만,

빼앗긴 명단은 어디서도 찾을 길이 없네.

— 안나 아흐마토바, 「레퀴엠」

이오시프 스탈린이 소비에트 연방에 시행한 공포정치는 '양대 홀로코스트 중 하나'로 불리는데, 여기에는 그만한 이유가 있다. 스탈린의 임기 24년 동안 무고하게 죽어나간 남녀노소의 수는 히틀러에 의해 희생된 유럽의 유대인 수를 웃돈다.

테러의 주 표적이 소비에트 체제의 고위 계층이었다는 통념과 달리, 공포는 사회 모든 영역에 확산되었다. 레닌과 혁명의 뜻을 같이했던 옛 볼셰비키 지도자들은 물론이고, 스탈린 자신이 기용한 정치가와 젊은 하급 공산당원, 사제들도 숙청 대상이 되었다. 당과 국가, 군대를 위해 일하던 관료들이 쓸려나가면서 이들을 보조하던 비서관과 운전사, 가정부까지 희생되었고, 유명한 공연가와 작가, 과학자를 비롯해 수백만에 달하는 농민과 노동자가 이 시기에 널리 퍼진 표현대로 '끌려갔다'. 많은 경우, 희생자의 직계 가족과 친척 또한 체포되었다. 결국 스탈린의 희생자 중 70퍼센트 이상을 차지하는 대다수는 공산당원도 아니고 소비에트 엘리트 계층도 아닌 '평범한' 시민들이었다.[1]

스탈린의 엄청난 테러는 1929년에서 1933년 무렵, 소련의 1억2500만 농민을 집단화하기 위해 농촌에 무자비한 수단을 동원하면서 시작되었다. 이 과정에서 병력이 사용되고 종종 온 가족이 가혹하게 강제 추방을 당했으며 기근이 확산되었다. 1936년부터 1939년 무렵은 스탈린의 피비린내 나는 탄압이 모스크바, 레닌그라드에 이어 사실상 모든 소비에트 도시에 자행된 일명 대공포 시대The Great Terror였다. 1937년부터 1938년까지 17개월 동안만 170만 명이 체포되었고, 그중 70만 명이 총살되었으며 30~40만 명이 시베리아, 카자흐스탄 등 먼 곳으로 유형을 떠났다.

1939년부터 체포 횟수는 줄어들었지만 완전히 끝난 것은 아니었다. 1941년에서 1945년까지 소련이 나치 독일을 상대로 오랜 전쟁을 벌이는 동안이나 그 후에도 체포는 계속 이뤄졌다. 제2차 세계대전 동안 총 250만 명에 달하는 소수민족이 통째로 소비에트 터전에서 혹독한 환경으로 강제이주를 당해 많은 수가 죽거나 죽어갔고, 승전 뒤에는 본국으로 송환된 소비에트 전쟁포로 100만 명 이상과 다른 소수민족들이 스탈린의 강제수용소나 유형지로 보내졌다. 1940년대 말과 1950년대 초에는 반유대인 정책 등 대규모 탄압의 물결이 또 한 차례 여러 도시에 불어닥치면서 1930년대 말의 악몽이 재현되었다. 이 같은 테러는 1953년 3월 5일, 이를 시작한 장본인이자 수장격인 스탈린이 사망하면서 비로소 막을 내렸다.

스탈린의 테러로 얼마나 많은 소비에트 시민이 목숨을 잃었는지는 오랜 기밀문서에 (완전히는 아니지만) 어느 정도 접근이 가능한 오늘날까지도 전문가들 사이에서 논쟁거리가 된다. 전쟁으로 사망한 2650만 명을 차치하더라도, 1929년부터 1953년까지 스탈린 치하에서 발생한 인명 피해는 1200만에서 2000만에 이를 것으로 추정된다. 이 추정치는 집단화와 대규모 추방 과정에서 생겨난 사망자 수도 포함한다.

많은 희생자가 '트로이카'로 알려진 3인위원회로부터 즉결 심판을 받고 사형에 처해지거나 고문을 받다 죽음에 이르는 등 체포 초기 단계와 투옥 뒤 '심문' 과정에서 목숨을 잃었다. 그나마 희생자 수가 감당할 수 있는 수준이었을 때는 대부분이 뒤통수에 총을 맞고 기존의 묘지에 묻히거나 화장되었다. 하지만 희생자 규모가 점점 더 커지면서 전국 각지에 대량 학살지와 무덤이 늘어갔다. 21세기가 된 지금까지도 그 장소들이 발견되고 있다.

감옥에서 살아남거나 감옥살이를 면한 희생자는 대부분 강제수용소인 굴라크Gulag로 보내졌다. 굴라크는 러시아의 노벨문학상 수상작가 알렉산드르 솔제니친이 자신의 소설에서 '수용소군도Gulag Archipelago'라고 이름 붙이면서 나라 바깥으로 알려졌다. 이는 감옥에서부터 운송, 강제노동수용소, '특별 이주지', 그 외 가혹한 국내 유형流刑에 이르는 스탈린의 방대한 관리체제를 가리킨다. 굴라크 수감자는 흔히 '죄수zek'라고 불렸는데 이는 재소자를 뜻하는 러시아어 'zaklyuchyonnyi'에서 나온 말로, 스탈린 시절에 그 수가 어느 정도에 이르렀는지는 알려져 있지 않다. 현재 일부 전문가들이 인용하는 1200~1400만이라는 숫자는 어림잡은 추정치일 뿐이다.

굴라크에서 돌아오지 못한 수감자는 수백만에 이르렀다. 강제노동 죄수 중 꽤 많은 수가 중노동과 혹독한 감시, 영양실조, 극한의 기후 때문에 '수용소의 이슬'로 사라졌다. 이 같은 현상은 소련의 북극과 극동 같은 변경지대에 크게 무리지어 있던 광산과 벌목장에서 특히 심했다. 이

중 악명 높던 곳으로는 보르쿠타Vorkuta, 노릴스크Norilsk, 콜리마Kolyma가 있었는데, 특히 콜리마는 굴라크의 수도라고 할 수 있는 극동 북부의 해안도시 마가단까지 아울렀다. 어느 한 수용소에서만 6개월 동안 3372명의 죄수가 죽기도 했다.[2]

희생자 수가 어떻게 그렇게 크게 늘었는지 생각하면 소름끼치는 일이지만, 이를 설명하는 것은 어렵지 않다. 여느 대규모 악행과 마찬가지로, 스탈린의 테러는 최고위층부터 최하위층까지 연루되어 있었다. 스탈린은 소비에트 공산당과 국가의 수장 자리에서 소수 측근의 지원을 받아 직접 테러를 시작하고 지시했다. 일반 지령을 공표했고 체포와 총살 대상자 수천 명이 적힌 명단에 서명했으며 드넓은 연방 전역에 걸쳐 도시와 기관에서 차출해야 할 '인민의 적' 숫자를 할당량으로 정해주었다.

1930년대와 1940년대에 NKVD로 알려진 100만 명 이상의 정치경찰이 이 명령을 수행했으며 서로 앞을 다투어 할당량을 초과달성하는 일도 비일비재했다. 스탈린의 두 정치적 심복인, 작은 체구에 양성애 성향과 약물 중독을 보였던 미치광이 니콜라이 예조프와 그 뒤를 이어 악의 화신과도 같았던 라브렌티 베리야가 이끈 NKVD는 희생자들의 체포와 심문, 총살, 이송, 감시를 도맡아 했다. 더 아래로는 수백만의 소비에트 시민이 동료와 지인, 친구, 심지어는 친족까지 고발하며 공포를 부채질했다. 이 같은 행동은 이데올로기적 열정과 두려움, 개인적인 원한과 야망, 하수상한 시대에는 늘 나타나는 병리학적 증상에서 나온 것이었다.

하지만 희생자 수를 조직적으로 대폭 늘려간 것은 스탈린이 공식화하여 전 국민적 열기로 부풀린 음모론이었다. 스탈린주의 이데올로기에 따르면, 나라 곳곳에는 충실한 시민 행세를 하는 숨은 적들, 즉 암살자, 방해공작원, 반역자들이 넘쳐서 소비에트 체제를 붕괴시키고 이 나라를 외세에 팔아넘기고자 음모를 꾸민다는 것이었다. 의미상으로나 법률상으로나 음모에는 두 사람 이상의 가담자가 필요하기 때문에 NKVD는 한 명이 체포될 때마다 반드시 그 악명 높은 형법 58조에 의거해 '반혁명' 죄로 처벌할 공모자들을 찾아야 했다. 별도의 명시가 없으면 취조관들은 5~10명의 공범이 있다는 전제 아래 심문을 진행하는 듯했다. 이러한 이유로 10명의 체포는 100명으로, 수백은 수천으로, 수천은 수백만으로 이어질 수 있었다.

그런 음모는 사실상 존재한다고 해도 극히 일부에 불과했기 때문에 체포된 시민들은 거짓 자백을 하고 대개는 직장 동료, 친척, 친구로 시작하는 무고한 사람들의 이름을 댈 수밖에 없었다. 홀로 고립된 채 충격에 빠져 두려움에 떨던 일부 희생자는 훗날 생존자들이 '말랑말랑한 방법vegetarian methods'이라 이름 붙인 협박, 수면 박탈, 심리적 압박에 쉽게 굴복했지만, 대다수는 스탈린이 개인적으로 인가하고 장려했던 잔혹한 고문을 받은 뒤에야 도저히 견딜 수 없어 자백했다. 상당수 희생자는 죽을 때까지 또는 과중한 업무에 시달린 교도관이 다른 사건으로 넘어갈 때까지 버텼다. 더 이상 고문을 참을 수 없어 감방에서 스스로 목숨을 끊은 희생자도 있었다.

그러나 대부분은 끝을 알 수 없는 신체적 고통에 끝내 무너지고 말았다. 한 예로 러시아의 유명 연극연출가 프세볼로트 메이예르홀트가 감방에서 써서 스탈린의 측근 지도자에게 보낸 고통에 찬 항변서가 있다.

그자들이 예순다섯이나 된 노쇠한 이 몸을 때리기 시작했소. 바닥에 엎드리게 하더니 꽈배기처럼 꼰 고무채찍으로 내 발바닥과 척추를 때렸다오. 그러고는 의자에 앉혀 내 다리를 위에서부터 세차게 내렸소.

채찍에 맞은 다리 부위에 넓게 멍이 생기고 나니 다음 날부터는 붉으락푸르락 노랗게 멍든 그 자리에 또다시 채찍질을 했지. 어찌나 고통스럽던지 꼭 상처 난 부위에 팔팔 끓는 물을 들이붓는 것 같았소. 내가 고통에 울부짖자, 그자들이 내 등짝에 고무채찍을 휘갈기고 얼굴을 위에서 주먹으로 내리쳤다오. (…) 차라리 죽는 편이 이보다 참기 쉽겠다는 말이 내 입에서 절로 나옵디다. 결국, 빨리 처형대에 오르길 바라는 마음에 나 스스로를 비방했소.3

그렇게 많은 거짓 자백과 무고한 사람들의 이름을 얻어내려면 훨씬 더 극단적인 방법도 필요했다. 여자들은 비인간적인 성적 학대까지 당했는데, 어떤 젊은 여배우는 경찰봉으로 여러 차례 능욕을 당했다고 한다. 붉은 군대 사령관을 지낸 오성장군 바실리 블류헤르는 한쪽 안구가 튀어나올 정도로 심하게 얻어맞았고, 그 후에도 죽을 때까지 계속 고문을 당했다. 일부 재소자는 귀와 코가 잘려나갔다. 그리고 최후에는 자기 가족에게도 똑같이 고문하겠다는 협박까지 받았다. 감옥 어딘가에서 여자들이 고문당하며 울부짖는 소리가 들려오고 열두 살짜리 아이에게도 사형을 인가한다는 칙령이 있었기 때문에 이는 결코 공허한 협박이 아니었다. 실제로 희생자가 보는 앞에서 그 남편이나 아내가 고문을 받기도 했고 어린 자녀들도 마찬가지의 처우를 받았다. 어떤 희생자는 자신의 십대 딸이 겁탈당하는 모습을 억지로 지켜봐야 했다. 그리고 마침내 트로이카 앞에 섰을 때, 많은 죄수가 용기를 내 메이예르홀트처럼 자신의 증언을 취소했다. 어찌 됐든 대개는 몇 분 안에 총살을 당했지만, 몇몇은 사형이 연기되어 또다시 가혹한 구타를 당해야 했다.4
두터운 '순교자 열전'이 러시아 전역의 도시와 구소련에 속했던 공화국에서 20년 넘게 편찬되고 있지만, 스탈린의 테러에 사망한 이들의 이름은커녕 전체 수가 얼마나 되는지조차 알 수 없는 실정이다. 기록보관소(사실에 입각하면서도 단편적이고 위조된 문서들이 보관된 곳)조차도 답을 주지 못한다. 아주 많은 희생자가 속절없이 사라졌다. "사람들이 밤의 그림자처럼 자취를 감추었다"라고 훗날 스탈린의 친딸은 회상했다.[5] 보리스 파스테르나크의 유명한 소설 『닥터 지바고』를 읽거나 이를 원작으로 만든 대중 영화를 본 독자라면, 종막에 파스테르나크가 자신의 사랑스런 여주인공 라라의 운명에 대해 쓴 인과론적 설명을 기억할 것이다.

어느 날 라리사 표도로브나는 외출했다가 돌아오지 않았다. 분명히 그녀는 그날 가두에서 체포되어 어딘가로, 아마 북부 지방의 헤아릴 수 없이 많은, 남녀 혼용 혹은 여자만의 수용소 중 하나에 들어가서, 나중에는 찾을 수조차 없게 된 명단의, 이름 없는 한 번호로 잊힌 채 자취도 없이 사라져버렸을 것이다.(박형규 옮김, 열린책들)

스탈린의 고문 감옥과 노동수용소에서 어렵게 살아남은 수백만 사람에 대한 이 책을 쓰기 위해 희생자들을 인터뷰하는 동안, 나는 돌아오지 못한 더 많은 사람을 잊지 말라는 당부를 수도 없이 들었다. 그러니 독자 여러분도 잊지 말기를 바란다.

× 제1장 ×

이 책이
탄생하기까지

×

×

×

모든 시대는 그 시대에 맞는 특정한 형태의 자료를 쏟아낸다.

— 블라들렌 로기노프, 러시아 역사가

소비에트 정부에 불만을 품은 자들과 어울리지 마시오.

— 어느 KGB 요원이 이 책 저자에게 한 경고, 1981년

수 세기 동안 탄압과 검열 속에서 살아온 러시아 작가들은 원고에도 사람처럼 자신만의 역사가 있다는 이야기를 종종 하는데, 이 책이 바로 그렇다. 내가 이 프로젝트의 개요를 작성한 것은 지금으로부터 거의 30년 전인 1983년으로, 최근까지도 이 초안은 내가 수집한 다량의 자료와 함께 서류철 속에 그대로 남아 있었다. 그러나 독자 여러분도 곧 알게 되겠지만, 내가 러시아와 맺은 오랜 직업적·개인적 관계에서 이 주제는 한시도 내 마음을 떠난 적이 없었다.

이 프로젝트를 시작한 의도는, 지금도 여전히 많은 부분에서 그렇지만, 스탈린의 뒤를 이어 1953년부터 1964년까지 집권한 니키타 흐루쇼프 시절에 소비에트 사회로 돌아온 굴라크 희생자들의 이야기를 쓰는 것이었다. 나는 1970년대 말과 1980년대 초, 소련 내에서 스탈린의 테러와 희생자들에 대한 공개적인 논의가 공식적으로 금지되고 처벌을 받던 시절에 모스크바에서 초기 조사를 진행했다. 현명한 학자라면(당시 나는 프린스턴대의 교수였다) 쉽게 얻을 수 있는 관련 자료가 몹시 적은 주제는 선택하지 않겠지만, 내 경우는 그 주제가 나를 선택했다고 봐야 할 것 같다.

나중에 생각난 것이긴 하지만, 시작은 훨씬 전이었다. 1965년 나는 영국의 역사가 로버트 콘퀘스트와 함께 런던의 한 공원을 거닐며 콘퀘스트의 새로운 프로젝트에 대해 이야기를 나누고 있었다. 이 프로젝트는 그 유명하고도 절대적인 중요성을 지닌 책 『대공포The Great Terror』로 세상의 빛을 보게 되었다. 당시 우리는 서로 친분을 튼 지 얼마 안 된 사이였다. 콘퀘스트는 이미 시인이자 소설가, 문학평론가, 정치사가로 학계에서 두루 인정받는 영국계 미국인 학자였다. 하지만 스무 살 이상 어렸던 나는 내세울 만한 저술 하나 없는 대학원생으로, 소비에트 건국 지도자 중 한 명이자 1938년 스탈린에 의해 '인민의 적'으로 몰려 재판을 받고 처형된 니콜라이 부하린을 주제로 박사과정 논문을 막 시작한 참이었다.

당시 부하린은 모스크바 재판을 주제로 한 아서 쾨슬러의 소설 『한낮의 어둠』의 모델이 된 인물로 주로 알려져 있었다. 결국 부하린에 대한 내 논문이 이 책으로 발전한 것이기 때문에, 내가 왜 부하린을 논문 주제로 택했는지 설명해야겠다. 나중에 몇몇 사람이 추측한 것처럼, 내게 소비에트 시절을 겪은 일가친척이 있기 때문이라는 이야기는 사실이 아니다.(나는 그 모든 것과 전혀 상관없는 켄터키에서 자랐다.) 그보다는 대학원 연구과정을 통해, 스탈린주의를 대신할 진정한 소비에트적 대안은 일반적으로 생각하듯 레온 트로츠키의 사상이 아니라 부하린의 사상이었다는 결론을 얻었기 때문이다. 내가 염두에 둔 것은 1921년 레닌이 도입하고 1924년 레닌의 사망 후 부하린이 정교하게 발전시키고 옹호했던, 시장경제의 부분적인 도입을 특징으로 한 신경제정책 네프NEP, New Economic Policy였다. 나는 1929년 스탈린이 부하린을 지도부에서 쫓아내면서 잔혹한 농민 집단화가 이뤄졌고, 결국 이것이 테러로 이어졌다고 생각했다.

1965년 당시 내 마음에 자리한 것은 1920년대의 네프에 대한 그 새로운 해석 정도였다. 하지만 콘퀘스트가 새로 찾았다는 1930년대 자료에 대한 이야기를 들으며 나는 여담으로 부하린의 미망인인 안나 라리나와 아들 유리 라린이 스탈린의 테러로부터 어렵게 살아남아 지금 모스크바 어딘가에 살고 있다는 말을 하게 되었다. 남편보다 26세나 젊었던 안나가 20년 이상을 감옥과 노동수용소, 시베리아 유형지에서 힘들게 보내는 동안, 아들 유리는 갓 한 살에 엄마 품에서 떨어져 부모가 누군지도 모른 채 고아원에서 자랐다.(안나는 나중에 자신의 회고록 『이것을 나는 잊을 수 없네This I Cannot Forget』에서 두 사람의 이야기를 전했다.)**1** "맞네, 소련 전역에 그런 생존자가 아직 수백만은 있을걸세." 콘퀘스트의 대답이었다. 우리는 아주 잠시 동안 굴라크 이후 생존자들의 삶이 어떠했을지 궁금증을 품었다.

그러나 그때 심은 씨앗이 싹으로 돋아난 것은 더 나중의 일이었다. 1976년, 나는 크게는 미소 학술교환 프로그램의 일환으로 장기간 모스크바에 머물게 되었다. 그 무렵 부하린에 관한 내 책이 뉴욕에서 출간되어 밀수본 하나가 안나와 유리에게 전해진 상태였고, 두 사람은 나를 자신의 가족 안으로 반갑게 맞아주었다.**2** 사실 내 모스크바 생활의 중심은 안나의 이 새로운 가족이었다. 안나에게는 유리 외에도 시베리아 유형지에서 낳은 나데즈다와 미하일이라는 두 자녀가 있었는데, 굴라크에서 만나 혼인한 이 아이들의 아버지 표도르 파데예프는 1959년 모스크바로 돌아온 직후 사망했다.

나는 곧 부하린 가족을 통해 알게 된 대부분의 사람이 스탈린 테러의 희생자이거나 희생자의 일가친척이라는 사실을 알게 되었다. 1964년 흐루쇼프가 실각한 직후부터 희생자들의 끔찍한 시련을 대중에게 알리는 일은 엄격한 검열의 대상이 되었기 때문에, 이들은 자신의 경험을 널리 알릴 수 있다는 희망을 거의 접은 상태였다.

이 같은 이유와, 그 순교자 집단에서 서열 1위를 차지하는 옛 볼셰비키 지도자의 미망인 안나 라리나와 나의 '양자' 관계 때문에 사람들은 내게 자신의 이야기를 들려주고 출간되지 못한 회고록을 주려고 열심이었다. 그 순간 나는 예기치 못하게 숨은 역사의 한복판에 서게 되었다. 즉, 소련에는 단편적으로만 알려지고 서구에는 거의 알려지지 않은 그 살아 있는 역사를 쓰는 일이 내게 툭하고 떨어진 듯했다.

내가 애초에 계획한 책에는 두 가지 목적이 있었다. 우선은 부하린의 전기를 쓰면서 배운 것을 활용해 1950년대 희생자들의 석방에서부터 시작하여 이들이 사회에 복귀해 각자에게 남아 있는 삶을 지키고자 애쓰는 모습으로 끝나는 굴라크 귀환자들의 공동 전기집을 쓰고 싶었다. 두 번째 목적은 소비에트 체제의 개혁에 대한 내 관심을 반영한 것이었다. 1920년대의 신경제정책과 부하린의 경우에서 보았듯이, 역사적 전통을 억압하면 종종 다른 곳에서 주요한 정치적 변화가 일어나기 마련이었다. 극도로 보수적인 1970년대 소비에트의 모스크바에서도 이제야 그런 일이 일어날 것 같은 조짐이 보였다. 이러한 연유로 나는 스탈린의 사망 후 수백만 굴라크 죄수의 귀환이 흐루쇼프의 집권 아래 정책 결정과 체제 자체에 어떤 영향을 끼쳤는지 살펴보고 싶었다.

이 두 번째 목적은 서구 학계에서 비주류 의견에 속했다. 대부분의 연구는 여전히 '전체주의' 모델을 고수하며, 소비에트 정치체제는 소비에트 역사 및 사회와는 별개의 것이라고 보았다. 둘 중 어느 것에도 크게 영향을 받지 않기 때문에 근본적으로 개혁이 불가능하다는 입장이었다.[3] 하지만 1950~1960년대 굴라크 귀환자들이 끼친 영향을 보면 이야기가 전혀 달라 보였다. 지도부의 권력과 정책을 둘러싼 현행 갈등에서 과거에 대한 논란이 빠지지 않았던 그 시기에, 귀환자들의 운명은 철저하게 역사화된 정치의 핵심 요소였다. 이와 동시에 수많은 석방자와 그 가족들의 개인적인 필요는 지도층의 지속적 비스탈린화를 주장하는 사회적 유권자층을 양산하고 체제의 변화 역량을 평가하는 시험대를 마련했다.(나는 이러한 인식이 서구 소비에트 연구자들 사이에 자리 잡기도 전에 사회사와 정치사를 결합하려고 시도하고 있었다.)

하지만 이렇게 실증이 중요한 연구에 필요한 정보를 어디서 구할 수 있었을까? 이 주제를 다룬 2차 자료는 거의 찾아볼 수 없었다. 테러에 대해 잘 저술한 서구의 책들, 특히 콘퀘스트의 저서들은 시민들의 희생에만 초점을 맞췄을 뿐 그 후의 삶은 다루지 않았다.[4] 그리고 다방면에 걸쳐 검열이 이뤄지고 기록보관소가 폐쇄되며 희생자들이 여전히 위협을 느끼고 적대적인 분위기가 팽배한 나라에서 놀랄 일도 아니겠지만, 소비에트 저자가 쓴 귀환자에 대한 연구는 단 한 편뿐이었다. 그나마도 단편적인 것으로, 1970년대에 서구에 발표된 알렉산드르 솔제니친의 대서사시『수용소군도』3권 마지막에는 몇몇 굴라크 생존자의 귀환 후 삶이 간략하게 드러나 있다.[5]

이는 내가 직접 조사한 1차 자료에 주로 의존해야 함을 의미했다. 회고록이 있었다면 더없이 좋았겠지만 거의 구경하기가 힘들었다. 검열을 받지 않은 굴라크 회고록이 수년간 해외에서 출간되고 있었으나 내 목적을 충족시키기에는 그 가치가 한정적이었다. 대부분이 스탈린의 사망 이전 시기를 다루거나 굴라크 이후의 삶에 대해서는 거의 언급하지 않았다. 일부 회고록은 본국으로 송환된 외국인 죄수가 쓴 것으로, 그중에는 1930년대에 일 또는 약속의 땅을 찾아 소련으로 갔던 몇몇 미국인도 포함되어 있었다. 그러나 이들의 경험은 소비에트 희생자들을 대변하기에

는 역부족이었다.6

　예외적인 회고록은 단 두 경우뿐이었다. 하나는 솔제니친의 특색 있는 회고록으로, 영어로 발표된 제목은 『송아지, 참나무를 계속 받다』였다. 이 회고록은 작가 개인의 삶보다, 작가가 1974년 강제 추방되기 전 소련에서 자신의 저작물을 출간하기 위해 고군분투하는 모습을 주로 다뤘다. 이보다 더 유용한 책은 전직 공산주의자 교사인 유지니아 긴즈부르크가 쓴 두 권짜리 회고록 『소용돌이 속으로 떠나는 여행』과 『소용돌이치는 곳에서』다. 이 책은 스탈린의 테러 시절을 알 수 있는 필독서로 남아 있다. 2009년 이 책의 일부가 영국의 극장용 영화로 만들어졌다.(「위딘 더 월윈드」로 네덜란드 감독에 의해 독일에서 제작되었다.—옮긴이) 특히 긴즈부르크의 회고록 두 번째 권은 그녀가 1940년대 말 수용소에서 풀려난 뒤 어떤 삶을 살았는지에 대하여 이야기하고 있다. 긴즈부르크는 석방 뒤에도 강제적으로 마가단에 살며 NKVD 요원들의 자녀를 가르치고 그곳에서 어린 아들과도 재회할 수 있었다.

　이외에도 문서 자료를 얻을 수 있는 출처가 두 군데 있었다. 모두 소비에트의 자료로, 거의 알려지지 않았지만 중요한 가치가 있었다. 하나는 비스탈린화 정책으로 검열이 다소 완화되었던 흐루쇼프의 '해빙기' 시절에 소련에서 출간된, 스탈린의 테러를 폭로한 책들이었다. 현재 전문가들 사이에서도 그러한 저작물은 해빙기 시절에조차 거의 허용되지 않았거나—문학작품으로는 솔제니친의 단편소설 『이반 데니소비치의 하루』가 유일했다—친소비에트적인 작품들이기 때문에 주목할 가치가 없다는 인식이 널리 퍼져 있는데, 이는 잘못 알고 있는 것이다.(일부에서 가장 위대한 굴라크 작가라고 일컫는 바를람 샬라모프는 체제에 어느 정도 순응하려 했던 작가들을 그렇게 경멸하지 않았다.)7

1960년대 초중반에는 굴라크 생존자들의 회고록을 비롯해 스탈린의 테러에 대해 알려주는 많은 책이 정식 허가를 받아 출간돼 나왔으며, 어떤 책들은 허구의 이야기로 얄팍하게 위장되기도 했다. 이 같은 현상은 모스크바와 레닌그라드뿐만 아니라 보수적인 도시들에서도 나타났다. 나는 내게 다방면으로 조언을 아끼지 않은 귀환자들의 격려로, 수용소 수감자와 추방자들이 집결해 있던 변경지대에서 발행되고 출간된 문예·정치시사 잡지에서 귀중한 정보를 얻을 수 있었다. 특히 시베리아와 카자흐스탄에는 많은 희생자가 석방 후에도 그대로 남아 있었다. 그런 잡지들을 손에 넣기까지는 매우 힘들었지만, 노력한 보람은 충분히 있었다.[8]

문서 자료는 검열을 받지 않은 출판물에서도 얻을 수 있었다. 이는 '자체 발간'이란 뜻의 **사미즈다트**samizdat로 알려진 저작물로, 타자기로 쳐서 손에서 손으로 유포되었고 그 수가 점점 더 늘고 있었다. 비공식적인 글라스노스트glasnost('정보 공개'라는 뜻으로 훗날 미하일 고르바초프가 자신의 검열 폐지 정책을 의미하기 위해 채택한 단어)라는 이름 아래 역사서부터 회고록, 소설, 당대의 정치·사회 비평서에 이르는 저작물이 줄줄이 나왔다.[9] 놀랄 것도 없이, 이 새롭고 의미 있는 문예활동의 중심에는 생존자 출신의 작가들이 있었고 이들은 테러 시대를 주요하게 다루었다.

하지만 무엇보다도 나는 내가 알게 된 스탈린 희생자들의 개인적인 증언에 의지했다. 처음에는 부하린 가족을 통해 희생자들을 만났지만, 얼마 지나지 않아서는 아주 비범한 모스크바인 3명의 도움을 많이 받았다. 그중 두 명은 테러의 희생자일 뿐만 아니라 잘 알려진 반체제 역사가로, 나와 오랫동안 개인적·직업적으로 친분을 유지해온 로이 메드베데프와 안톤 안토노프 옵세옌코였다.[10]

이후 나이 50대 초반에 로이(육군 장교이자 공산당에 속한 철학 교수였던 그의 아버지는 굴라크에서 사망했다)는 반체제 인사 집단에서도 독특한 인물이 되었는데, 이는 비단 그가 마르크스-레닌주의적 견해를 친민주주의적 견해와 결합했기 때문만은 아니었다. 학식 있는 교수이지만 천성적으로 정치적 외톨이였던 그가 당시 세운 가장 큰 업적은 소련 내에서 최초로 스탈린주의에 대해 쓴 진정한 역사서 『판단은 역사에 맡겨라Let History Judge』였다. 비록 해외에서만 출간될 수 있었지만, 이 책은 지금까지도 정치적 폐단의 증거이자 매우 중요한 정보의 출처로 남아 있다.

1956년 아버지의 무죄 판결 이후 공산당에 들어가서 1969년에 제명된 로이는 많은 반체제 인사와 달리, 냉정할 정도로 분석적이었고 논쟁보다는 사실을 중요시했으며 어정쩡한 미소 이상으로는 의견 차이를 표명한 적이 거의 없었다. 큰 키에 잘생기고 자세가 살짝 구부정했던 그는 시위활동 때문에 런던에서 망명생활을 하던 과학자 쌍둥이 형 조레스가 보내준 옷 덕분에 더더욱 은발의 영국인 교수처럼 보였다. 로이와 나는 친구가 되었지만 우리 사이에 자주 오간 대화는 대개 학술 동료끼리 나눌 법한 이야기들이었다. 그는 내가 필요로 했던 역사적 사건과 인물, 자료에 대한 지식이 있었고, 나는 그가 알지 못한 서구 문학을 알았다. 우리는 이보다 더 좋은 상부상조 관계는 없을 것이라는 데 의견을 같이했다.11

안톤은 역사에 관심이 많은 외톨이라는 점에서 로이와 비슷했지만, 그 외의 점에서는 완전히 달랐다. 안톤의 부모님은 1917년 페트로그라드에서 볼셰비키의 정권 장악을 이끌었던 아버지 블라디미르 안토노프-옵세옌코를 포함해 두 분 모두 스탈린의 감옥에서 사망했다. 또한 스탈린에게 희생된 지도층의 많은 장성한 자녀처럼 안톤 자신도 거의 13년을 굴라크에서 '지냈는데' 이 경험은 훗날 사회고발성 글쓰기에서부터 위험 감수, 몇 차례의 결혼, 친구의 선택까지 그가 했던 거의 모든 일에 영향을 끼쳤다.

장님이나 다름없었지만 강단과 결단력이 있었던 안톤은 지칠 줄 모르고 연구에 매진했다.(심지어는 20년 뒤 여든이 넘어서도 믿기 힘들 정도의 턱걸이 실력을 보여주었다.) 그리고 또 다른 전직 죄수 솔제니친처럼, 공세에 시달렸고 외고집이었으며 굴라크에서 얻은 자신의 노련미를 과신했다. 안톤은 우리 사이가 가까워지자, 금석今昔의 '스탈린의 하수인들'을 폭로할 수 있도록 도와달라고 자주 요청해 날 좀 곤란하게도 했다. 그러나 로이처럼 많은 굴라크 생존자에게 존경과 신임을 받았으며 내게 도움을 주도록 생존자들을 설득했다.

나의 세 번째 조력자는 사면초가에 몰린 모스크바 인권운동의 중심에서 있었던 30대의 비범한 여인 타티야나 바예바였다.(1968년 8월, 소련의 체코슬로바키아 침략에 항의한 그 유명한 '붉은 광장 7인 시위'에는 실제로 제8의 멤버인 스물한 살의 타냐 바예바도 있었다. 그녀는 체포됐지만, 여느 멤버들과 달리 퇴학만 당했을 뿐 처벌은 받지 않았다.) 이 운동에는 스탈린 테러의 생존자들뿐만 아니라 돌아오지 못한 희생자들의 자녀까지 참여했다. 실제로 국제적으로 알려진 저명한 생화학자이자 1970년대 소비에트 과학아카데미의 고관이었던 타냐의 아버지 알렉산드르 바예프는 스탈린의 수용소와 유형지에서 17년을 보냈으며 딸 타냐도 그곳에서 얻었다.[12] 모스크바의 같은 건물에서 살았던 타냐와 나는 어느 날 이웃으로서 우연히 마주친 일을 계기로 가까운 친구 사이가 되었다.

비록 대부분의 평가에서 간과되긴 하지만, 여자들은 1960년대 말부터 1980년대 중반까지 소비에트 반체제 운동의 토대를 마련했다. 이들은 사미즈다트의 타자 작업을 맡고 배급체계를 정리했으며 운동 참여자들의 피난처와 자재 보관소를 마련했고 남자들이 과음을 하지 못하게 도와주었다. 그중에서도 타냐 바예바의 열성이나 영향력을 따라갈 자는 거의 없었다. 타자로 친 원고와 해외에서 출간된 금서들로 가득했던 타냐의 작은 아파트는 인권활동가들과 그 외 반체제 인사들의 정기적인 모임 장소가 되었다. 이 모임에는 테러에서 살아남은 중년들도 있었는데, 특히 남자들은 타냐의 이국적인 외모와 세련된 매너, 신비주의적 아우라에 푹 빠져 있었다. 이들 중 몇 사람 또한 내게 아주 유용한 정보의 출처가 되어줬다.

1980년대 초 나는 주로 안나 라리나, 로이, 안톤, 타냐를 통해 20명 이상의 굴라크 생존자와 다른 테러 희생자를 알게 되었다. 나는 정기적으로 모스크바에 머무르며 그때그때의 여건에 맞게 시간을 조절해 이 희생자들을 인터뷰했는데, 그중 몇 명은 여러 차례 만나거나 따로 보거나 사적인 소규모 모임에서 만났다. 그렇더라도 시기가 시기인 만큼 인터뷰는 항상 극비로 진행했다. 이들이 종종 사용하던 표현대로, 이들은 저마다 자신만의 골고다 언덕에서 살아 돌아왔다. 이중 대다수는 러시아 독자에게는 친숙한 이름이겠지만 그 외의 독자들에게는 생소할 것이다. 그렇더라도 내게 도움을 준 것에 감사한 마음을 전하고 이들이 어떤 사람인지 독자가 감을 잡을 수 있도록 여기서 몇 명 정도는 언급하는 것이 좋겠다는 생각이 든다.

날 만났을 때 중년이었던 이들은 대부분 부하린과 정치적으로 가까웠던 스탈린의 주요 희생자들의 자녀라는 이유로 체포를 당하거나 다른 식으로 처벌을 받았다. 유리 아이헨발트와 레오니트 페트롭스키는 1920년대에 활발히 활동한 젊은 부하린주의자들의 아들들이었다. 나탈리야 리코바의 아버지 알렉세이 리코프는 레닌의 뒤를 이은 소련 인민위원회 의장이자 지난날 부하린의 당내 협력자였고, 작가 카밀 이크라모프의 아버지는 우즈벡 공산당 제1서기를 역임했다. 두 사람 모두 1938년 부하린과 함께 재판 후 처형당했다. 이고르 퍄트니츠키의 아버지 오시프는 공산당 중앙위원회의 고위관료로, 1937년 스탈린의 테러를 막고 부하린과 다른 동료들을 구하려다 체포되어 지독하게 두들겨 맞고 총살당했다. 한때 막강한 위세를 자랑했던 이 지도자들의 자녀들은 살아남았지만, 다른 이들과 마찬가지로 인생에서 많은 세월을 허비했다.

내가 만난 희생자 중에는 이와 정치적 배경이 다른 사람들도 있었다. 로이의 소개로 만난 연세가 지긋한 미하일 바이탈스키는 1920년대 트로츠키가 이끈 좌익 반대파에서 유일하게 생존한 것으로 알려진 두 사람 가운데 한 명이었으며, 1960년대와 1970년대에는 늘 가명을 사용해 순교한 동지들, 소련의 알코올중독, 반유대주의 등의 주제로 많은 작품을 쓴 존경받는 '사미즈다트' 작가였다. 반면, 중년의 생존자 유리 가스테프는 처형당한 정통 공산주의자 시인의 아들이었다. 그는 감옥살이의 영향으로 유쾌함과 쓸쓸함 사이를 번갈아 오갔는데, 이 같은 증상은 타냐를 향한 소년 같은 짝사랑 때문에 더 악화된 듯했다.

오래지 않아 나는 나이가 더 지긋한 굴라크 생존자 두 사람이 비순응주의자 집단에서 성자라는 평판을 얻고 있다는 사실을 알게 되었다. 그 중 한 명은 그 옛날 붉은 군대 장교이자 충성스런 스탈린주의자였던 레프 코펠레프였다. 그는 1945년 독일에서 소련 점령군이 현지 여성들을 겁탈하려는 데 항의해 체포되었다. 곰 같은 인상에 자상하고 톨스토이 같은 하얀 수염을 길렀던 그는 솔제니친과 함께 굴라크 생활을 했으며, 1962년에는 당시 무명이었던 솔제니친이 획기적인 수용소 소설 『이반 데니소비치의 하루』의 소련 내 출간을 도왔다.(솔제니친은 훗날 자신의 소설 『제1원圓』에서 코펠레프를 독단적인 레프 루빈으로 부당하게 묘사했다.) 스탈린주의자에서 민주적 인문주의자가 되기까지의 여정을 그린 코펠레프의 불굴의 회고록『영원히 간직되기를』『맹신자의 교훈』『내 슬픔을 누그러뜨려주오』 등은 러시아에서 출판 허가를 받기 전에 서구에서 번역본으로 널리 읽혔다. 코펠레프는 1981년, 독일에 머무는 동안 거침없는 반대 발언으로 소련 시민권을 박탈당한 뒤에도 내게 충고를 아끼지 않았다.

그러나 안나 라리나를 제외하고 내가 가장 좋아했던 귀환자는 두말할 것 없이, 이미 70대 후반에 접어든 사랑하는 예브게니 그네딘이었다. 1930년대 소련 외무부의 고위관료였던 그는 베리야의 개인 감시 속에서 몇 달 동안 구타를 당했는데도 체포 후 죄를 자백하지도, 다른 사람에게 뒤집어씌우지도 않은 몇 안 되는 인물 중 한 명이었다. 그네딘의 작은 골격과 부드러운 외모, 웃는 얼굴을 보면 그가 친구와 동료들이 죽어나가는 모습을 지켜보며 인고의 시간을 버텨낸 사람이란 사실이 믿기지 않았다. 그의 비범한 지혜와 연민의 정에서는 털끝만큼의 비통함도 느껴지지 않았다.

그네딘은 수용소와 유형지에서 16년을 보내고 1955년 모스크바로 돌아온 뒤 여전히 자신의 과거와 싸우고 있는 젊은 희생자들의 친구가 되어주었다. 열여섯 살 때부터 12년을 굴라크에서 보낸 카밀 이크라모프가 속상한 마음을 털어내도록 도운 이도 그네딘이었다. 그는 수용소와 유형지에 있을 때 카밀의 멘토가 되어 "아버지가 날 지켜보고 있는 것처럼 살아야 한다"고 가르침을 주기도 했다. 나와 마찬가지로 그네딘의 친구들은 어서 오라고 손짓하는 듯한 그의 아파트에서 자주 모임을 갖곤 했다. 이들 중 한 명이었던 시인 블라디미르 코르닐로프는 다음과 같이 썼다.

가슴속 저 밑에서

추악한 무언가가 느껴질 때면

나는 그네딘을 갈망한다.

마치 그리스도를 찾는 죄인처럼.

(…)

다섯 손가락 하나하나에 감정을 넣어

그의 이야기를 꼭 붙든다.

그가 가르쳐주는 진지한 문제들을

기필코 살아내기를 나는 소망한다.[13]

그네딘의 도움을 받은 또 다른 사람은 유리 라린이었다. 그네딘은 부
정父情을 알지 못했던 유리를 위해 아버지가 되어주었을 뿐만 아니라, 내
가 쓴 부하린 전기를 유리와 함께 비밀리에 러시아어로 번역하기도 했
다.(그네딘이 구소련 정부 기관지였던 『이즈베스티야Izvestia』 지에서 일했던
1930년대 중반, 부하린은 이 기관지의 편집장이었다.) 소련 내에서 비밀리에
배포하기 위해 1980년 미국에서 출판된 이 번역본에는 '목요일의 Y와 Y'
에게 공을 돌린다는 문구가 실려 있는데, 목요일은 두 사람이 번역 작업
을 위해 정기적으로 모인 날이었다. 1983년 그네딘이 모스크바에서 사망
했을 때, 유리는 내게 이런 편지를 보내왔다. "우리 곁을 떠난 분이 어떤
분이던가요. (…) 그분이 없는 제 삶은 상상조차 못 할 만큼 힘들 거예요.
하지만 그렇게 훌륭하고 밝게 빛나는 분이셨으니 진정으로 돌아가신 건
아니라는 생각이 들어요."

처음 내 프로젝트가 실현될 수 있게 도와준 사람들 중에는 바로 이
스탈린의 희생자들이 있었다. 그리고 좀 더 뒤에는 특별히 중요했던 네

사람이 내게 힘을 빌려주었다. 이중 리코프의 조카이자 나탈리야의 사촌인 미하일 샤트로프는 테러로 친척 서른 명을 잃었지만 그럼에도 훗날 가장 인기 있는(그래서 검열을 많이 받는) 소비에트 극작가가 되었다. 그는 젊은 날 불안정한 피난처 이곳저곳을 방황하고 이후 정식으로 문화계에 몸담은 덕분에 내가 조사 중인 주제에 대해 많은 것을 알고 있었다. 샤트로프보다 나이가 많지만 언제 봐도 사근사근한 레프 라즈곤도 방식은 달랐지만 도움이 될 만한 정보를 많이 알고 있었다. 그는 오랜 죄수생활을 한 어린이 책 작가로, 희생자와 가해자 모두를 바라보는 관점이 독특했다. 일부 러시아인은 영어로는 『진실한 이야기True Stories』란 제목을 달고 출간된 그의 굴라크 이야기가 솔제니친과 샬라모프의 소설과 어깨를 나란히 한다고 생각한다.

알렉산드르 밀차코프의 도움은 좀 남달랐다. 1930년대 공산주의청년동맹의 지도자로 굴라크에서 살아남았던 알렉산드르 밀차코프의 아들(아버지와 아들 둘 다 이름이 알렉산드르였다)이었던 사샤(내가 붙인 별명)는 사명감을 띤 기자였다. 1980년대 말, 그는 희생자들이 실제로 언제 죽었고 어디에 묻혔는지 알아내는 데 앞장서면서 모스크바의 아주 오래된 돈스코이 공동묘지에 관심을 쏟았다. 어느 비오는 날, 사샤는 술에 취한 경비원 몰래 나를 그곳 화장터에 들여보내주었다. 이 화장터는 1930년대 말 시신을 태우고 그 유골을 공동묘지에 쏟아버렸던 장소로 오늘날 악명이 자자한 곳이었다. 사샤가 쓴 기사들 때문에 돈스코이는 오랫동안 희생자를 애도할 곳이 필요했던 그 친족들에게 메카가 되었다.(1989년 나는 CBS 뉴스의 컨설턴트로 앵커 마이크 월리스를 도와 「60분」이란 프로그램을 위해 이 화장터의 외관을 촬영한 적이 있다. 이때는 정신이 또렷한 관리인이 기를 쓰고 막아서 안에 들어갈 수 없었다.)

마지막으로는 부하린과 전부인 예스피르 구르비치 사이에서 태어난 딸인 역사가 스베틀라나 구르비치가 있었다. 스베틀라나는 아주 뒤늦게 나를 반겨주었는데, 그 이유를 나는 알고 있었다. 이복 남동생 유리보다 12년 앞서 1924년에 태어난 스베틀라나는 1949년 한때 저명한 소비에트 경제학자였던 어머니와 함께 체포되었고, 평생 '극악무도한 인민의 적'이라는, 가족 위에 드리운 불길한 그림자를 안고 살았다. 심지어 1970년대에는 노쇠한 어머니와 단둘이 수입도 거의 없이 모스크바의 작은 아파트에 살면서, 같은 학술기관에서 일하는 신스탈린주의 역사가들에게서 끊임없는 위협을 느꼈다. 그런데 특히나 내 책이 모스크바에 유포되고 있는 상황에서 나와 접촉까지 하면 자신의 처지가 더욱 위험해질까봐 두려워했던 것이다.

하지만 결국 스베틀라나는 날 받아주었고, 습관적으로 깜짝깜짝 놀라는 증세가 있긴 했지만 그간 억눌러왔던 열정을 2003년 자신이 죽는 날까지 변함없이 보여주었다. 이제 우리는 그녀의 아버지 부하린의 역사적 명성을 회복시키기 위해 함께 싸우는 '전우'라고 스베틀라나는 단언했다.(이 전우관계에는 내가 부하린의 전기에서 저지른 그릇된 평가들을 일일이 열거하는 일도 포함됐다.) 게다가 스베틀라나 구르비치의 외가 쪽 친척들은 안나 라리나의 일가와는 아무런 관계가 없었지만, 이들 또한 스탈린의 박해를 받았다. 이들의 경험은 내게 추가 사례들을 제공해주었다. 특히 스베틀라나와 예스피르의 운명은 테러가 자행되는 동안과 그 이후에 여자 혼자서 겪어야 했던 특수한 비극에 대해, 그리고 누가 이들을 도왔고 누가 도와주지 않았는지에 대해 더 잘 이해하게 해주었다.

내가 치밀한 계획 아래 이 모든 생존자의 이야기를 수집한 것은 아니다. 사실상 몇몇 이야기는 그냥 내게 굴러온 거나 마찬가지였다. 예를 들어 1982년 솔제니친의 첫 아내 나탈리야 레셰톱스카야는 내게 자신의 방대한 회고록 원고를 미국에 가져가 안전한 곳에 보관해달라고 부탁했다. 그 회고록에는 그녀가 남편을 통해 만난 돌아온 죄수들의 알려지지 않은 이야기가 담겨 있었다. 그로부터 2년 전에는, 앞서 언급한 훌륭한 굴라크 회고록 집필자 유지니아 긴즈부르크의 첫 남편이자 1937년 체포되기 전까지 카잔 시장을 지냈던 파벨 악쇼노프를 우연히 만나기도 했다. 두 사람의 아들이자 유명 작가인 바실리 악쇼노프가 비순응주의적 성향 때문에 미국으로 이민을 가기 전 작별 인사를 하기 위해 모인 자리였는데, 파벨은 자신이 알고 있는 부하린에 대한 이야기뿐만 아니라, 굴라크 이후의 삶에 대한 내 질문에도 잘 대답해주었다. 그는 자신과 긴즈부르크의 경우에서 알 수 있듯, 테러가 어떻게 결혼생활을, 심지어는 생존자들의 결혼생활까지 파괴했는지 다른 누구보다도 더 잘 설명해주었다.

스탈린 테러의 생존자들을 구술 역사나 혹은 이들이 자주 말하는 '살아 있는 역사'에 끌어들인 것은 내가 처음이 아니었다. 많은 경우, 솔제니친이나 로이 메드베데프, 안톤 안토노프−옵세옌코가 검열받지 않은 소비에트 과거사를 쓰기 위해 일찍이 해온 일이었다.14 솔제니친은 수용소와 유형지를 전전한 안나 라리나의 경험을 불행한 사례로 들기 위해 1960년대 초에 모스크바에 있는 그녀의 아파트를 방문하기도 했다. 라리나는 나중에 솔제니친을 만난 것을 후회했는데, 이는 솔제니친이 자기 앞에서는 부하린에 대한 칭찬을 아끼지 않으면서 『수용소군도』에서는 부하린을 폄하했기 때문이다. 반면, 가끔 안톤이 무모한 장난으로 우리를 걱정시키긴 했지만 라리나는 로이와 안톤에게서는 따뜻한 느낌만을 받았다.

하지만 내가 아는 한, 나는 이 굴라크 생존자들을 인터뷰하는 최초의 외국인이었다. 그리고 그에 걸맞게, 이 희생자들은 나와 처지가 다르기 때문에 날 도와줌으로써 다시 상당한 위험에 처할 수 있다는 사실을 늘 주지하고 있었다. 그래서 행동에 각별히 주의했는데, 이는 곧 대개 은밀한 행동을 의미했다. 특히 당사자의 허락 없이는 다른 사람에게 인터뷰 내용을 언급하지 않는 것, 전화상으로 내 프로젝트나 예정된 모임에 대해 의논하지 않는 것(어떤 전직 죄수는 라리나에게 전화해 '파이 구워났어요?'라고 물었는데, 이는 내가 도착했느냐는 의미였다), 한 희생자에게서 다른 희생자에게로 곧장 가지 않는 것, 그리고 내 아파트나 호텔방에 관련 메모나 원고, 책을 두지 않는 것을 의미했다.(이중 맨 마지막 예방조치 때문에 두 차례의 탈장수술을 받게 된 것이라고 내 담당 의사는 말했다.)

하지만 나는 곧 내가 아는 테러 희생자 대부분이 최초의 소비에트 공산주의 엘리트와 관련된 사람들로, 굴라크 전후에 모스크바에 살았던 선별적인 경우에 속한다는 사실을 깨달았다.[15] 나는 이들을 뛰어넘는 표본 결과를 얻기 위해 익명의 러시아어 설문지(이 주제에 관한 최초의 설문지이기도 하다)를 준비해 친구와 지인, 내가 모르는 사람들이 소련 내 여러 지역과 이민을 떠난 생존자들 사이에 뿌릴 수 있도록 했다.[16] 그 결과 1980년대 초, 여러 경로를 통해 20건가량의 자세한 서면 응답을 받아낼 수 있었다.

출판 및 타자 인쇄물에서 추려낸 사례와 함께, 나는 이제 60명에 가까운 개인의 자료를 확보하게 되었다. 스탈린의 수백만 희생자에 비하면 아주 적은 표본이지만, 최근 서구 학자들이 소비에트 기록보관소에서 확보한 훨씬 더 적은 개인의 자료로 스탈린의 시대 전체를 일반화하는 것을 감안한다면 이는 상당한 성과라고 할 수 있다.(솔제니친은 『수용소군도』를 쓰기 위해 227명의 증언을 수집했다고 했지만, 그중 대부분은 수용소를 다루

그의 소설 『이반 데니소비치의 하루』가 출간된 뒤 전직 죄수들로부터 받은 편지에서 나온 것이었다.)**17**

그 무렵 내가 소련에서 이 프로젝트를 계속해나갈 시간은 촉박해지고 있었다. 승인된 주제로 연구를 진행하는 공식적인 교환교수의 신분으로 비승인된 주제에 점점 더 몰두하는 나의 모스크바 이중생활은 결국 소비에트 당국에 알려졌고, 금지된 회고록과 당대 반체제 인사들의 자료를 국외로 반출하고 해외에서 출간된 러시아어 책을 소련으로 다시 들여오는 일에 내가 앞장서고 있다는 사실 역시 당국의 귀에 들어갔다. 때때로 내게 붙던 '미행'이 더욱 빈번해졌으며, 한 KGB 요원(당시 비밀경찰을 일컫는 말)은 내가 가끔씩 들르곤 하던 협회에서 "소비에트 정부에 불만을 품은 자들과 어울리지 마시오"라고 노골적으로 경고했다.(그가 말하는 자들이 굴라크 생존자들인지 근래의 반체제 인사들인지는 물어보지 않았다.)

실제로 이 올가미는 몇 년간 내 작은 모스크바 세계를 옭죄어오고 있었다. 1979년에는 내가 쓴 부하린 전기의 미국판 책이 모스크바 국제도서박람회에서 덜미를 잡혔고, 그로부터 1년도 못 되어서는 미국에서 출간된 러시아어판이 솔제니친, 메드베데프, 콘퀘스트, 오웰의 저서와 함께 정기적으로 KGB의 개인 주택 수색과정에서 압수되었다. 나로서는 영광스러운 일이지만 결코 좋은 징조는 아니었다. 또한 1980년에는 소비에트 언론이 코펠레프에게 악의적인 공격을 개시했는데, 이것은 그와 바실리 악쇼노프의 시민권을 박탈하기 위한 서곡에 불과했다. 또한 소비에트 수소폭탄의 아버지이자 내가 알고 지낸 진보계의 주요 반체제 인사였던 안드레이 사하로프는 모스크바에서 추방당했고, 로이와 같은 건물(KGB 소속 경비원이 모든 방문객을 기록했던 곳)에 살았던 반체제 성직자 드미트리 둣코 신부는 체포되었다.

1982년에는 서로 관련된 두 사건이 내게 직접적인 충격을 주었다. 4월, KGB는 5시간에 걸쳐 안토노프–옵세옌코의 아파트를 불시에 수색했다. 그런데 하필이면 수색 중일 때 안나 라리나가 도착해서 몇 시간 동안 그 자리에 붙잡혀 있었다. 안톤과 비밀경찰들 사이에 심한 언쟁이 오가는 중에, 라리나는 내 이름이 언급되는 것을 들었다고 한다.(노련한 안톤은 내 모스크바 아파트에 범죄 혐의가 될 만한 자료를 남겨뒀다가는 큰일난다면서 우리가 비밀리에 주고받은 서신을 자신의 아파트에 둔 상태였다.) 바로 뒤에 KGB의 국장 유리 안드로포프는 소련 정부에 보내는 기밀 보고서에 안톤의 '비합법적인 반소비에트' 활동을 신랄하게 비판하면서, 그 전해에 뉴욕에서 출간된 안톤의 저서 『스탈린의 시대: 어느 독재자의 초상The Time of Stalin: Portrait of a Tyranny』을 지목했다.[18] KGB에서도 그때쯤 틀림없이 알고 있었겠지만 그 원고를 국외로 가지고 나간 것이 나였다.

이런 자료 전달자 역할 때문이었는지, 내 책 때문이었는지, 아니면 생존자들에 대한 프로젝트 때문이었는지 나는 소련에서 추방되어 1982년 중반 이후로는 재차 신청을 해도 입국비자를 받을 수 없었다. 최소 두 명의 소비에트 고위급 관료의 지원을 얻어 몇 차례나 신청서를 냈지만 소용없었다. 내 이름 옆에 새겨진 듯한 지워지지 않는 자국은 이후 3년 동안 그대로 남아 있었다.

개인적인 생활의 변화도 이 같은 정치적 국면에 기여했을 것이다. 1976년, 내가 굴라크 생존자들을 인터뷰하기 시작했을 때 나는 아내 린과 어린 두 자녀 앤드루, 알렉산드라와 함께 모스크바에 살고 있었고, 나를 제외한 가족들은 아무도 러시아어를 하지 못했다. 가족에 대한 의무 때문에 내가 비공식 프로젝트에 낼 수 있는 시간은 제한되어 있었고 그 때문에 의심을 덜 살 수 있었다. 하지만 1980년대 초, 린과이 견혼생활이 끝나면서 내 여행 길동무는 훗날 내 아내이자 현재 『네이션The Na-tion』지의 편집장 겸 발행인인 카트리나 반덴 휴벨이 되었다. 그녀는 매카시즘(1950년대 미국에서 일어난 반공주의 열풍—옮긴이)에 관한 연구로 얻게 된 정치적 희생자들에 대한 친연성과 러시아어 지식으로 내 프로젝트에 적극적으로 협조했다. 우리는 같은 공식 교환방문 프로그램차 모스크바에 와 있는 동안 대부분의 시간을 스탈린의 희생자를 비롯해 반체제 인사들과 어울리며 보냈다. 놀랄 것도 없이 카트리나 또한 1982년 중반 이후 소비에트 비자를 거부당했다.

모스크바를 떠나 있는 3년 동안, 나는 한시도 쉬지 않고 안나 라리나의 가족을 비롯해 나를 도와줬던 다른 러시아인들을 걱정했다. 하지만 러시아를 떠난 덕분에 대학에서 강의하는 중에도 글을 쓸 수 있는 시간은 더 많아졌다. 스탈린 희생자들에 대한 자료는 이미 상당량 수집한 상태였고 그중 일부는 이 기간에 출간한 책 두 권에 활용한 터였다.[19] 굴라크 생존자들과 이들의 사회 복귀에 대해 쓸 의도였던 두꺼운 책의 개요 또한 이때 작성했다.

하지만 이러한 의도는 1985년 이후 미하일 고르바초프가 펼친 개혁의 드라마에 묻혀버렸다. 나에게 이 새 소비에트 지도자의 정책은 오랫동안 간절히 염원했던, 이미 미수에 그친 적 있는 소비에트 개혁을 대변했을 뿐만 아니라, 내 부하린 전기의 완결판을 쓰는 데 필요한, 예전에는 접근이 불가능했던 기록보관서 문서를 볼 수 있게 되었다는 것을 의미했다. 1985년, 우리의 비자 문제가 해결되면서 카트리나와 나는 그 역사적 사건들이 펼쳐지는 것을 지켜보기 위해 모스크바에서 가능한 한 많은 시간을 보냈다.

검열이 종료되고 2년도 못 되어 소비에트 언론은 스탈린의 테러에 대한 새로운 사실을 앞 다투어 보도했다. 이제 두려움에서 어느 정도 벗어난 생존자들이 공개적으로 자신들의 이야기를 하기 시작했고 친구들에게서 내 이야기를 듣고 나를 찾아오기도 했다. 이제 이 주제는 더 이상 나의 주 목적이 아니었지만 나는 소련이 사라진 해이자 우리 딸 니카가 태어난 1991년 이후에도 정보를 수집하는 일을 멈추지 않았다. 카트리나와 나는 계속 스탈린의 희생자들을 만나러 다녔는데, 대개는 밤늦은 시간이었다. 그동안 니카는 이들이 누구인지 어렴풋하게만 아는 상태에서 이들의 소파에 누워 잠이 들었다.(안나 라리나가 죽은 1996년, 니카는 다섯 살이었지만 자신이 "불리야bulya"(할머니)라고 불렀던 연로한 여인을 기억했고, 시간이 흘러 대학 진학 에세이에 안나 할머니의 이야기를 썼다.)

이제 나의 주 관심사는 다른 프로젝트들, 즉 고르바초프 개혁의 흥망에 대해 쓰는 것과 부하린에 대한 기록보관소 자료를 찾는 것이었다. 불어난 귀환자 서류철들은 1990년대 중반 젊은 미국인 학자 낸시 애들러를 만날 때까지 내 뉴욕 아파트와 프린스턴대 교수실의 넘쳐나는 캐비닛과 상자에서 빛을 잃어가고 있었다. 애들러의 매우 유사한 프로젝트와 내게 부족한 심리학적, 비교학적 접근법에 대한 이해력에 깊은 인상을 받은 나는 그녀가 쓰고 있는 훌륭한 책을 위해 내가 그동안 수집한 정보를 모두 볼 수 있게 해주었다. 이 책은 2002년에 나왔다.[20] 당시에 나는 그것이 일종의 종결이라고 생각했다.

그런데 왜 프로젝트를 시작한 지 30년도 더 지난 지금에서야 이 책을 출간하려고 하는지 궁금할 것이다. 가장 설득력 있는 이유는 내가 아는 살아 있는 희생자들이 점점 더 줄어들고 있는데도 나의 일과 의무를 끝 미치지 못하고 남겨둔 데 대한 불편한 미음이 없지 않기 때문이다. 아무래도 나는 내가 버려둔 일들을 끝마칠 자극제를 기다리고 있었던 것 같다. 이 프로젝트의 역사를 제자리로 돌려놓은 자극제는 2007년, 밥(로버트의 애칭—옮긴이) 콘퀘스트의 친구들이 그의 아흔 살 생일을 기념하여 평론집을 준비하기로 했을 때 왔다. 나는 1983년에 작성한 개요를 개정해 기고했고 그 작업을 하는 동안 열정이 되살아나 이 책에 이르게 되었다.

『돌아온 희생자들』을 출간하는 또 다른 이유는 고르바초프의 개혁 전, 심지어 소비에트 이후의 '기록보관소 혁명archive revolution' 전에는 소비에트에 관한 정보를 얻는 것이 불가능했다는 서양 학자들 사이의 인식을 불식시키기 위해서다. 실제로 다른 역사적 잔악 행위에서도 알 수 있듯이, 스탈린의 테러 같은 범죄는 국가적 억압에도 불구하고 증언할 생존자들을 남겨둔다. 러시아 역사가 블라들렌 로기노프가 최근에 썼듯 "모든 시대는 그 시대에 맞는 특정한 형태의 자료를 쏟아낸다."[21] 이 책에서 활용한 자료 역시 마찬가지다.

그리고 무엇보다 중요한 이유는, 굴라크 귀환자들은 유대인 홀로코스트의 생존자들과 비교했을 때 거의 알려지지 않은 주제로 남아 있기 때문이다. 어느 미국인 저자가 최근 지적했듯 이들의 무용담은 소련의 역사에서조차 "종종 무시된다."[22] 그렇다고 완전히 다뤄지지 않는 것은 아니다. 흐루쇼프 시대의 귀환자들이 간혹 러시아와 서구 소설에 등장하는데, 여기에는 바실리 그로스만의 『모든 것은 흘러간다』, 바실리 악쇼노프의 『화상』, 안드레이 비토프의 『푸시킨의 집』, 마틴 에이미스의 『만남의 집』, 톰 롭 벨의 최근 소설들이 있다. 굴라크 이후 삶을 그린 회고록 몇 권도 러시아에서 출간되었는데, 그중 코펠레프의 회고록과 자신의 경험을 뛰어난 그림과 함께 묘사한 예브프로시니야 케르스놉스카야의 회고록이 단연 돋보인다. 그리고 스탈린 희생자들의 증언이 지금까지 서구 학계에 영향을 주고 있다.[23] 하지만 구할 수 있는 자료가 많은데도 애들러의 연구가 러시아 내에서조차 이 '위대한 귀환'을 실질적으로 다룬 유일한 책이라는 것은 불가해한 일이다.[24] 2009년 두 전직 죄수가 내게 보내온 편지에 썼듯이, 이 이야기는 "아직도 끝나지 않은 역사다."

내 책이 애초에 계획한 방대한 분량은 아니지만 굴라크 생존자들의 귀환 현상을 정치적, 사회적 관점에서 개괄적으로 살펴볼 수 있는 자료가 되었으면 한다. 덧붙여 내 관점은 여타 작가들과 다소 차이가 날 수 있는데, 이는 내 초창기 조사가 많은 희생자(와 가해자)가 여전히 살아 있던 때에 실제 사건들과 아주 근접한 거리에서 이뤄졌기 때문일 것이다. 좋든 나쁘든 그렇게 많은 희생자를 개인적으로 알고 지낸 일이 내가 여기 쓴 글에 영향을 미쳤다는 것은 의심의 여지가 없다.

이 책의 주제는 1983년에 작성한 초안과 동일하지만, 그 이후 구한 정보들로 내용을 상당 부분 보충했다.(후주에 인용한 자료는 1983년 이후의 관련 출판물이지만, 그중 일부는 출간되기 전에 타자인쇄물로 읽었던 것들이다.) 더 최근의 자료들은 내가 30년 전에는 잘 알지 못했던 다양한 문제를 심화시킬 수 있도록 도와주었다. 그리고 이 책의 주 초점은 여전히 흐루쇼프 시절에 맞춰져 있지만, 테러 희생자들과 명운을 같이한 흐루쇼프가 공직에서 쫓겨난 1964년부터 현재까지 희생자들이 어떤 삶을 살았는지 그 모험에 대한 설명도 덧붙였다.

그러나 지금까지도 나는 1970년대와 1980년대에 비밀을 지키겠다는 내 약속을 믿고 날 도와주었던 사람들의 이름을 그 어느 것도 누설하지는 않고 있다. 대부분이 이미 죽은 사람들이지만 이들의 살아 있는 일가 친척을 위해 몇몇의 신원은 여전히 밝히지 않은 상태다. 이것은 일정 부분 오늘날 러시아의 불확실한 미래 때문이기도 하고, 단순히 내가 한 약속과 오래전에 길들인 습관 때문일 수도 있다.

제2장

석방

아마도 나는 죽은 뒤에나 복권될 것이다.

— 레프 구밀료프, 1955년

이 모든 일을 서둘러 끝마쳐야 합니다.
그렇지 않으면 사람들이 죽어 영영 사라져버릴 것입니다.
계속 시간을 끈다면 사람들은 끝내 견뎌내지 못할 것입니다.

— 올가 샤투놉스카야, 1956년

스탈린의 전제권력과 집단 테러는 거의 25년간 소비에트 정치체제를 규정짓는 요소였다. 따라서 1953년 3월 5일 마침내 스탈린이 사망했을 때 일부 긍정적인 변화가 일어날 것이 확실해 보였지만, 그의 생존 희생자들은 대부분 이 새로운 상황을 곧바로 받아들이지 못했다. 다른 국민처럼 이들 역시 스탈린의 죽음에 어안이 벙벙했다. 아주 오랜 세월 스탈린을 어디에나 존재하는 신처럼 숭배했기 때문에 스탈린 없는 삶은 상상하기 힘들었다. 많은 희생자가 상황이 더 악화될까봐 두려움에 떨었다고 훗날 안나 라리나와 레프 코펠레프는 회상했다. 희생자들은 자신들의 무고함을 아는 사람은 스탈린뿐이기 때문에 이제 그의 무시무시한 후계자들이 생존한 '인민의 적'을 모두 처형할 것이라고 믿었다.

반면, 역사적 변화가 이미 시작되었다는 것을 이해한 죄수들도 있었다. 레프 라즈곤은 석방되기까지 2년을 더 감옥에서 보내야 했지만, 스탈린 죽음에 대한 장송곡이 울려 퍼질 때 '발밑에 찾아든 자유감'에 감정이 벅차올랐다. 카밀 이크라모프에게는 스탈린의 사망 발표가 '처음으로 행복을 느낀 순간'이었다. '스탈린은 죽었지만 나는 아직 살아 있기' 때문이었다. 이보다 훨씬 더 전 스탈린이 '체인−스토크스 호흡Cheyne-Stokes respiration(교대성 무호흡. 부정호흡의 대표적인 것으로 얕고 빈번하게 호흡을 하다가 깊고 급속하게 되어 극도에 이르러 호흡이 중지되며 이어 얕고 빈번하게 반복함—옮긴이)'으로 고생하고 있나는 공식 뉴스 속보를 들었을 때,

유리 가스쩨프는 이것이 죽음의 전조 증상임을 알아채고 곧바로 이 호흡 패턴을 발견한 영국의 두 의사 체인과 스토크스를 '인류의 위대한 은인'이라고 묘사했다.[1](수년 뒤 스탈린에 대한 공개 비판이 다시 금지되었을 때, 가스쩨프는 자신의 검열받은 책과 글들에서 이 두 '위대한 의사'를 자주 인용해 그 속뜻을 알고 있는 친구들을 즐겁게 해주었다.)

얼마 지나지 않아 돌아온 죄수들은 나치의 유대인 몰살수용소의 생존자들과 거의 다름없는 생존자들이었다.(훗날 소비에트 간행물에서조차 스탈린을 '자국민을 집단 학살한' 범죄자로 몰며 진정 '전 문명세계와 역사에서 가장 잔인한 인물'이라고 표현했다.)[2] 히틀러의 수용소와 달리 굴라크의 주목적은 강제 노동이었지만, 알다시피 스탈린의 감옥과 수용소에서도 수백만 명의 사람이 죽어나갔다. 1950년대에 석방된 사람들은 대부분 1940년대나 그 이후에 체포된 경우이기 때문에 '기껏해야' 10년 또는 그보다 더 적은 세월을 견딘 것이었다.

따라서 생존은 나치 수용소 희생자들에게 고통을 안겨주었듯, 굴라크 귀환자들에게도 골치 아픈 주제였다. 어떤 사람이 생존했고 그 이유는 무엇일까? 많은 사람은 '순전히 운'이나 '기적' 때문으로 봤지만,[3] 특정한 이유가 있는 경우도 있었다. 어떤 사람들은 튼튼한 체력과 불굴의 의지, 또는 덜 고된 노동을 하는 행운, 또는 일찍 풀려나 유형을 당한 것 덕분에 살아남았다. 다른 사람들은 밀고자가 되거나 성상납을 하거나 다양한 방법으로 수용소 간부들에게 협조함으로써 생존할 수 있었다. 내가 알고 지낸 귀환자들은 대개 그 문제에 대해 논의하는 것을 원치 않거나 간혹 하더라도 누군가를 비방하지 않았지만, 몇몇 다른 생존자는 배반 행위를 비난했다. 하지만 불공평하게도 비난의 대상은 종종 여성이 되었다. 한 예로, 굴라크 석방 후 명성을 되찾은 어떤 여배우를 두고는 '수용소에서조차 사랑을 속삭였다'는 루머가 떠돌았다.⁴ 또 다른 전직 여배우에게는 '수용소를 거쳐가는 족족 몸을 팔았다'는 더 상스러운 수식어구가 따라붙었다.

이런 이야기를 들으면 나는 마음이 편치 않았다. 한 생존자가 1930년대 어느 가족의 훼손된 사진 앨범을 보여줄 때도 마찬가지였다. 그것은 체포된 어느 고위관료의 부인이 스스로를 구하려는 필사적이지만 헛된 시도로, 모든 사진에서 남편의 이미지를—정치계에 여전히 몸담고 있던 거물에 닿아 있는 손 또는 팔, 어깨만 남겨둔 채—조잡하게 오려낸 앨범이었다.(이는 테러 시절에 자주 나타난 불안 행동이었다.)⁵ 내게 앨범을 보여준 사람은 "그 부인은 수용소에서 이렇게 한 겁니다"라고 덧붙이며 내가 그 여자의 분노에 공감해주길 기대했다. 이런 순간을 맞닥뜨릴 때면 나는 그런 생사가 걸린 선택을 한 번도 해본 적이 없기 때문에 그 같은 상황에서 어떻게 행동했을지 확신할 수 없다고 설명하며 그에 대한 판단을 거부했다.

스탈린의 테러는 그 범위가 넓고 기간이 길기 때문에 그의 사망 후 얼마나 많은 희생자가 살아남아 풀려났는지는 아직도 정확히 알 수 없다. 당시 굴라크 내부 보고서는 550만 명이 여전히 수용소와 노동식민지, 감옥, 유형지에 있었다고 전한다.⁶ 하지만 실제로는 그 수가 분명 더 많았을 것이다. 이런 보고서를 제출하는 수용소 사령관들은 수용소 내 강제노동자의 수에 따라 모스크바에서 할당하는 생산량을 맞추기 위해 종종 노동자 수를 낮춰 말했다. 게다가 그 보고서는 광활한 소련에 퍼져 있는 모든 감옥을 포함하지 않았을뿐더러, 정해진 수용소 복역 기간을 모두 채우고 개별적으로 오지에 있는 소도시와 마을로 '영구 유형'을 떠난 수많은 죄수나 부히린의 딸처럼 유형 선고만을 받은 사람들을 포함하지 않았던 듯 보인다.

그러므로 1953년에 감금돼 있던 정치 희생자의 전체 수가 얼마였든, 그 수치에 '인민의 적'의 무수한 일가친척들 혹은 스탈린의 탄압을 또 다른 식으로 공식화한다면 '조국을 배신한 자들의 처자식들'까지 더해야 한다.(일부 시민은 고소당한 친족과 의절하거나 어렵사리 그런 관계를 숨겼지만, 대부분은 그러지도 않았고 그럴 수도 없었다.) 이 모든 2차 희생자, 즉 배우자나 부모, 형제자매에 의해 의도치 않게 불행을 겪은 일가친척들의 이야기는 여전히 많이 쓰여 있지 않다. 러시아의 여류 시인 안나 아흐마토바의 아들 레프 구밀료프가 본의 아니게 자신의 체포에 기여한 '장본인'이 바로 어머니였다고 밝혔다.[7] 구밀료프가 말한 또 다른 냉혹한 표현을 빌리자면 "부모를 잘못 선택한" 아이들의 운명은 더욱 비극적이었다. 테러 때문에 고아가 된 아이들과 그들의 '짓밟힌 유년 시절'은 '아주 흔해 빠진 이야기'가 되었다.[8] 몇몇은 자살까지 감행했다. 스탈린은 대규모 탄압 초기에 "아들은 아버지에 대한 책임이 없다"라는, 어떻게 보면 상당히 냉정한 성명서를 공표했다. 그러나 현실에서는 NKVD에게 자녀들도 최대한 '잡아들이라'는 명령이 전달됐다. 대개는 내가 앞서 언급한 지인들처럼 어느 정도 나이가 있는 사람들이 굴라크에 보내졌으나 어린 사람들 가운데서도 그런 경우는 많았다. 어느 출처에 따르면 모두가 테러로 고아가 된 것은 아니지만 400~500만 명의 아이가 수년에 걸쳐 NKVD의 특별 시설이나 굴라크 시설을 거쳐갔다고 한다.[9]

몇몇 경우에는 친척들이 위험을 무릅쓰고 말 그대로 고아원이나 NKVD 자체에서 빼내온 덕분에 그런 기관에서 구출된 아주 어린 아이들도 있었다. 이처럼 비교적 운이 좋았던 이들로는 훗날 국제적 명성을 얻는 발레리나가 된 마이야 플리세츠카야, 극작가 샤트로프, 여러 소설과 단편으로 1960년대 소비에트 젊은이들 사이에서, 미국의 소설가 커트 보네거트처럼 추종 팬들을 이끌던 바실리 악쇼노프, 끝끝내 주미 러시아 대사가 된 블라디미르 루킨 등이 있었다.(나는 루킨이 비순응주의적 정치 견해로 잃은 학문 경력을 간신히 회복했던 1970년대 말, 그의 친구 타냐 바예바를 통해 그를 알게 되었다.)

하지만 많은 아이는 얼마 지나지 않아 NKVD에서 승인한 고아원으로 보내졌다. 몇몇 비밀경찰관과 수용소 보초들은 갓난아기를 자기 집으로 데려가 입양해 키웠다. 대부분은 부모의 운명이 어떻게 됐는지, 심지어는 부하린과 안나 라리나의 아들 유리의 경우처럼 부모가 누군지도 모른 채 자랐고, 부모의 체포로 기밀정보에 이미 낙인이 찍히게 되었다. 일부 고아원은 원내의 교육과 복지에 헌신하는 직원들이 있어 '상대적으로 행복한 곳'이었는데, 유리가 있던 곳도 그랬다. 그는 자신의 고아원 시절이 '비극'이었다는 것은 사실이 아니라고 늘 얘기했다.[10] 그러나 대부분은 충분한 설비나 영양 상태, 건강관리 체계를 갖추지 못한, 가혹하고 무신경하며 심지어는 잔혹하기까지 한 시설이었다. 극단적인 경우일 수도 있겠지만, 1934년에 두 달 동안 한 지방 고아원에서만 60명의 아이가 '몸이 수척해져' 죽었다.[11]

어린아이들을 차치하고, 스탈린의 테러 기간에 '끌려간' 사람들의 일가친척 수백만 명은 명목상으로는 자유의 몸이었지만 '빨간 줄이 그어진 이력' 때문에 낙인이 찍혀 원하는 대로 살거나 일하는 것이 불가능했다. 교육부터 취업, 주거, 여행에 이르기까지 소비에트 생활의 거의 모든 영역에서 작성하는 개인 신상명세서(앙케트anketa)는 대놓고 신청자의 직계가족 구성원에 대해 물었다. 이에 따른 금지 사항은 어디에나 존재했다. 일빈직인 예를 들면, 젊은 부하린주의자 퓨트르 페트롭스키의 가나

한 미망인(이들은 레오니트의 부모다)은 자신과 어린 자녀를 위한 기본적인 사회 혜택조차 받을 수 없었다.[12]

그러나 테러와 그 기획자는 변덕이 심했기 때문에 눈에 띄는 예외도 존재했다. 스탈린 밑에서 공식적으로 명예로운 경력을 쌓은 사람들은 가까운 친족이 체포되고 심지어 처형을 당해도 무사했다. 그 명단의 맨 꼭대기에는 스탈린의 최측근이자 나이가 가장 많았던 뱌체슬라프 몰로토프를 포함한 정치국원들과, 명목상 국가원수였던 미하일 칼리닌이 있었다. 폭군 스탈린이 이들의 아내를 체포하고 굴라크로 보낸 와중에도, 피치 못하게 이혼한 이 남편들은 정치체제의 최정상 자리를 유지했다.

가족 중에 희생자가 있었지만, 어두운 정치적 배경을 드러내지 않은 채 대부분의 러시아인에게 이름을 알린 인물들도 있었다. 발레리나 플리세츠카야는 아버지가 1938년 총살을 당했지만 1943년에 볼쇼이 극장에서 그녀의 오랜 경력을 시작했다. 연극과 영화를 종횡무진한 유명 여배우 올가 아로세바도 유사한 경우로, 걸출한 공산주의자 장교였던 그녀의 아버지는 처형을 당했다. 소비에트에서 가장 유명하고 인기 있는 정치 풍자만화가인 보리스 예피모프 역시 저널리스트 형 미하일 콜초프를 총살로 잃었다. 완전히 다른 직업군에서는 미하일 칼라시니코프가 아버지는 유형지에서 사망하고 형제가 굴라크에 있었는데도 소련군 전설의 무기 AK-47을 개발했다. 그리고 이고르 네토는 형 레프가 수용소에 있었지만 전 국민적인 축구 스타가 되었다.

나는 이 유명 인사들이 어떻게 개인적인 시련에 대처했는지 자세히 알지 못한다. 플리세츠카야와 아로세바는 스탈린 앞에서 공연하는 동안에도 최대한 정치에서 멀리 떨어져 지냈고, 형보다 거의 70년을 더 살아 2008년에 109세를 일기로 세상을 떠난 예피모프는 자신의 형제자매를 구하려고 애쓴 일을 나중에 자세한 글로 적었다. 예피모프가 여러 차례 문의했다는 것은 문서들을 통해 확인 가능하지만, 그를 아는 사람들은 스탈린의 주요 희생자들을 사악하게 묘사한 그의 그림들을 들먹이며 그가 형을 위해 한 번이라도 위험을 감수한 적이 있는지 의심했다. 네토의 경우는 형의 체포가 자신의 운동 경력을 망치지 않을까 하는 걱정만 했다고 한다.13 이 부분에 대해서도 나는 판단할 수 없다.

이런 개인적인 이야기들은 저마다 심오한 러시아 소설이 될 요소가 다분했지만, 특히 두 사람의 사연이 비통했던 것 같다. 하나는 국제적으로 인정받는 유전학자 니콜라이 바빌로프의 남동생이자 그 자신도 뛰어난 과학자였던 세르게이 바빌로프의 이야기다. 1940년에 종적을 감춘 니콜라이는 교도소 독방에서 점점 쇠약해지다가 결국 1943년에 신체적 학대와 방치로 사망했다. 세르게이에게 "내 형의 주위를 맴도는 그 공포"는 "견딜 수 없는 고문"이었다. 다른 사람들에 따르면, 그는 형을 구하고 가족을 돕기 위해 개인적으로 엄청난 위험을 무릅쓰면서까지 할 수 있는 일은 다 했다고 한다. 세르게이는 은밀한 방법으로 니콜라이의 죽음을 알게 됐을 때 자신의 일기에 다음과 같이 적었다. "내 영혼이 얼어붙어 돌이 된다. 나는 로봇처럼 일하고 살아간다."14

그런 일이 있었지만, 스탈린은 1945년에 니콜라이 바빌로프에 대한 서구의 우려를 다른 곳으로 돌리기 위해 갑작스럽게 세르게이 바빌로프를 굉장히 신망 높은 자리인 소비에트 과학아카데미 회장직에 임명했다. 세르게이의 몇몇 동료는 그가 그 자리를 받아들였다는 데 충격을 받았지만, 세르게이는 자신의 직위를 이용해 한 번은 사임하겠다고 협박까지 하면서 스탈린에게 니콜라이의 무죄 판결을 재차 호소했다. 1951년 1월, 세르게이는 고통에 익숙런 니머지, 비밀리에 형이 죽은 사라투프 감옥까지 가서 목격자들과 형의 묘지를 찾았지만 아무 보람이 없었다. 모스크바로 돌아온 며칠 뒤, 세르게이 바빌로프는 거의 정확히 형이 죽은 날에 돌연 사망했다. 그의 장례는 국장으로 치러졌다.

다른 하나는 이와는 약간 다른 이야기이지만 비극적이기는 이에 못지않다. 드미트리 마레츠키와 그리고리 마레츠키 형제는 혹독한 비방을 받은 젊은 부하린 추종자들로 1930년대 말에 처형되었지만, 두 사람의 누이인 베라 마레츠카야는 전국적으로 가장 사랑받는 여배우이자 스탈린상을 네 번이나 수상한 유명 인사가 되었다.**15** 마레츠카야는 가족의 비극을 굴라크에 있었던 동료에게까지 말하지 않는 등 끝까지 비밀로 유지했지만, 자신의 지명도를 이용해 2년 후인 1943년 비밀리에 여동생을 굴라크에서 빼냈고 스탈린이 사망한 직후에는 오빠들이 사후 무죄 판결을 받을 수 있도록 했다. 이는 당시만 해도 거의 전례가 없는 경우였다.(오빠들이 부하린주의자였기 때문에 마레츠카야는 1960년대에 안나 라리나의 다른 아들 미하일을 통해 라리나가 살아 있다는 소식을 듣고는 즉각 연락을 취해왔다.)

1978년, 직계가족 한 명 없이 뇌종양으로 죽은 외로운 여인 마레츠카야가 그렇게 대중 앞에서 공연하고 자신의 두 오빠를 처형한 남자의 인정을 받는 동안, 어떻게 자신의 비극을 견뎌냈을지 무척 궁금할 것이다. 사람들은 그녀가 정신력과 연기에 대한 평생의 사랑, 엄청난 재능으로 버텼다고 이야기한다. 판에 박힌 스탈린주의자 역을 맡을 때면, 그녀는 거기에 예술과 개인적 슬픔을 불어넣어 몇몇 역할을 상징적인 소비에트 캐릭터로 완전히 탈바꿈시켰다. 결국 마레츠카야는 스탈린 밑에 혹 자신을 아니꼽게 생각하는 사람이 있다 하더라도 절대 건드릴 수 없는 존재가 되었다.

테러 희생자의 가족 중 뛰어난 경력을 가진 사람만이 예외적으로 박해를 면했다는 사실을 다시 한번 강조해야겠다. 유죄 선고를 받은 '반혁명주의자들'의 대다수 친족은 엄청난 박탈을 당했고, 그래서 몇십 년 후인 1990년대에 러시아 정부는 마침내 이들 또한 '탄압을 받았으며', 특히 '억압받은 부모의 운명 못지않게 비극적인' 삶을 살았던 아이들이 큰 피해자라고 공식 인정했다.[16] 굴라크 생존자들처럼, 이들 역시 완전한 무죄 판결과 소비에트 사회로의 통합을 원했다.

그렇다면 1953년 스탈린이 죽었을 때 생존해 있던 정치적 희생양의 수는 대략 어느 정도였을까? 여러 형태로 감금된 사람들과 이들의 직계가족을 모두 고려한다면, 틀림없이 최소 1500만 명 이상은 됐을 것이다. 실제로 24년의 테러 동안 '시골과 도시를 막론하고 어느 집이나' 고통을 겪었다고 사람들은 흔히 이야기했다.[17]

수년 전부터 굴라크의 '회전문'을 밀고 풀려난 사람은 많았지만,[18] 대부분 정치범이 아닌 일반 범죄자 선고를 받은 사람들이었고 대개가 이미 죽어가는 자들이었다. 하지만 스탈린 사후 석방은 완전히 달랐다. 굉장히 정치적이었고 결백과 책임문제투성이였으며 정부 내 끔찍한 갈등의 근원이었다.

1953년 3월, 스탈린이 죽자마자 정부의 사면으로 100만 명의 수용소 수감자가 석방되었는데, 주로 단기 복역 중인 범죄자들이었다. 굴라크를 비롯해 정치범과 비정치범의 차이에 대한 연구는 소련에서와 마찬가지로 서구에서 많이 연구되었다. 그런데 실제로 스탈린 법의 가혹성을 고려했을 때 그 구분은 종종 모호하거나 때로는 존재하지 않았다. '집단' 식량에 조금 손을 댄 굶주린 농부나 시각한 공장 노동자에게 굴리그행을 선고한 것은 대부분의 사회에서 정치 탄압으로 여길 일이다. 1953년 굴라크에 실제로 어떤 구분이 적용됐든 간에, '정치범'으로 분류된 죄수들의 석방은 아직 수감되어 있는 사람들에게는 고통스러울 정도로 3년에 걸쳐 느리게 이뤄졌었다.[19]

당연히 그 주된 이유는 스탈린 뒤에 들어선 지도부가 스탈린과 공범이었기 때문이다. 베리야, 몰로토프, 라자르 카가노비치, 클리멘트 보로실로프, 게오르기 말렌코프, 아나스타스 미코얀, 니키타 흐루쇼프 자신까지 지도부의 모든 이가 손에 피를 묻힌 상태였다. 게다가 이들이 테러에서 했던 역할을 증언해줄 비밀문서와 생존한 증인이 무수히 존재했다. 그러나 오랫동안 당과 국가를 쥐고 흔들었던 이들 사이에서는 개인적인 책임이 저마다 달랐고 따라서 취약점도 서로 차이가 났다.

스탈린의 최측근이었던 새 지도부의 연장자들이 범죄에 연루된 정도가 가장 컸다. 베리야는 수년간 테러기구를 이끌며 직접 희생자들을 고문했고, 겸업으로는 친족들을 풀어주겠다고 꼬드기거나 체포한다고 위협해 여자와 소녀들을 상습적으로 겁탈한 것으로 알려져 있었다. 몰로토프와 카가노비치는 스탈린과 함께 사람들을 규탄하는 명단을 만드는 일에 누구보다 열을 더 올렸다. 보로실로프는 제2차 세계대전 전날 밤, 수만 명에 달하는 소련군 장교를 대량 학살하는 일에 관여했다. 그리고 말렌코프는 더 젊었지만, 스탈린이 레닌그라드에 시행한 마지막 대규모 탄압 중 하나를 감독했다. 미코얀과 흐루쇼프의 공모는 규모가 더 작고 중심에서 멀리 떨어져 있었다. 결국 두 사람만이 양심의 가책을 보이며 거기에 따라 행동했다.

스탈린이 죽고 3년 동안, 생존한 희생자들의 역경은 스탈린 후계자들의 권력 다툼 속에서 더욱 크게 다가왔다. 다시 한번 말하지만, 스탈린 희생자들의 문제를 전면 재검토하겠다는 뜻을 조금이라도 내비친 사람은, 서서히 우두머리로서 존재감을 드러냈지만 언제든 도전을 받을 수 있었던 지도자 흐루쇼프와 미코얀뿐이었다.(베리야도 1953년 체포되기 전, 누가 봐도 자신의 취약점을 만회하기 위한 시도로서 그런 뜻을 보이긴 했다.) 스탈린의 다른 후계자들은 막무가내로 버텼고 계획에 훼방을 놓았으며 범죄의 정도를 최소화하고 자신이 범죄에 기여한 바를 덮으려고 애썼다. 흐루쇼프가 직접 NKVD의 후속 조직인 KGB의 국장으로 임명했지만 도리어 그를 위험에 빠뜨린 이반 세로프도 마찬가지였다.[20] 한 예로, 1957년에 몰로토프와 카가노비치 그리고 이들의 협력자들은 흐루쇼프가 카밀 이크라모프의 아버지의 무죄를 밝히기 위해 1년 이상 기울였던 노력에 초를 치기도 했다.

실권자들이 결단력을 보일 의지나 능력이 없을 때 늘 그러하듯이, 새 지도부는 느릿느릿한 관료적 절차에 의지해 정치범들의 상황을 검토했다. 법의 권한 밖에 있는 트로이카에 의해 유죄 선고를 받은 사람이 수백만이었지만, 최고법원의 군사재판소와 검찰총장(미국의 법무장관에 해당되지만 자유재량권이 훨씬 많다)만이 형법 58조의 '반혁명' 죄를 번복할 수 있었다. 군사재판소와 검찰총장 주변에는 생존한 희생자와 사라져버린 이들의 친족들의 항소가 넘쳐났다. 그리고 흐루쇼프의 새 검찰총장 로만 루덴코는 부당함을 바로잡는 데 열린 태도를 보인 반면, 옛 사건들에 연루돼 있던 많은 하급 검찰관은 그렇지 않았다.[21]

따라서 스탈린의 마지막 테러 시나리오에서 체포되어 그의 사망 직후 풀려난 생존한 유대인 의사들을 제외하면, 대부분의 희생자는 감옥 또는 수용소, 유형지에서 바로 풀려나기는커녕 오히려 관료적 장애물과 서류 작업에 몸이 묶여 있었다. 1955년에 재개된 한 소송 선례시는 애초에 피해자가 선고받은 형보다 훨씬 더 두꺼운 서류철이 만들어졌다. 내가 알고 지낸 대부분의 귀환자도 처음에는 두세 번씩 항소를 단호하게 기각당했다. 1954년에 검찰에 항소했던 코펠레프는 다른 사람들과 마찬가지로, '정확한 선고'를 받았기 때문에 '재고의 이유가 없다'는 통보를 받았다.[22] 결국 그는 굴라크에 2년 더 남아 있었다.

일찍 석방되는 행운을 누린 정치범은 당의 현 지도자나 다른 영향력 있는 인물과 개인적으로 알았던 수백 명에 불과했다. 그 수혜자로는 몰로토프의 아내, 그리고 밀차코프(사샤의 아버지), 올가 샤투놉스카야, 알렉세이 스네고프처럼 한때 저명한 공산주의자 관료였던 사람들이 있었다. 특히 올가와 알렉세이는 1930년대에 체포되기 전부터 흐루쇼프, 미코얀과 가까운 사이였고 이후 1950년대에는 중요한 역할까지 도맡아했다. 또 다른 수혜자로는 흐루쇼프가 알고 지냈던 처형된 관료들의 장성한 자녀들이 있었다. 여기에는 내 친구 이고르 퍄트니츠키와 1937년에 총살당한 한 장군의 아들로 열네 살 때부터 굴라크에서 지낸 표트르 야키르도 포함되었다.(이 시련으로 표트르는 1960년대와 1970년대에 소비에트 반체제 운동의 핵심 인물이자 궁극적으로는 불운한 인물이 되었다.)[23]

한때 유명세를 탔던 각계 명사들도 상당수가 일찍 석방되었다. 대부분은 수용소 간부들에게 유흥을 제공함으로써 살아남았다. 이들 중에는 체포되기 전 베리야에게 강간당하고, 크레디트에서 이름이 삭제된 채 자신이 출연한 마지막 영화가 한 수용소에서 상영됐던 여배우 타티야나 오쿠넵스카야, 미군과 사랑에 빠져 딸 빅토리아를 낳은 조야 표도로바(그녀의 딸 빅토리아가 아버지를 찾아 도미해 미국인 남자와 결혼한 감동 실화는 책으로 엮여 지금까지도 영화 제작자들을 유혹한다), 1946년 스탈린이 그의 음악을 금지할 때까지 새치모(루이 암스트롱의 별명—옮긴이)가

'백인 루이 암스트롱'으로 부른 소련에서 가장 유명한 재즈 연주가 에디 로즈네르, 전설의 스파르타크 팀에서 축구 스타와 코치를 도맡아 한 스타로스틴 사형제, 스탈린의 열여섯 살 딸 스베틀라나와 정분이 난 죄로 체포된 영화 제작자 알렉세이 카플레르가 있었다.(스베틀라나가 마흔 살의 카플레르와 첫 정분이 났을 때는 '격정적'이었지만 성적인 접촉은 없었고 10년 뒤 그가 풀려난 뒤에야 성관계가 이뤄졌다고 한다.)**24**

2~3년 뒤 고된 여정 끝에 집으로 돌아온 다른 수백만 희생자에 비하면, 이들 특권층은 별 다섯 개짜리 석방을 누린 셈이었다. 밀차코프는 장시간 방석도 깔리지 않은 기차를 타는 대신, 비행기로 마가단에서 모스크바까지 날아왔다. 모스크바의 감방에 수감됐던 오쿠넵스카야에게는 한 KGB 소령이 꽃을 주고 집까지 태워다주었다. 하지만 최초의 귀환자이자 가장 큰 편애를 받은 사람은 아마 몰로토프의 아내 폴리나 젬추지나였을 것이다. 그녀는 스탈린의 장례식 다음 날이자 몰로토프의 생일인 1953년 3월 10일에 한 모스크바 감옥에서 풀려났다. 몰로토프는 아내를 그녀의 예전 집이자 한 정치국원이 쓰고 있던 호화 아파트로 곧장 데려가, 굴라크에서 보낸 5년은 아예 없었다는 듯 거기서 결혼생활을 다시 시작했다.**25**

그러나 부분 사면을 제외하면 석방 절차가 느리고 개별적으로 처리되어 대개는 몇 달, 심지어는 몇 년이 걸리다가 결국 거절되기도 했다. 1955년 4월에 공식적으로 검토한 23만7412건의 항소 중에서 4퍼센트만이 간신히 석방으로 이어졌다.**26** 수용소 내부 폭동에 어느 정도 힘입어, 모스크바 중앙에 자리한 검찰청 건물 밖에는 탄원하려는 사람들이 군집을 이루며 모여들었고 당 본부와 KGB에 보내는 호소가 큰 물결을 이뤘으며 굴라크 탈출이 증가했다. 1955년 말쯤에 19만5353명이 석방되었지만, 강제노동수용소와 노동식민지에서 풀려난 사람은 8만8278명뿐이었고 나머지는 여러 형태의 유형지에서 풀려난 자들이었다.**27** 그것도 상당한 수이긴 했지만, 그 수치가 아주 조금씩 늘어나서 뒤에 남겨진 많은 이의 목숨을 구하기에는 역부족이었다. 훗날 인정받는 민족지誌 학자이자 러시아 민족주의 철학자가 된 구밀료프는 1955년 수용소에서 자포자기의 심정으로 다음과 같이 쓰기도 했다. "아마도 나는 죽은 뒤에나 복권될 것이다."**28**

그러나 1956년 2월, 제20차 당 대회의 비밀회의에서 흐루쇼프가 1400명 이상의 대의원을 앞에 두고 여전히 건재한 스탈린의 개인 숭배를 역사적으로 맹비난한 것이 전환점이 되었다. 새 지도자 흐루쇼프는 테러의 진실을 완전히 폭로하지도 않았고 굴라크에 대한 언급조차 하지 않았지만, 오랜 세월 '대규모 탄압'을 일삼은 죽은 독재자를 비난함으로써 거짓 선고를 받은 희생자들의 무죄를 암묵적으로 인정해주었다. 돌이켜 생각해보면, 흐루쇼프가 여전히 스탈린주의자가 득실한 공산당 엘리트 집회에서 용기 내어 솔직하게 폭로한 덕분에, 비록 20년 뒤이긴 하지만 미하일 고르바초프가 더욱 광범위한 반스탈린주의 정책을 펼칠 수 있었을 것이다. 오늘날까지도 흐루쇼프를 소비에트 체제에 치명적인 타격을 입힌 당사자라고 비난하는 많은 러시아인도 분명 그렇게 생각할 것이다.

거의 4시간에 걸친 흐루쇼프의 연설은 그 후 30년간 소련에서 공표되지 않았지만, 흔히 말하듯 '비밀'은 결코 아니었다. 흐루쇼프 자신도 이를 비밀로 할 의도가 없었다. 그는 전국에서 열리는 공산주의자 회의와 공산주의청년동맹 회의에서는 물론 교육, 문화, 군사 기관부터 도시와 시골의 일터까지 어디서든 자신의 연설문이 읽히도록 지시했다. 공식적으로 이는 몇 달 내에 정당원과 준당원 2500만 명이 잔혹한 고문과 즉결처형에 대한 적나라한 설명을 비롯해 스탈린 테러에 대한 흐루쇼프의 폭로를 들었다는 것을 의미했다. 하지만 일반적으로 비공개로 이뤄지던 회의들이 '공개'를 선언했고 이런 회의에 참석한 이들이 다른 사람들에게 이야기를 전달했기 때문에 흐루쇼프의 연설 내용은 훨씬 더 많은 소비에트 시민의 귀에까지 들어갔다.[29]

생존한 희생자들을 개별적이고 선별적으로 석방하던 3년간의 방침은 더 이상 발붙일 곳이 없었고, 이는 흐루쇼프의 의도이기도 했다. 1956년 당 대회가 있기 전에도 흐루쇼프는 최근 풀려난 베테랑 공산주의자들을 주변으로 불러들였는데, 특히 샤투놉스카야와 스네고프가 주목할 만했다. 두 사람은 흐루쇼프와 미코얀에게 모든 정치범을 수용소와 유형지에서 '서둘러' 석방해달라고 청하면서, "그렇지 않으면 (…) 사람들은 끝내 견뎌내지 못할 것"이라고 애원했다. 샤투놉스카야의 재촉에 흐루쇼프는 유형지에 있는 모든 이를 어떤 법적·관료적 절차 없이 "그냥 즉시 풀어주라"는 칙령을 발표했다.[30] 흐루쇼프의 2월 연설을 시작으로, 공식적이고 즉각적인 판결이라는 가속화된 수단을 통해 수용소의 대규모 석방이 동시에 이뤄졌다.

가장 결정적이었던 것은 샤투놉스카야와 스네고프의 제안에 따라 65곳 정도의 대형 수용소에 직접 보내기 위한 97개 위원회를 구성한 일이었다. 각 위원회는 당과 국가 관료를 포함한 3명에서 7명의 위원을 두었으며 '객관성과 정의'를 보증하기 위해 이미 풀려나 무죄 판결을 받은 베테랑 공산주의자 한 명도 포함시켰는데, 이는 종종 제외되기도 했다. 모든 위원회는 현장에서 사건을 검토하고 죄수를 석방할 수 있는 권한을 부여받았다. 돌인징인 딩 궨료니 검찰, KGB 요원으로 이뤄진 몇몇

위원회는 공정하게 처신하지 못했지만 대부분은 공정성을 기했다.(한 위원회의 의장이자 미래 우크라이나의 당수가 된 표트르 셸레스트는 자신이 보고 배운 것은 여생 동안 자신 곁에 머물렀다고 말했다.)**31**

소비에트 이동 석방위원회, 즉 죄수들이 칭한 '고충 처리단'에 얽힌 극적인 일화들은 여전히 역사가의 손길을 기다린다. 내가 직접 얻은 몇몇 자료는 위원회가 굴라크를 다녀간 뒤의 감동적인 순간을 전하고 있다. 그중 최고는 러시아의 전설적인 시베리아 금광 전문가이자 당시 콜리마의 강제노동 죄수였던 바딤 투마노프의 회고록에 나온 이야기다. 1956년 무렵, 투마노프는 8년째 수용소 생활 중이었다. 위원회가 온다는 소문이 이미 머나먼 콜리마까지 퍼져 있었지만, 7월에 한 위원회가 마침내 도착했을 때 투마노프와 동료들은 이번에도 역시 관료주의를 내세워 자신들을 기만할 것이라고 생각했다.

그러나 예상과 다르게, 수용소 관리를 비롯한 위원회 위원 13명(몇몇은 KGB 또는 검찰 제복을 입고 있었다)이 테이블에 둘러앉아 투마노프를 '기분 좋게' 맞이하더니 그의 소송 건을 진지하게 검토했다. 다른 건들은 겨우 1~2분 걸렸지만, 투마노프의 경우는 위원회가 그의 두꺼운 서류철을 살펴보고 수용소 간부들이 뒷받침하는 의견과 투마노프의 결백 선언을 듣기까지 장장 2시간 30분이 소요됐다. 그런 다음 의장이 일어나 다음과 같이 선언했다. "본 위원회는 수감자들의 사건을 재조사하라는 소연방최고회의 간부회의 권한을 이임받아 피고가 밝은 미래를 건설하는 사람들의 대열에 합류할 것이라는 굳은 믿음 아래 피고를 석방하는 동시에 죄를 무효화한다." 투마노프는 할 말을 잃었고 다부진 그의 '눈에는 눈물이 글썽였다.' 그러나 속으로는 자신의 동료 광산업자들도 풀어달라고 이 위원회에 요청해야겠다고 생각했다.**32**

이와 비슷한 극적인 사건들이 소련 전역에 흩어진 굴라크에서 벌어지고 있었다. 공식 보고서에 따르면 이동위원회가 한두 달 내에 풀어준 죄수는 10만 명이었지만, 다른 자료들을 살펴보면 이보다 훨씬 더 큰 수치였다. 그 수가 정확히 얼마였든, 계속 늘어가는 굴라크 대량 탈출에 상당한 수를 더했던 것만은 사실이다. 이로써 1959년 무렵, 생존해 있던 스탈린의 정치적 희생자는 대부분 석방되었다.[33] 위원회를 통해 석방된 이들 중에는 20년 뒤 내가 알게 된 귀환자 몇 명과 아흐마토바의 한 많은 아들 레프 구밀료프도 있었다. 동생 이고르가 멜버른 올림픽에서 소비에트 축구팀 주장으로 금메달 도전에 나서고 있을 때 집으로 돌아갔던 레프 네토도 마찬가지였다.

흐루쇼프의 1956년 2월 연설의 여파로, 소비에트 연방의 기차와 거리에서는 스탈린의 희생자들이 집으로 돌아가는 모습이 익숙한 풍경이 되었다. 가진 것이라곤 석방 사실과 목적지를 알려주는 서류와 철도 티켓, 음식을 사먹을 몇 루블이 전부였기 때문에 대부분이 수척하고 나이 들어 보였다. 척박하지만 그나마 건강 회복이 가능한 유형지를 거치지 않고, 노동수용소에서 복역하다가 바로 집으로 돌아가는 희생자들은 '산산이 부서진' 몰골을 하고 있었다. 어떤 사람은 스스로를 그저 '몸의 뼈대에 살가죽이 늘어붙어 있는 형상'이라고 묘사했다. 기차 안 거울에서 처음으로 '시베리아의 추위와 미어터지는 수용소 막사의 탁한 공기에 푸석해진 자신의 얼굴'을 보는 것은 그야말로 충격이었다.

전국 곳곳의 철도역에 도착한 대다수의 귀환자는 굴라크에서 보내는 동안 끌고 다녔던 낡아빠진 짐 가방을 생존의 트로피마냥 꽉 움켜쥐고 있었다.(안나 라리나는 자신의 짐 가방을 죽을 때까지 벽장에 보관해두고 가

끔씩 과거의 한 일화를 이야기할 때마다 꺼내서 보여주곤 했다. 그 외의 굴라
크 유물로는 다른 죄수가 생일 선물로 직접 만들어준 귀리죽 숟가락이 유일했
다.) 훗날 행인들은 많은 귀환자가 머리를 깎은 채 여전히 노동수용소의
패드 재킷에 누더기 부츠를 신고 있었다고 회상했다. 어느 석방된 죄수
가 자신이 걸친 옷을 쑥스러워하며 공산당 본부에 찾아왔을 때, 당시 그
곳에서 일하고 있던 전직 죄수 올가 샤투놉스카야는 다음의 말로 그를
안심시켰다. "별것 아니에요. 요즘 모스크바에는 그런 차림으로 돌아다
니는 사람이 많아요."**34**

사실 석방된 수감자와 유형자들이 모두 집으로 돌아간 것은 아니었
다. 부하린의 전처와 딸 스베틀라나, 부하린의 남동생 블라디미르처럼
민감한 정치적 사건에 연루돼 체포된 사람들은 몇 년 동안 모스크바를
비롯한 대도시에 들어올 수 없다는 제재 통지를 받았다. 코펠레프 같은
몇몇 사람은 모스크바에 불법 정착하려고 했지만 곧장 민병대에 들켜
쫓겨났다. 하는 수 없이 이들은 기회가 훨씬 적은 지방 도시에서 삶을 다
시 꾸려야 했다. 그리고 국외로 추방된 국민도 모두 조국 소비에트로 돌
아올 수 있다는 허가를 받은 것은 아니었다. 그 이유 중 하나는 정부가
이미 오래전에 다른 시민의 차지가 된 집과 재산 때문에 심각한 충돌이
일어날까봐 두려워했기 때문인데, 이 같은 우려는 세월이 흘러 현실이 되
었다.

이외에도 더 이상 집이 존재하지 않았던 석방자도 많았다. 시인(이
자 전직 죄수) 니콜라이 자볼로츠키는 "마가단 근처 어드메의 들녘에 정
착한" 이들을 "열정과 힘을 모두 소진한 채 남자이길 이미 포기한" 늙
은 남자들이라고 회상했다. 수년간의 감금생활은 이들에게서 가족과 직
업, 소유물, 소속감을 앗아갔다. 어떤 사람들은 자유의 불확실성보다는

1953년 이후 어느 정도 상태가 개선된 굴라크의 규칙적인 생활을 더 선호하기도 했다. 바실리 그로스만은 자신의 소설 『모든 것은 흘러간다』에서 다음과 같이 회상했다.

그는 이런 노인을 몇 번이고 만났다. 이들은 수용소를 떠나고자 하는 열망을 잃어버렸다. 수용소가 이 사람들의 집이었다. 식사는 매일 규칙적인 시간에 이뤄졌다. 친절한 동무들이 가끔씩 남은 음식도 주었다. 그리고 난로의 온기가 있었다.

하지만 대부분의 생존자에게 "수용소를 떠나 (…) 저 저주받은 가시철책에서 단 9미터라도 떨어진 곳에서 죽는 것보다 더한 행복은 없었다"고 그로스만은 덧붙였다.[35]

그 외 어쩔 수 없는 이유로 수십만의 전직 죄수는 축소된 굴라크 제국의 광활한 지역, 특히 시베리아와 중앙아시아에 그대로 남아 있었다.(솔제니친은 비록 자신은 문학적 야망에 이끌려 모스크바로 왔지만 이들이야말로 '분별 있는' 자들이라고 말했다.[36]) 이 사람들은 새로운 가족, 이제 자발적 노동이 절실히 필요해진 국영기업에서 제공하는 봉급, 그리고 자신을 둘러싸고 있는 탁 트인 원시자연에 대한 심리적 애착 때문에 그곳에 머물렀다. 투마노프의 경우는 혁신적인 금광채굴 사업을 개척하기 위해 시베리아에 남았다. 파벨 네그레토프(옛날을 떠올리게 하는 그의 회고록 『모든 길은 보르쿠타로 통한다』는 로이 메드베데프와 나를 통해 서구로 전해졌다)는 레닌그라드 대학 통신과정을 통해 상급 학위를 딴 뒤 보르쿠타에서 전문 지질학자가 되었다.[37]

자유의 몸이 돼 많은 희생자가 몇십 년간 그대로 남아 있던 덕분에 마가단과 보르쿠타, 노릴스크 같은 굴라크 중심지는 생활 환경이 개선되었다. 하지만 굴라크의 가시철책과 감시탑이 철거되고 오랜 시간이 흐른 뒤에도 방문객들은 굴라크 세계의 끔찍한 흔적들, 즉 무너져 내리는 막사와 공동묘지, 총알 구멍이 난 두개골을 끝없이 마주쳤다. 방문객들은 그곳에 아직 남아 있는 사람들, 즉 나이가 지긋한 생존자들과 이들의 수많은 후손도 만났다. 포스트소비에트 정부에서 이런 변경지대에 주는 기본 보조금을 끝냈을 때, 전직 죄수와 수용소 보초를 막론하고 대부분은 또다시 어려운 시절을 겪었을 것이다.[38]

하지만 수백만 생존자는 1950년대에 집으로 돌아가거나 돌아가고자 애썼다. 이들은 체포되기 전, 계층과 직업, 민족이 소비에트 연방 자체만큼이나 천차만별이었다. 그러나 스탈린의 테러는 몇십 년에 걸쳐 지위고하를 막론하고 사실상 모든 사회계층을 희생자로 만들었으며, 반스탈린주의 시인이자 편집인인 알렉산드르 트바르돕스키(영세농민이었던 그의 부모는 강제추방을 당했다)의 시에서 알 수 있듯 굴라크에서 이들의 처지는 모두 똑같았다.

(…)
법의 테두리 밖에서
운명은 모두를 똑같이 만들었네.
부농의 아들이나 붉은 군대 사령관의 아들이나,
사제의 아들이나 인민위원의 아들이나.

이곳에서는 어느 계급이든 동등했네.
남자는 모두 형제고 수용소 동지며,

반역자로 낙인찍힌 자일 뿐이었지.39

이제 이들은 공통의 과거를 짊어진 채 각자의 길을 걸어갔다.

1930년대부터 1950년대까지 수용소가 주로 몰려 있던 지역의 중심을 점으로 표시한 '굴라크 지도.'
(자료 협찬: 메모리얼협회)

작품 시리즈 '레퀴엠'에서 따온 굴라크행 기차.(자료 협찬: 화가 알렉산드르 로젠코)

카밀의 아버지 아크말 이크라모프의 체포 후 훼손된 사진, 그리고 1939년 연출가 프세볼로트 메이예르홀트의 고문 전 감옥 사진.(데이비드 킹의 저서 『사라진 인민위원』과 『보통 사람들』에서)

예술가 이고르 오브로소프가 형의 기억을 토대로 스탈린 감옥에서 있었던 '심문'을 표현한 그림들.(자료 협찬: 모스크바 국립 굴라크 역사박물관)

위 1936년의 한 NKVD 처형단.(데이비드 킹의 『보통 사람들』에서)
아래 모스크바의 돈스코이 공동묘지에 있는 화장터의 뒤쪽 출입문과 내부 모습.

예브프로시니야 케르스놉스카야 본인
이 그린 삽화가 들어간 회고록들에서.
위 수용소에 도착하자마자 남녀 죄수
를 갈라놓는 모습.
아래 '힘들기만 하고 보람은 없는 노동.'
(자료 협찬: 니코느 삽삽스키)

위에서부터 어느 수용소의 남겨진 흔적, 감옥의 독방, 수용소 공동묘지.
(자료 협찬: 메모리얼협회)

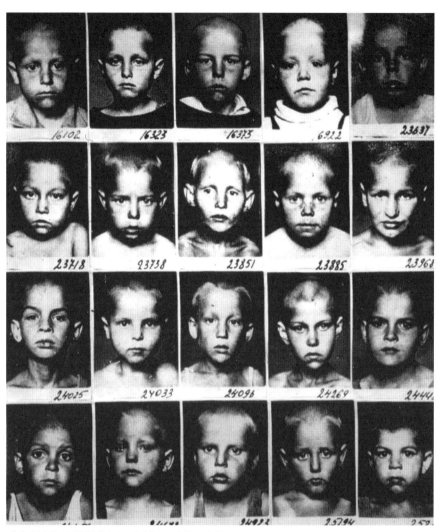

테러가 낳은 고아들.(데이비드 킹의 『보통 사람들』에서)

위 왼쪽 1929년 레닌 영묘 꼭대기에 스탈린과 함께 서 있는 니콜라이 부하린(오른쪽).
위 오른쪽 1938년 NKVD의 신임 국장 라브렌티 베리야와 스탈린 사이에 앉아 있는 니키타 흐루쇼프(앞줄의 흰색 와이셔츠).
아래 1937년 테러가 한창일 때 당시 NKVD의 국장 니콜라이 예조프(왼쪽 좌석), 아나스타스 미코얀(왼쪽 맨 끝에 서 있음)과 함께 있는 흐루쇼프(앞줄 정중앙).

위 왼쪽 1931년 안나 라리나.
위 오른쪽 1937년 감옥에서.
아래 왼쪽 1949년경 고아원에 있는 아들 유리.
아래 오른쪽 1956년 안나가 시베리아 유형지의 집에서 유리를 처음 만났을 때 다른 자녀 나댜, 미샤와 함께.

왼쪽 1929년경 예스피르 구르비치와 스베틀라나 구르비치-부하린 모녀.
가운데 1949년 스베틀라나의 감옥 사진.
아래 왼쪽 1955년 굴라크 수용소에 있는 예스피르.
아래 오른쪽 1968년 모스크바에서 스베틀라나와 함께.
(1929년과 1955년의 사진 협찬: 엠마 구르비치)

1927년 니콜라이의 남동생 블라디미르 부하린, 그리고 1955년 굴라크 석방 후 모습.(자료 협찬: 가족)

1936년의 니탈리아 키로바, 그리고 굴라크에서 오래 세월을 보낸 후(자료 협찬: 미하일 샤트로프)

위 1930년대 중반의 예브게니 그네딘, 그리고 유형지에서 석방된 후 아내 나데즈다, 어머니와 함께.

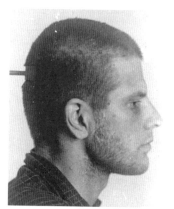

1949년 유리 아이헨발트의 감옥 사진,
그리고 1960년 모스크바에서.
(자료 협찬: 알렉산드라 아이헨발트)

위 유형지에서 석방된 후 수용소복을 입고 포즈를 취하고 있는 알렉산드르 솔제니친, 그리고 1957년 어느 러시아 시골 학교에서 아이들을 가르치는 모습.
아래 1955년 아직 카자흐스탄의 유형지에 있을 때.(자료 협찬: 나탈리야 레셰톱스카야)

1936년 체포 전의 올가 샤투놉스카야, 그리고 1945년 마가단의 수용소에서.

1954년 굴라크 석방 직후이자 흐루쇼프의 정치 수행원이 되기 직전의 알렉세이 스네고프, 그리고 권력에서 축출된 지 10년도 더 지나 이제 브레즈네프 정권 하에서 정치적 떠돌이 신세가 된 1974년의 스네고프.(자료 협찬: 러시아사회정치사문서보관소RGASPI)

'가시철사'를 의미하기도 하는 '알렉산드르 이스토민의 가시 면류관', 화가 이고르 솔다텐코프 작.(자료 협찬. 일백세미 슬티덴고프)

× 제3장 ×

돌아온
희생자들

×

×

×

이제 체포된 자들이 돌아오리니,
수용소에 가둔 자와 가둬진 자,
이 두 러시아가 서로 얼굴을 마주하리라.

— 안나 아흐마토바

스탈린 테러 생존자들에 대한 일반론(건강과 심리 상태, 가족, 정치 문제)은 많이 있지만, 그중 근거가 타당한 주장은 간혹 있더라도 굉장히 적은 편이다. 생존자들의 굴라크 이후 삶은 인간 조건 자체만큼이나 각양각색이었다.

어떤 희생자들은 여태껏 겪은 일 때문에 만신창이가 된 나머지, 석방되고 몇 주 또는 몇 개월 내에 사망했다. 사람들은 이에 대해 '자유를 감당하지 못해서'라고 얘기했다.1 집으로 돌아가는 길에 기차에서, 철도역에서, 길거리에서 죽는 이들도 있었다. 몇몇은 곧 석방될 것이라는 통보를 받고 얼마 지나지 않아, 풀려나기로 한 날이 되기도 전에 급사했다. 이는 노모를 다시 한번 보겠다는 희망으로 콜리마에서 15년을 견뎠던 어느 중년 남성의 사연이기도 했다. 결국 노모가 아들보다 더 오래 살았다. 스탈린의 테러를 이겨낸 이 희생자들에게는 굴라크 이후의 삶은커녕 귀환조차 없었다.

그러나 다른 생존자들은 그동안 견뎌온 모진 세월과 러시아 남성의 수명이 오늘날까지도 60세 미만이라는 사실을 감안할 때, 놀라울 정도로 장수를 누렸다. 안나 라리나와 예브게니 그네딘은 80대 초반까지 살았고, 부하린의 남동생 블라디미르는 88세까지 살았다. 솔제니친은 2008년에 향년 89세로 세상을 떠났다. 심지어는 90대까지 산 이들도 있는데, 이중에는 가투 놉스카야, 스네고프, 2010년에 93세로 별세한 나탈리야 리코바, 그리고 잘 알려진 영화 겸 TV 배우 게오르기 즈제노프가 있었다. 내 친구 안톤 안토노프—옵세옌코와, 샤투놉스카야가 당 본부에서 축출된 뒤 그녀와 절친하게 지냈던 철학자 그리고리 포메란츠는 90세가 된 2010년까지도 모스크바에서 활발하게 활동 중이었다.

나는 이 생존자들의 놀라운 수명을 설명할 어떤 일반론도 알지 못한다. 내가 알고 지내거나 연구한 사람들의 유전자가 그저 우월했던 것일 수도 있고, 다윈설에 따라 이미 굴라크 생활을 견뎠기 때문에 나머지 삶은 쉬웠으리라는 설명도 가능할 것이다. 아니면 이 사람들이 레프 구밀료프처럼 '수용소에서 보낸 시간은 중요하지 않다. 그 세월은 내가 살아낸 것이라 할 수 없기 때문이다'라는 결론을 내리고, 굴라크에서 나온 후 그동안 잃어버린 시간을 기필코 만회하겠다고 다짐했기 때문일 수도 있다.[2]

굴라크 귀환자들의 삶은 심리 상태에서도 현저하게 차이가 났다. 어떤 귀환자는 정신적 외상이 심해서 평생을 두려움 속에 살며 과거를 숨기고 심지어 가족과도 그 이야기를 하지 않았으며 동료 생존자들을 피했다. 이 사람들은 순종적인 소비에트 시민이 되었고 "생각이 만들어낸 두려움, 다시 체포될지도 모른다는 불안에 휩싸인 나머지 강제노동을 할 때보다 더 철저한 감금생활을 하는 듯했다." 가장 훌륭한 회고록 집필자로 꼽히는 두 사람조차도 굴라크의 유물을 완전히 떨쳐내지 못했다. 유지니아 긴즈부르크는 자신의 유명 저서가 된 회고록의 원고가 발각될 것을 우려해 '훨씬 더 신랄했던' 초안을 불태웠고, 바를람 샬라모프는 자신의 저서 『콜리마 이야기』에서 무지막지한 이야기들을 쓰는 동안 "지난날의 일이 떠올라 온몸이 (…) 번개에 검게 그을려 두번 다시는 푸른 잎을 달 수 없는 나무처럼 얼어붙는 것" 같았다.[3]

한편 다른 귀환자들은 여전히 '직업 죄수'의 모습으로, 수용소의 경험을 영광의 배지처럼 입에 달고 살았고 굴라크 동지들과 평생의 우정을 지켜나갔으며, '다른 도리가 없었기' 때문에 자신의 과거를 떳떳이 밝혔다. 구밀료프의 경우는 곧바로 '전설이 된 자신의 죄수 포즈'를 취하고 '나의 골고다언덕' 이야기를 되풀이했다. 진실을 외칠 줄 아는 공산주의자 스네고프는 소비에트 수용소에 있었는지 반소비에트 수용소에 있었는지 묻는 어느 적대적인 당 관료에게 정말 그답게 '난 콜리마에서 왔소!'라고 대답했다. 안톤의 경우, 굴라크 시절은 살아가는 내내 자신의 저항적 정체성을 이루는 중요한 측면이 되었다. 그리고 어느 시인은 자신의 필명을 '블라디미르 제카Vladimir Zeka'라고 지었다. 솔제니친의 말을 빌리자면, 이 생존자들에게 '과거를 숨길 것인지 자랑스럽게 여길 것인지는 전혀 문제가 되지 않았다.'(일찍이 1974년에 어느 유명한 소비에트 저자가 KGB의 호출을 받고 낡은 굴라크 복을 입고 출석하자, KGB에서 "가면은 필요 없다"라는 말과 함께 그에게 새 양복을 입혀 서독으로 추방해버렸다.)[4]

그 외의 많은 귀환자는 만성적인 두려움을 보이지도, 그렇다고 결단력 있는 대담함을 보이지도 않았다. 특히 아직 직업적 야망을 품을 만큼 젊은 사람들이나, 자녀들에게까지 낙인이 찍힐까봐 걱정하는 사람들이 이 같은 태도를 보였다. 타냐의 유명한 아버지 알렉산드르 바예프가 바로 그러했다. 바예프는 1950년대에 집으로 돌아온 후, 굴라크에서 보낸 17년의 세월을 친한 친구와 믿을 수 있는 동료들에게만 말했을 뿐 겉으로는 드러내지 않은 채 소비에트 과학아카데미의 정상 자리까지 올랐다. 그는 점잖고 아량이 넓었지만, 자신이 '고생해서 성취한' 것을 위태롭게 한다는 이유로 나와의 교류를 포함해 타냐의 반체제 활동을 극구 반대했다. 이것은 19/0년내에 부하린의 역사가 띨이 이복 남동생의 공공 항의 집회를 반대했던 것과 같은 이치였다. 40년의 세월이 흐른 후, 바예프가 1997년 사망하기 몇 해 전에 자신이 겪은 굴라크 이야기를 꺼냈을 때 꽤 많은 사람이 놀라움을 감추지 못했다.[5]

대다수의 생존자는 사회의 익명성 속으로 자연스럽게 흘러들어갔지만, 상당수는 바예프처럼 소비에트에서 걸출한 경력을 쌓아갔다. 당시에는 거의 알려지지 않았지만 스탈린 치하에서도 그러한 전례가 있었는데, 특히 나치 독일과의 전쟁에서 싸운 공로로 풀려난 죄수 가운데 많았다. NKVD에 의해 손톱이 뽑히고 심하게 두들겨 맞았던 콘스탄틴 로코솝스키는 1937년과 1938년에 체포된 다른 군 장교들과 함께 풀려나 전시에 가장 유능하고 인기 있는 장군으로 활약하며 원수의 지위에까지 올랐다. 역시 풀려난 장군인 알렉산드르 고르바토프는 자신의 군대를 이끌고 베를린으로 진격해, 1945년 그곳에서 소비에트 점령군의 수장이 되었다.(그의 예전 감방 동료는 오스트리아 빈에서 동일한 지위에 올랐다.)[6]

로켓 기술자이자 설계자였던 세르게이 코롤료프가 전시에 석방된 일 역시 그것 못지않게 중대했다. 나치 독일에 대항할 무기를 개발하기 위해 풀려난 그는 훗날 소비에트 우주탐사 프로그램의 책임자가 되었는데, 우주탐사 역사에서 소련이 차지한 선구자적 역할을 감안할 때 전직 굴라크 수감자 코롤료프는 흔히 말하는 우주여행의 아버지였다고 할 수 있다. 하지만 이 모든 일을 코롤료프 혼자서 한 것은 아니었다. 그의 동료 발렌틴 글루시코는 1942년(원문과는 달리 위키피디아 백과사전에는 글루시코와 코롤료프 모두 1944년에 석방된 것으로 나온다—옮긴이) 자신의 석방 후 코롤료프가 자유의 몸이 되도록 도왔으며 나중에는 국제 천문학에 큰 업적을 세워 달의 분화구에 그의 이름이 붙기까지 했다.(자신이 한 일이 극비로 남은 코롤료프와 달리, 글루시코는 정치적으로도 출세해

1976년에 공산당 중앙위원회 위원이 되었다.)**7**

하지만 당연하게도, 전시보다는 스탈린이 사망한 후 명성을 쌓거나 회복한 굴라크 생존자가 더 많았다. 몇몇은 이미 독자 여러분도 아는 사람들이다. 에디 로즈네르는 비록 그의 음악이 서양 로큰롤에 가려지던 1976년에 자신의 지난날을 원통해하며 세상을 떠나긴 했지만, 석방 후 재즈 밴드를 다시 결성해 1940년대의 인기를 재현했다. 스타로스틴 사형제 중 니콜라이와 안드레이는 다시 전국적인 축구 스타가 되었고 지금은 축구 팀 경영진으로 일하고 있다. 한때 아름다운 소녀 역을 연기했던 타티야나 오쿠넵스카야는 다양한 역할이긴 했지만 다시 연기 경력을 시작했고, 즈제노프와 또 다른 유명 스타 표트르 벨리아미노프 역시 마찬가지였다. 알렉세이 카플레르는 스탈린의 딸과 정분이 난 죄로 10년을 복역한 후 각본가 겸 감독이자 영화를 소개하는 유명 TV 프로그램의 진행자로 영화계에 복귀했다. 안나 라리나의 굴라크 친구인 나탈리야 사츠는 세계적으로 유명한 모스크바 어린이 극장을 창립했는데, 일부 독자에게는 이 역시 익숙한 이름일 것이다.**8**

그러나 이처럼 굴라크 석방 후 걸출한 경력을 쌓은 사례는 예외에 속했다. 스탈린의 테러가 끝나고 생존자들이 풀려난 뒤에도, 재능 있는 많은 귀환자와 이들의 자녀는 과거를 속이거나 가명을 쓰거나 이중생활을 하는 등 우회적인 방법으로만 사회생활을 할 수 있었다. 한 예로, 부하린의 아들 유리 라린은 공적으로 그의 부모에 대해 침묵한 채 공식 지원과 전시회 허가를 받지 못하고 고군분투하다가 1980년대 후반에야 비로소 예술가로서 두각을 나타냈다. 또 다른 예로, 잘생기고 재능이 비상한 유리 라린의 친구 유리 아이헨발트 역시 '이력에 빨간 줄'이 그어졌었는데, 내가 그를 만났던 1970년대에 그의 모스크바 아파트는 다른 귀환자들을 포함한 정치적, 문화적 비순응주의자들에게 '늘 열린 장소'였다.

1928년에 태어난 아이헨발트의 삶은 시작부터 이중 낙인이 찍혀 있었다. 첫 낙인은 잘 알려진 반공산주의 지식인이었던 친할아버지 율리가 1922년 레닌 정부에 의해 강제 추방되면서 생겼고, 다른 하나는 이후 유명한 부하린주의자였던 아버지 알렉산드르가 스탈린에게 총살당하면서 생긴 것이었다. 유리 아이헨발트는 1937년 어머니가 체포된 뒤 친척 어른들과 함께 살았지만, 열네 살 무렵에는 사실상 천애고아가 되었다. 그리고 1949년 스탈린이 부하린의 딸 스베틀라나를 비롯해 이제 장성한 옛 희생자들의 자녀를 잡아들이고 있을 때 아이헨발트 역시 체포되었다. 카자흐스탄으로 추방되었던 그는 1951년 다시 체포되어 1955년 석방될 때까지 정신병자용 감방에 감금되었다.

1960년대 무렵 아이헨발트는 고등학생들에게 문학을 가르치는 한편 뛰어난 시인으로 성장했는데, 그의 걸작들은 '서랍행'이 되거나 해외에서만 출간되었다. 반체제 활동과 KGB의 박해, 뒤이은 심장마비로 그의 공식적인 일자리는 끝났지만, 아이헨발트는 가족을 부양하고 어느 정도 표현의 자유를 얻기 위해 「맨 오브 라만차Man of La Mancha」와 「시라노 드 베르주라크Cyrano de Bergerac」같이 특히 소비에트에서 인기를 끌었던 희곡작품을 옮기는 거의 무명의 번역자가 되었다. 이로써 당시 소비에트 극장가를 누빈 세대 중 많은 수를 차지했던 당과 국가의 엘리트들은 전직 죄수의 손에 위안을 받고 교화가 되었다. 시라노 같은 분신을 지닌 일종의 정치적 돈키호테였던 아이헨발트는 이를 기회로 삼아 대사 사이에 자신의 금지된 시 구절을 끼워넣기도 했다.9

하지만 1950년대에 풀려난 다른 수백만 생존자는 어떠했을까? 이들 중 일부의 이야기가 우리에게 알려져 있다. 1956년 이동위원회에 의해 석방된 콜리마의 죄수 바딤 투마노프는 금광사업으로 위업을 달성하며 시베리아의 전설이 되었다. 지질학자 파벨 비텐부르크는 다른 몇몇 과학자처럼, 굴라크에 있을 때 기본적인 조사가 이뤄졌다는 사실을 밝히지 않은 채 대표작들을 출간했다. 또 다른 귀환자 시인은 로만 세프라는 가명을 이용해 「마이 페어 레이디My Fair Lady」와 월트 휘트먼의 작품을 러시아어로 번역했다.[10] 앞으로 이 책에서 다른 생존자들의 이야기를 더 하거나 다시 만나게 되겠지만, 스탈린의 살아남은 희생자 대부분은 아무런 기록도 남기지 않은 채 사회 속으로 자취를 감추었다.

따라서 얼마나 많은 희생자가 **해피엔딩**kheppi end(러시아어에도 있는 표현)을 찾고 얼마나 많은 희생자가 그런 행운을 얻지 못했는지는 추측만 가능할 뿐이다. 내가 아는 귀환자들에게 다른 희생자들은 어떤 삶을 살았을 것 같냐고 물었을 때, 그들은 대개 어깨를 으쓱하며 러시아어 특유의 어법으로 이렇게 대답했다. "같은 전직 죄수라도 운명은 저마다 다르겠지요." 그러니 죽는 날까지 조용한 삶을 살았던 많은 생존자가 최소한 소비에트 환경에서라도 각자 나름대로 행복한 결말을 찾았을 것이라고 짐작, 아니 희망이라도 해봐야겠다.(카밀 이크라모프는 굴라크에서 시력이 심하게 손상되는 바람에 친구 유리 라린의 그림을 제대로 감상할 수 없었지만, 자신이 굴라크에서 돌아온 날을 뒤돌아보며 '행복한 피날레'이자 '새로운 인생의 시작'이었다고 회상했다.) 하지만 많은 사람이 그렇게 운이 좋았던 것은 아니었다. 이들 중 일부는 오랫동안 양로원과 철도역, 임시거처를 전전하며 희망을 잃은 채 기본 의식주조차 갖춰지지 않은 극빈한 생활을 했다.[11]

존경받는 작가였던 두 귀환자의 슬픈 결말을 통해, 우리에게 알려지지 않은 많은 희생자의 삶을 어느 정도 추측할 수 있을 것이다. 한때 어느 '러시아 최고의 현존 작가'로부터 존경을 받았던 샬라모프는 국가에서 운영하는 원시적인 시설들 중 한 허술한 병실에서 유독 쓸쓸하게 생을 마감했다. 1941~1944년 레닌그라드 봉쇄 때 이 도시의 영웅심을 노래한 아름다운 시인으로서 레닌그라드 전투 기념물 중 가장 높이 평가받는 기념비에 자신의 말 "그 누구도, 그 어느 것도 잊히지 않으리"를 새겼던, 심약한 올가 베르골츠는 죽는 날까지 스탈린의 테러에서 헤어나오지 못했다. 1930년대에 그녀의 첫 남편과 두 번째 남편이 처형되고 어린 두 딸(한 아이는 갓난아기)이 죽었으며, 1937년부터 1939년까지 구금생활을 하던 중 뱃속의 아이를 사산했다. 베르골츠는 20년간 고통에 맞서 싸우다가 1975년에 알코올중독으로 사망했으며, 그녀의 여동생에 따르면 말년을 "고통과 포도주, 외로움 속에서" 보냈다고 한다.[12]

귀환자들의 정치관에 대한 폭넓은 일반론 역시 이들의 경력과 개인적인 삶에 대한 일반론만큼 근거가 빈약하다. 생존한 많은 희생자는 자신이 겪은 고통의 원인을 레닌을 비롯한 소비에트 체제 전체로 돌렸으며, 몇몇은 드미트리 둣코 신부처럼 반마르크스주의를 표방하며 유명한 종교계 반체제 인사가 되었다. 1970년대, 둣코 신부의 인본주의적인 설교는 신자와 비신자들을 모스크바 외곽에 자리한 그의 작은 교구로 이끌었다. 비통한 마음이나 부정적인 감정을 품고 굴라크에서 돌아온 생존자들은 두번 다시 어떠한 형태의 정치나 이념도 믿지 않았다. 그러나 앞으로 살펴보겠지만, 다른 이들은 각양각색의 신념을 발전시켜 1960년대와 1970년대에 이념적으로 다양한 반대 의견을 내놓게 되었다.

반면 독자들이 놀랄지도 모를 텐데, 1930년대와 1940년대의 정치 희생자 중 다수의 생존자와 죽은 이들의 자녀는 공산당에 가입하거나 가입하고자 노력했다.(신청자 중 절반이 조금 넘는 사람들만 입당 허가를 받았던 것 같다.) 하지만 그 이유는 다 제각각이었다. 1980년대 무렵 거의 2000만에 달했던 공산당원의 대다수처럼, 어떤 이들에게 당원이라는 신분은 대개 더 나은 아파트와 직장, 연금, 기타 국가보조금을 획득하기 위한 수단이었다. 또 다른 이들에게는 완전한 무죄 판결의 보증서였다. 나탈리야 리코바가 어머니의 사후 재입당을 요청하는 호소문에 적었듯이, "당 복직이 없는 사법상의 복권은 진정한 복권이 아니"었다.[13]

하지만 돌아온 희생자 중에는 강한 정치적 신념 때문에 공산당에 가입 또는 재가입한 사람이 많았다. 샤투놉스카야, 스네고프, 그네딘, 밀차코프, 코펠레프처럼 체포되면서 당에서 축출된 베테랑 공산주의자들은 흐루쇼프가 강력한 반대 세력에 맞서 스탈린이 왜곡한 소비에트 체제 본래의 레닌주의적 가치를 위해 싸우고 있다고 믿었다. 그래서 새 지도자를 뒷받침해주고자 했다. 굴라크에서 많은 세월을 보내는 동안 소비에트 혁명에 대한 믿음(이것 덕분에 '무너지지 않고' 살아남을 수 있었다고 이들은 말했다)을 잃지 않았기 때문에, 베르골츠의 시 중 이를 수긍하고 있는 구절을 인용하자면, 이제 '이들은 옛 당원증을 되찾기 위해 가장 먼저 앞장섰다.'[14]

이 새로운 당원들 중에는 1920년대에 정치에 바친 자신의 젊음을 정당화하려는 연장자들만 있었던 것이 아니었다. 테러에 부모를 잃고 오래전에 이력에 '빨간 줄이 그어진' 자녀들 또한 이제 공산당에 가입했다. 이들 역시 흐루쇼프 편에 서서 부모들의 삶을 만회하고자 했다. 이중에는 내 친구들로서 1956년 흐루쇼프의 반스탈린 연설 후 바로 다음 날 붉은 군대에 몸담았던 아버지의 불명예를 공식적으로 씻은 로이 메드베데프, 많은 친족을 잃었던 미하일 샤트로프, 부하린주의자였던 아버지는 총살 당했지만 할아버지는 체포되지 않은 몇 안 되는 옛 볼셰비키 중 한 명이었던 레오니트 페트롭스키, 부하린의 공동 피고인 중 한 명의 아들인 카밀 이크라모프도 있었다. 장군의 아들로 유년 시절을 굴라크에서 보낸 표트르 야키르와, 훗날 소비에트에서 아주 유명한 음유시인이 된 불라트 오쿠자바도 마찬가지였다.

1970년대 무렵, 이들 대부분은 흐루쇼프 후계자들의 정책에 반대해 그네딘처럼 당에서 나오거나 코펠레프, 메드베데프, 야키르, 오쿠자바처럼 축출되었다. 그네딘의 사퇴서는 이들 모두의 말을 대변했다. "당에 소속되는 일은 일반적으로 내가 오랜 세월 사회생활로 쌓아올린 이해와 한 개인으로서 지니는 의미를 부정하도록 만듭니다." 심지어 몇몇은 다시 체포되기도 했는데, 레프 라즈곤만큼 파란만장한 반전을 경험한 사람은 없었다. 라즈곤은 1950년대 굴라크에서 돌아왔을 때조차 당에 대한 믿음이 여전했고 1980년대 후반 고르바초프의 반스탈린 개혁이 이뤄지던 시기에는 저명한 저자였지만, 결국 공산당을 탈퇴하고 1992년 포스트소비에트 정부가 마련한 재판에서 공산당에 불리한 증언을 했다.

하지만 당으로 돌아온 생존자 중 압도적 다수는 여생 동안 충성과 복종을 다하며 당원의 신분을 유지했다. 이들을 대표하는 유명인으로는 굴라크에서 21년을 보내고 고위급 당원이었던 첫 남편과 두 번째 남편을 모두 처형으로 잃은 강한 의지의 여성 갈리나 세레브랴코바가 있었다. 흐루쇼프가 참석한 문화계 인사 및 관료들의 회의에서 그녀는 복귀하게 된 당에 감사했고, '나를 깊은 수렁에서 빼내 이 세계로 돌려보내준, 내게 제2의 인생을 선물한' 지도자에게 개인적으로 감사를 표했다. '흔들림 없이 충실한 레닌주의자'로 남았던 모든 희생자에게 '가장 큰 비극'은 자녀들의 죽음이나 "내 가슴에 다섯 개의 흉터 자국을 남긴" 신체고문이 아니라, "프롤레타리아 혁명의 종말, 당의 파멸"이었다고 그녀는 말했다.**15**

세레브랴코바는 흐루쇼프가 권좌에서 수치스럽게 내려오고 그의 반스탈린 개혁들이 역행하는 모습을 지켜본 뒤에도 '가장 큰 비극'이라는 이 의미에 전혀 흔들림을 보이지 않았다. 그녀는 승인된 마르크스-레닌주의적 주제로 쉬지 않고 다작활동을 했으며 그 저서들은 대량으로 출간되었다. 이 때문에 세레브랴코바는 시련을 겪어본 적이 없는 많은 소비에트 지식인과 그녀를 '기만당한 세대'의 대표 격으로 여긴 일부 귀환자에게 업신여김을 받았지만, 내 생각에 그녀의 이야기와 이 비슷한 사연들은 더 복잡한 성격을 띠고 있었다.[16]

특히 내 관심을 끈 사례는 부하린의 개인 비서 세묜 란드레스의 귀환이었다. 그는 세레브랴코바와 다른 수천 명의 희생자처럼 끝까지 '신실한 공산주의자'였다. 란드레스의 굴라크 이후의 삶을 내게 들려준 사람은 스파이 소설과 경찰 소설로 어마어마한 성공을 거둔 작가이자 헤밍웨이를 본받아 모험적인 삶을 살았던 그의 아들 줄리안 세묘노프였다. 줄리안은 자신의 아버지와 세레브랴코바 같은 세대의 스탈린 희생자들이나 이들의 장성한 자녀들(분명 자신을 염두에 두고 한 말)이 다시금 당에서 벗어난 삶, 즉 '정치적 황무지로 들어가기'를 기대하는 것은 부당한 일이라고 주장했다.[17] 돌아온 공산주의자들 중 대다수가 여기에 동의하는 것 같았지만 몇몇은 그렇지 않았다.

이것은 공산주의자든 비공산주의자든 스탈린의 생존한 희생자들 사이에서 벌어졌던 수많은 정치적 의견 충돌 중 하나에 불과했다. 몇몇 충돌의 중심에는 솔제니친이 있었다. 1962년, 석방된 죄수들은 솔제니친의 선구자적 소설 『이반 데니소비치의 하루』에 대해 저마다 다른 의견을 내놓으며 열띤 반응을 보였는데, 일부는 수용소를 지나치게 온화한 곳으로 묘사했다고 주장했고 다른 일부는 지나치게 매몰차게 그렸다고 단언했다. 가장 극심한 논쟁은 솔제니친과, 솔제니친이 초기에 또 한 명의 '굴라크의 진정한 아들'이라고 껴안았던 샬라모프 사이에 이뤄졌다. 솔제니친이 굴라크 경험을 개인적, 도덕적 구원으로도 볼 수 있다고 옹호한 반면, 샬라모프는 그곳에는 오직 인간성 말살과 죽음만이 있었다고 반박했다. 솔제니친의 명성과 메시지가 널리 퍼지자, 한때 솔제니친의 '형제'였던 샬라모프는 차츰 그를 '현실에 아부하는 자'로 보았으며 '거짓을 말하는 정치 조작꾼'이라고까지 표현했다.**18**

　이러한 갈등에는 모르는 사람이 없을 정도로 고약한 솔제니친의 성미 (그는 굴라크에서 막역하게 지냈던 코펠레프를 비롯해 몇몇 전직 죄수와 '이념적 차이로' 사이가 틀어졌다)가 가장 큰 작용을 했지만, 다른 사람들 사이에도 정치적 갈등은 있었다. 다시 공산당원이 되기를 거부했던 긴즈부르크는 자신의 콜리마 친구 밀차코프가 당원증을 수령함과 동시에 체포 전 고관의 모습으로 되돌아갔다고 믿으며 그를 경멸했다. 비록 백 퍼센트 사실은 아니었지만 긴즈부르크는 "밀차코프는 죄수복과 함께 우리와 맺은 모든 관계를 내다버렸고, 자신의 삶에서 끊어진 실을 말끔하게 다시 이어 붙였다. 1937년과 1954년 양끝을 단단하게 매듭지어 이어 붙이고는 그 사이에 있었던 모든 것을 내던져버렸다"고 생각했다. 이 같은 논쟁은 그 어느 것도 쉽게 끝나지 않았다. 여러 해가 지난 후, 서로 경쟁하던 전직 죄수 단체들은 어느 쪽이 진정한 대표성을 띠는가의 문제로 입씨름을 벌이기도 했다.**19**

　물론 스탈린의 희생자들은 정치적 관점에 상관없이 대부분 스탈린을 증오했지만, 이 부분에서조차 의견 충돌은 나타났다. 소련이 패망한 후 둣코 신부와, 히틀러 독일과의 전쟁에 참가하기 위해 풀려난 또 다른 죄수이자 훗날 소비에트작가협회의 회장이 된 블라디미르 카르포프는 스탈린이 역사적으로 국가 건설에 기여한 역할을 옹호하고 나섰다. 1937년 NKVD의 주먹질에 이 여덟 개가 나갔던 로코솝스키 원수 역시 애국적인 이유에서 "내게 스탈린 동지는 신성하기" 때문에 흐루쇼프의 반스탈린 캠페인에 참여하지 않았던 것으로 알려졌다.[20]

수백만 귀환자는 굴라크에서 나온 후 각자 다른 길을 걸었지만, 총체적인 관점에서 스탈린 테러 시절의 순응성에 이은, 소비에트 사회의 새로운 주요 요인으로 떠올랐다. 이들이 지닌 공통의 경험과 필요, 요구는 문제와 갈등의 원인이 되었고, 이는 흐루쇼프 정권의 정치 행정 체제로부터 연민 또는 다른 식의 반응을 불러일으켰다.

뉘우친 기색도 없이 아직까지 지도부를 꿰차고 있던 스탈린주의자 클리멘트 보로실로프에게 긴즈부르크가 보냈던 "이 세월 동안 나는 모든 것을 잃었다"라는 편지글[21]은 귀환자 대다수의 마음을 대변하고 있었다. 일부 귀환자는 1950년대에 존재한 편의시설이나 소비생활은 무엇이든 제한적으로 경험함으로써, 예를 들어 많은 사람이 전보를 보내지 않거나 텔레비전을 보지 않는 등으로 잃어버린 시간을 보충하고자 했지만, 대부분은 가족과 의료, 아파트, 직장 또는 생활보조금, 감금된 세월에 대한 재정적 보상, 형 선고 후 몰수당한 재산의 반환 등 새로운 인생 또는 되찾은 인생을 살아가는 데 필요한 기본 사항들을 요구했다.

이에 대한 정부의 일반적인 반응은 '우리가 당신들의 기본적인 요구를 들어주고 평화롭게 살아가게 해주겠으니 과거에 대해 정치적 요구를 하거나 소란을 피워서는 안 된다'는 식의 성문화되진 않았지만 종종 입으로 떠든 사회적 계약이었다.(많은 생존자가 석방될 때 자신에게 일어난 일을 발설하지 말라는 경고를 받았다.) 결국 스탈린 이후 정부가 생존한 희생자들을 위해 한 일과 하지 않은 일은 정치와 관료제의 성격에 따라 결정되었으며, 이외에도 소비에트 생활의 일반적 특징이었던 내핍과 결핍 상태에 따라 구체화되기도 했다.

공식 관청에서는 오랜 탄압으로 뿔뿔이 흩어진 일가족을 위해 할 수 있는 일이 별로 없었다. 일부 귀환자가 친족들을 찾도록 도와준 경우가 있었으나, 그마저도 대개는 친구나 다른 가족, 때로는 적십자의 도움으로 이뤄졌다. 설상가상으로 NKVD에서는 1930년대부터 희생자 가족들의 죽음에 대해 거짓말을 했고 이 관행은 그 후속 기관인 KGB에서도 수년간 이어졌다. 스탈린의 '정의 세력'은 집단처형 사실을 감추기 위해 '서신 왕래 없는 10년형'이라는 거짓 판결까지 지어냈다. 실제로 이것은 희생자가 총살당했다는 의미였다.

일부 사람은 이 잔인한 거짓말을 꿰뚫어보았고, 몇몇은 시인 알렉산드르 블로크의 천국의 문에 관한 시 구절 "돌아오는 이는 아무도 없으리"를 떠올리며 눈물을 지었다. 가끔은 NKVD 요원이나 검찰관이 공무상의 완곡한 표현으로 배우자에게 "재혼하셔도 됩니다"라고 말해주었다. 그러나 많은 사람은 자신의 사랑하는 이가 어느 오지의 수용소에서 여전히 살아 있을 것이라고 믿었다. 자신도 1940년대의 죄수였던, 안톤 안토노프─옵세옌코의 누이 갈리나는 아버지가 굴라크 어딘가에 살아 있지만 '아버지에게 서신을 보낼 권리가 없는 것'이라고 확신했다. 알렉산드르 아로세프의 아내와 배우 딸 올가 아로세바는 그의 처형 사실을 1955년에야 알게 되었다. 연줄이 많은 보리스 예피모프조차도 걸핏하면 교수형을 내린 스탈린의 측근 판사 바실리 울리흐에게서 직접 형의 소식을 듣고 그 거짓 확언을 믿었다.[22] 따라서 많은 친족은 자신의 사랑하는 가족이 10년 후인 1947년이나 1948년에, 나중에는 스탈린이 사망한 1953년 이후에라도 돌아올 것이라고 기대했다. 어떤 여자들은 죽는 날까지 헛되이 남편을 기다렸다.

테러의 영향을 받은 자녀들의 파란만장한 사연 역시 오랜 세월 끈질기게 이어졌다. 당시 부모가 '인민의 적'으로서 체포되었다는 사실을 이해할 만큼 성장한 자녀들은 가족에 대한 충심을 지킬 것인지 아니면 스탈린의 소비에트 연방에서 자신의 미래를 꾸려나갈 것인지 고통스러운 선택을 해야 했다. 올가 아로세바는 언니가 공산주의청년동맹에서 제명되지 않기 위해 아버지와 의절했다는 사실을 알고는 언니를 구타했다. 훗날 올가는 "아버지를 생각할 때 느낀 고통은 지금까지 줄곧 내 안에 존재한다"고 설명했다.[23] 그녀는 당원이 되면 배우 경력에 날개를 달 수 있었을 텐데도 어느 공산주의 단체에도 가입하지 않았다. 이와 같은 결정들은 때때로 생존한 가족들 사이를 영원히 멀어지게 했다. 아버지에게 실제로 죄가 있다고 믿고 '그 얼룩을 지우기 위해' 수년간 애써 순응하며 살아왔던 자녀들의 경우, 흐루쇼프의 폭로는 이들 대다수가 스스로의 삶을 치욕스럽게 여기도록 만들었다. 그래서 어떤 사람들은 부모의 체포 사실을 계속 숨겼고 어떤 이들은 오늘날까지도 그러고 있다.[24]

그보다 덜 충격적인 이야기를 하자면, 바실리 악쇼노프는 십대에 마가단의 유형지에 있는 어머니를 찾아갔다. 하지만 1950년대 무렵 '본토'로 돌아와 '내 젊은 날의 관심사'에 몰두해 있는 동안, 그의 어머니는 두 번째 가정을 꾸렸다. 이로 인한 소원한 관계는 어머니가 석방된 뒤에도 계속되었다. 그 무렵 소비에트 연방에서 작가로서의 명성을 쌓아가던 바실리는 돌아온 아버지 파벨 악쇼노프의 '불결하고 모호한 악취'에 흠칫 놀라며 아버지와 더욱 소원해졌지만, 결국에는 두 부모와 모두 화해했다. 비슷한 사연으로, 훗날 영향력 있는 진보계 반체제 인사 안드레이 사차로프의 아내가 된 옐레나 본네르는 오랫동안 떠나 있던 어머니가 다시 어머니 행세를 하려 한다는 것과 어머니가 굴라크의 과거에 집착하며 신사적이고 배려심 많은 이고르 퍄트니츠키 등 전직 죄수들을 만나고 다니는 것에 분개했다.25

고아원이나 위탁가정으로 보내져 소식이 끊긴 어린 자녀들은 대개는 다시 찾았지만, 일부 아이들은 찾을 수 없어 지금까지도 실종 상태로 있다.(현대 러시아의 리얼리티 텔레비전 프로그램 「날 기다려주오Zhdi Menya」의 기본 전제는 테러로 몇십 년 전에 헤어진 가족들의 상봉을 도와주는 것이다.) 한 예로 고문으로 맞아 죽은 오성장군 바실리 블류헤르의 아내는 자신은 살아남았지만 막내아들은 찾지 못했다.26 서로를 전혀 알지 못하던 자녀와 풀려난 부모의 재결합은 양쪽 모두에게 고통스러운 적응을 요구했다.

안나 라리나와 아들 유리의 경우, 유리가 채 한 살이 되기도 전인 1937년에 안나가 체포되면서 거의 20년을 떨어져 살았다. 1954년 어머니가 시베리아 유형지에 살아 있다는 소식을 들은 유리는 고아원에서 어머니에게 다음과 같은 편지를 썼다.

"사랑하는 어머니! 저는 저에게 일어난 모든 일이 이해되지 않아요. 왜 저는 저희 집을 떠났나요? 아버지는 어디 계신가요? 제발 대답 좀 해주세요."

그에게 인생의 반환점이 된 어머니의 답장은 1956년이 되어서야 도착했다. 그때서야 유리는 라리나가 감금돼 살던 오지에 찾아가 마침내 자신의 아버지가 소비에트 건국자 중 한 명이자 여전히 악명 높던 '인민의 적' 니콜라이 부하린이라는 사실을 알게 되었다. 며칠도 못 되어 두 모자는 평생을 함께하기로 했다. 그리고 1959년 안나는 유리, 굴라크에서 만난 남편에게서 얻은 어린 두 자녀 나댜(나데즈다의 애칭—옮긴이)와 미샤(미하일의 애칭—옮긴이)를 데리고 모스크바로 돌아왔다.

하지만 불행으로 끝난 재회도 있었다. 어떤 어린 딸은 '거지꼴'로 돌아와 굴라크 수감자 특유의 '분위기'로 자신을 더욱 밀쳐내는 어머니에게 부정적인 반응을 보였다. 그 딸은 언제나 '자신의 마음속에서 고아로 남아 있었다.' 또 다른 젊은 여자는 어머니가 수용소에서 어떤 일을 겪었는지 전혀 이해하지 못하다가, 수년이 흘러 어머니가 돌아가신 뒤 마가단에 여행을 가서 영구동토층 바로 밑에 있는 공동묘지를 보고는 그때서야 비로소 어머니를 이해하게 되었다. 비슷한 사연을 들자면, 본네르 역시 나중에 자신이 직접 경험해보고 나서야 어머니에게 어떤 일이 있었는지 깨달았고 그때서야 '우리 사이의 넘어설 수 없는 장벽'을 안타깝게 생각했다. 오쿠자바 또한 '전혀 다른' 사람이 되어 돌아온 어머니와 비슷한 경험을 했으며, 나중에 이 이야기를 토대로 유명한 단편소설을 썼다.[27]

이 같은 사례들에서 알 수 있듯이, 귀환자들은 종종 자녀들뿐만 아니라 풀려난 다른 가족들과도 예전의 친밀감을 회복하는 데 어려움을 겪었다. 때로는 그 이유가 단순히 시간이 만들어놓은 차이 때문이기도 했다. 따라서 긴즈부르크에게 여동생은 '결국 완전한 남이었고' 누가 보더라도 그렇게 비쳤다. 그러나 비록 입 밖으로 내는 사람은 드물었지만 이보다 더 깊은 이유는 귀환자들의 잃어버린 삶과 남아 있던 사람들의 살아낸 삶 사이의 극명한 대비 때문이었다. 바실리 그로스만의 다큐멘터리 같은 소설 『모든 것은 흘러간다』에는 주인공이 수용소에서 돌아왔을 때 사촌이 드러낸 감정이 여러 곳에 서술돼 있다.

"사촌이 도착했다는 소식은 충격이었다. (…) 이것이 지금껏 자신이 살아온 삶의 참모습과 거짓 모습을 모두 자신 앞에 드러나게 했기 때문이었다."28

이처럼 서로 상반된 삶을 살아온 것을 감안할 때, 오랫동안 죄수생활을 했던 레프 네토와 13년 동안 만나지 못했던 축구 스타 동생 이고르 사이의 재회도 상상해볼 수 있을 것이다.

물론 모든 관계 중 가장 복잡미묘한 관계인 결혼생활 또한 테러의 가혹한 시험을 받았다. 이는 남편과 아내가 둘 다 투옥된 경우에도 예외가 아니었다. 둘 모두 열성적인 공산주의자로 1937년에 '끌려간' 후 1950년대에 풀려날 때까지 심리적, 정서적, 정치적으로 완전히 분리된 삶을 살았던 악쇼노프의 부모 이야기는 귀환자와 지식인들 사이에 잘 알려져 있었다. 하지만 이는 스탈린의 탄압에 파괴된 수많은 결혼생활 중 하나에 불과했다. 전원지역에서 이뤄진 대량 검거로 헤어졌던 지방의 부부들 역시 결국 서로에게 '이방인'이 되었다. 이들의 귀환은 그저 가족의 '붕괴'에 종지부를 찍어주었을 뿐이다.29

항상 남편 쪽이 체포된 것은 아니지만, 어쨌든 한쪽 배우자만 체포된 경우에는 재결합이 행복한 결말에서 비극적 결말까지 다양하게 나타났다. 오랫동안 신의를 지킨 부부의 사례는 셀 수 없이 많았다. 예브게니 그네딘의 아내 나데즈다는 남편이 감옥과 수용소에서 지낸 세월 동안 줄곧 변함없이 기다리다가 나중에는 자진해서 남편이 있던 카자흐스탄의 유형지에 가서 살기도 했다. 이 같은 희생은 끊임없이 그녀를 위험에 빠뜨렸다. 남편들 중에도 비범한 모습을 보인 사람들이 있었다. 어떤 남자는 체포된 처형의 자녀들까지 키우면서 아내를 15년 동안 기다렸다. 그의 아내는 집으로 돌아온 후 다음과 같이 회상했다. "최근의 기준으로 봤을 때, 아돌프가 1940년에 재혼했더라도 그 아이들을 고아원에 보냈더라도 하나도 이상하지 않은 일이었을 것이다."30

하지만 오랜 테러로 부부가 연을 끊고(당국에서 이를 권장했다) 이혼하고 다시 결혼하는 일도 일어났다. 스탈린의 거만하고 무능한 장군 중 한 명이었던 오성장군 세묜 부툐니는 자신의 아내가 체포되자 절연하고 결혼을 무효화했다. 스탈린의 오랜 비서실장 알렉산드르 포스크레비셰프는 아내가 끌려간 후 곧바로 재혼했다. 여배우 타티야나 오쿠넵스카야의 남편은 그녀와 절연하고 재혼했으며 장모를 아파트에서 쫓아냈다. 어떤 희생자들은 수년 후 집으로 돌아와서 자신의 배우자가 신분을 바꾸고 아이들과 함께 사라졌다는 사실에 맞닥뜨리기도 했다. 사람들에게 잘 알려진 샬라모프의 다음 말이 알려주듯이, 모든 귀환자가 이를 신경 쓴 것은 아니었다. "나는 이제 가족에게 돌아가고 싶은 마음이 없다. 가족은 날 이해하지도 않을 것이고 이해할 수도 없을 것이다. (…) 그 누구도 내가 그동안 보고 알게 된 것들을 보지도, 알지도 못할 것이다."[31]

혼자 남겨진 여자들은 특히 혹독한 소비에트 삶에 취약했다. "이제 모든 '남부럽지 않은' 아파트의 문은 이들의 면전에서 쾅 소리와 함께 굳게 닫혔다"라고 또 다른 위대한 미망인 회고록 집필자 나데즈다 만델스탐은 썼다.[32] 많은 여자가 자신과 아이들을 부양할 일자리를 찾지 못했다. 그리고 상당수가 그네딘의 아내처럼 대개는 남편이 아직 살아 있는지 알지도 못한 채 변함없이 기다렸다. 하지만 이같이 신의를 지켜도 모두가 보상을 받은 것은 아니었다. 애정도 절실했거니와 남겨진 아내에 대한 확신도 없었던 남자들은 남녀혼용 수용소나 유형지에 있는 경우 흔히 새로운 짝을 찾았다. 어떤 여자는 10년 동안 남편을 기다렸지만 남편이 다른 여자와 살림을 차렸다는 것을 알고는 도저히 용서할 수 없었다. 그녀는 마침내 분노를 터트렸다. "10년 동안 갖은 고생 다 하고 나서 그런 꼴을 당했는데, 두번 다시 털끝만큼이라도 남자의 도움이 받고 싶었겠어요?

아뇨, 그런 마음은 전혀 들지 않았어요!"[33]

테러가 결혼생활에 미친 영향력은 실로 막대해서 옆에서 지켜보는 사람들은 두 사람의 불화에 대한 책임이 딱히 누구에게 있다고 말할 수 없었다. 때때로 아내들은 자신에게도 씌워진 오명에 대한 책임을 스탈린 체제가 아닌 체포된 남편에게 돌렸다. 샬라모프의 아내는 굴라크의 그늘에서 벗어나기 위해 남편을 저버렸고, 수용소 생활로 완전히 딴 사람이 된 샬라모프 역시 더 이상 아내와 살기를 바라지 않았다. 솔제니친의 첫 아내인 나탈리야 레셰톱스카야는 남편이 오랜 투옥생활을 하는 동안 재혼했지만, 그가 석방되자 다시 그에게 돌아왔다. 한 친구는 "그녀가 다시 집으로 오고 모든 것은 잊었다"고 생각했지만, 문제는 그렇게 간단하지 않았다. 글쓰기를 통해 '굴라크의 진정한 아들'로 재조명된 솔제니친은 곧 레셰톱스카야를 떠나 다른 여자에게로 갔다.[34] (이러한 이유에서 레셰톱스카야는 원통한 마음으로 내게 자신의 회고록을 KGB와 알렉산드르 이사예비치, 즉 솔제니친의 친구들로부터 지켜달라고 부탁했던 것이다.)

자신을 기다리는 가족이 아무도 없다는 사실을 안 많은 귀환자는 곧 재혼했다. 굴라크에서 동료 죄수들이 급사한 자리에서 며칠씩 그대로 방치되던 모습을 보아온 긴즈부르크는 63세에 재혼한 것에 대해 다음과 같이 설명했다. "최소한 결혼이라도 하면 누군가가 지체 없이 내 시신을 묻어줄 것 아닌가."[35] 안나 라리나, 이고르 퍄트니츠키, 아이헨발트, 라즈곤, 표트르 야키르, 안토노프-옵세옌코의 결혼처럼 다른 희생자를 새 배우자로 맞는 일도 자주 있었다. 일부의 경우 이 같은 관계는 굴라크에서 시작되었다. 하지만 다른 사람들은 똑같은 전직 죄수만이 자신 또는 자신의 오명을 완전히 이해할 수 있을 것이라는 귀환자들 사이의 연민에서부터 발전해나갔다. 이러한 이유로 희생자의 자녀들 또한 끼리끼리 결혼해 때로 부모들의 우려를 낳았다. 그 예로는 야키르의 딸 이리나와 시인 율리 킴, 샤트로프와 그의 첫 아내, 아로세바와 그녀의 첫 남편, 코펠레프의 딸 레나가 있었다.

그런데 남자 귀환자들은 자식을 포함해 자신이 굴라크에서 희생한 것들을 보장해줄 수 있는 젊은 여자와 새 인생을 꾸리는 경우가 허다했다. 솔제니친은 레셰톱스카야를 버리고 자신보다 스물두 살이나 젊은 여자에게 갔다. 흐루쇼프의 정치적 측근으로 다음 장에서 그 활약상을 다루게 될 알렉세이 스네고프 역시 굴라크에서 돌아온 후 이와 비슷한 결혼을 했다. 90대까지 살았던 또 다른 전직 죄수 올레크 볼코프는 이런 나이 든 남자들 대다수의 생각을 이같이 표현했다.

"젊은 여자는 육십 먹은 남자에게 (…) 가능성에 대한 믿음을 불어넣어주고, 남자가 자신의 나이를 잊고 젊은 에너지를 품은 채 다시금 일에 뛰어들 환경을 만들어줄 수 있었다."[36]

반면 여자 귀환자들은 대부분 새 남편을 얻지 않고, 제2차 세계대전의 결과로 나타난 소비에트의 수많은 독신여성 대열에 합류했다.

정부에서는 귀환자들의 이런 사생활에 당연히 관여하지 않았지만, 정신적으로 수용소증후군post-camp syndrome을 호소하는 굴라크 생존자들을 위해서도 아무것도 하지 않았다. 홀로코스트 생존자들처럼, 많은 전직 죄수가 자신이 견뎌온 세월에 대한 기억 때문에 괴로워했다. 겉으로는 잘 적응하는 듯 보였던 어느 여인도 90세의 나이로 세상을 떠나기 직전 침상에서 일어나 이같이 외쳤다고 한다. "가야 해. 감시병들이 날 호송해가려고 기다리고 있어."[37] 그때를 잊을 수 없었던 사람은 그녀만이 아니었다. 날마다 지난날의 끔찍한 경험을 떠올리게 하는 시끄러운 소음, 갑작스런 노크 소리, 어느 관료의 거친 어조 때문에 굴라크 생존자들은 공황발작을 일으켰지만, 소비에트의 정신건강 전문가들은 이 상태를 인식조차 못 하고 있었다. 정신이 혼란한 귀환자들은 '가족과도 같은' 다른 희생자들의 집단에서 대신 위안을 얻었다. 심지어 어떤 사람들은 생존싸움을 함께하며 느꼈던 굴라크 동지애에 대한 향수를 드러내기도 했다.[38] 그러나 얼마나 많은 사람이 내적 평화를 찾았는지는 알려져 있지 않다.

흐루쇼프 정권에서 제정한 법령에도 불구하고, 그 같은 박탈과 고통의 세월에 대해 재정적 보상 그 비슷한 어떤 것도 받지 못한 귀환자가 수두룩했다. 일반적인 공식 배상금이 겨우 체포 전 봉급 두 달 치였다. 또한 체포나 형을 선고받기 전 거의 예외 없이 몰수당했던 아파트, 책, 가재도구 등 개인 재산을 되찾은 이가 드물었기 때문에 이들의 손실은 더욱 컸다. 이따금 법원에서 부분적 보상을 하라고 승인한 건에 대해서도 집행은 잘 이뤄지지 않았다.[39] 내가 아는 귀환자 중에는 심지어 가족사진까지 되찾지 못한 이들도 있었다. 안나 라리나의 경우 수십 장의 사진을 유명한 초상화가였던 한 친척이 가져갔는데도 부하린과 찍은 자기 사진을 한 장도 건지지 못했다.(친척의 아들이 부하린이 체포된 후 그 원판사진들을 폐기해버렸던 것이다.) 이크라모프의 경우는 예전 유모가 무사히 건져낸 모자 하나가 사랑하는 아버지의 유품 중 유일하게 남아 있는 것이었다. 이크라모프의 아내는 이 사실에 다음과 같이 넋두리했다. "한 인간이 남기고 갈 수 있는 게 고작 파나마 모자뿐인 나라가 무슨 나라인가요?"

희생자들과 그 친족들은 스탈린의 테러 시절 압수된 어마어마한 양의 개인 소유품이 어떻게 되었을지 종종 궁금해했다. "그 살인자들이 희생자들의 가구며 신발, 솥, 냄비를 어떻게 나눠 가졌을까요?" 플리세츠카야도 나중에 다음과 같은 궁금증을 드러냈다. "밤이었을까, 새벽이었을까, 아니면 대낮이었을까? 그자들의 뚱뚱한 부인들이 다른 사람들이 입던 옷을 억지로 껴입었을까? 아니면 죄다 벼룩시장에 내다 팔았을까?"**40**

우리는 이제 안다. 많은 개인 소유품은 집단 검거 때 정신없는 수색 과정에서 사라지거나 교도소의 용광로에서 불태워졌다. 이 같은 일은 훌륭한 작가 이사크 바벨, 저명한 유전학자 니콜라이 바빌로프, 부하린의 미출간 저작에도 일어났다. 부하린이 말년에 쓴 원고 중 하나는 현재까지도 찾지 못한 상태다. NKVD 루뱐카 형무소(옛 소련 시절부터 악명 높던 교도소—옮긴이)의 '검댕으로 얼룩진 굴뚝이 소각된 원고들의 재를 모스크바 위로 흩뿌렸다'고 알려졌다.**41** 소비에트 연방의 각 지방 루뱐카 감옥의 수많은 소각로에서도 불이 활활 타오르고 있었음은 두말할 필요도 없다.

하지만 NKVD에서 원고를 그대로 가져간 경우도 많았다. 모스크바에서 이러한 약탈은 체계적으로 이뤄졌다. 루뱐카 형무소에는 압수한 책들을 기본으로 해서 꾸린 특별 도서관이 있었다. 이 대량 결핍의 시절에 고위급 비밀경찰관들은 너도나도 자기 가족들을 데리고 가구가 완비된 희생자들의 아파트로 이사했다. 비교적 크기가 작은 물품들은 NKVD 창고에서 부하들에게 배분되거나 1930년대 말 모스크바를 비롯한 대도시에 속속 생겨난 특별 상점에서 팔려나갔다. 1920년대 부하린의 명예를 기리기 위해 그의 이니셜을 새겨 제작된 자기 몇 점이 50년 뒤 익명으로 미망인 안나 라리나에게 되돌아왔으며, 부하린이 수년에 걸쳐 그린 많은 그림이 실종됐지만 그중 한 점이 1989년 모스크바의 어느 골동품점에서 한 미국인 관광객에게 팔렸다가 오리건 주에서 모습을 드러냈다. 고급아파트 등 '어류된 부동산'을 물려받았던 고위관료 대부분은 저채감은커녕

'운명과 신의 섭리에 버금가는 참된 비밀 능력'을 만끽했던 것이 분명하다.[42]

고아원에서 자란 난폭한 젊은이들을 급하게 뽑아 NKVD 경찰로 임명했던 소비에트 지방 도시에서는 이 같은 약탈이 더욱 무질서하게 일어났다. 공식적인 '체포와 수색' 절차를 밟는 동안에도 경찰은 도중에 찾아낸 현금과 램프, 부엌 살림들, 너덜너덜한 옷가지 등을 두고 싸움을 벌였다.[43] 이 같은 '재산 몰수'가 아주 광범위했던 탓에, 체포될 것이 두려웠던 사람들은 때때로 소지품을 친구들에게 주거나 숨겨두었다. 이런 경우에도 대부분의 물품은 사라졌지만 예외는 있었다. 전 인민위원회 의장 알렉세이 리코프의 모습이 담긴 부하린의 그림과 사진 몇 장은 1937년에 친구들이 숨겨두었다가 안나 라리나와 리코프의 딸 나탈리야가 돌아왔을 때 돌려주었다. 그리고 당시 그루지야 소비에트사회주의공화국(현 조지아—옮긴이)에 통합돼 있던 압하지야 자치공화국의 불운한 지도자가 자신의 아파트 마루청에 숨겨두었던 가족 서류는 이 비밀을 알고 있던 한 친척 덕분에 20년 후에 되찾을 수 있었다.[44]

한 사건은 테러 시절에 이뤄진 약탈의 악의적 성격을 잘 드러내주었다. 1930년대 후반 모스크바 재판 당시, 스탈린의 검찰총장 안드레이 비신스키는 자신의 희생자 중 한 사람이자 한때 당의 중요한 관료였던 레오니트 세레브랴코프의 값비싼 시골 저택과 토지, 재산 관련 기금을 직접 압수했다. 재판 결과를 이미 알고 있었던 비신스키는 세레브랴코프의 재판이 진행되는 동안 그 재산의 '법적' 양도 절차를 시작했다. 비신스키는 1954년 주 UN 소비에트 대사로 근무하고 있던 뉴욕에서 사망했지만, 나중에 세레브랴코프의 딸이 굴라크에서 돌아왔을 때 비신스키의 가족은 여전히 그 시골 저택에 살고 있었다.[45]

그럼에도 흐루쇼프 하의 소비에트 정부는 생존한 희생자 대부분의 기본적인 필요를 채워주었다. 희생자 대다수가 중국에는 살 공간과 일자리 또는 생활보조금, 의료 및 치과 치료를 받았다. 수년간의 영양실조로 생긴 심각한 치주질환 때문에 의치가 특히 중요했다. 그 외에도 폭을 넓히고 있던 소비에트 복지시스템의 조그만 혜택을 받았다. 일부 사람들은 처음에는 비좁은 공동아파트를 할당받았다가 나중에 흐루쇼프의 지시로 새로운 아파트 건설이 진행되면서 각자 한 가구씩 배당받았고, 1956년에 시행된 일반적인 연금개혁은 근속연수에 강제노동에 동원된 햇수도 포함하도록 그 의미를 확장시켰다.[46]

그러나 완전한 시민으로서의 혜택을 회복하는 것은 자동으로 되거나 쉽게 되는 일이 아니었다. '법적으로' 유죄 선고를 받았기 때문에 귀환자들은 공식적인 무죄 판결, 즉 '복권'이 필요했지만 사면장 등 대부분의 석방 문서는 이를 보장해주지 않았다. 많은 희생자의 경우 시민으로서의 지위 없이는 대도시에 거주하는 데 필요한 '깨끗한' 국내 여권을 취득할 수 없었다. 심지어 자신의 고향에서도 살 수가 없었다. '신성불가침의' 개인 복권 증명서에는 실제로 어떠한 죄도 짓지 않았다는 내용이 들어가 있었기 때문에 희생자의 '어두운 과거' 또는 비명횡사한 친족의 과거를 지울 수 있었지만, 이를 획득하려면 또다시 개별적인 행정 절차를 거쳐야 했다.[47]

이는 역시나 윗선과 연줄이 있는 생존자들에게 가장 쉬운 일이었다. 연로한 공산주의자 귀환자들에게 가장 실질적인 '중재자'는 스탈린이 살려둔 레닌 시절의 몇몇 볼셰비키로, 특히 그리고리 페트롭스키(레오니트의 할아버지), 옐레나 스타소바, 글레프 크르지자놉스키, 뱌체슬라프 카르핀스키가 있었다. 이들 역시 나름대로 비극적인 인물들이었다. 지금은 연로하지만 한때 레닌과 개인적인 친분이 두터웠던 네 사람은 자신(과 레닌)의 동지들이 무고하게 반역자와 암살범, 파괴공작원으로 몰려 처형되는 모습을 지켜보았다. 이들이 스탈린 밑에서 오래도록 자유의 몸으로 사는 동안, 얼마나 두려움과 안도, 죄책감이 뒤섞인 감정으로 괴로워했을지 우리는 짐작만 할 수 있을 뿐이다.

그리고리 페트롭스키의 운명은 특히 비극적이었다. 그의 두 아들은 모두 1941년에 죽었는데, 부하린주의자였던 큰아들 표트르는 독일군의 침공 직후 한 지방 감옥에서 총살당했고 군사령관이었던 작은아들은 출정 중에 사망했다. 두 아들의 죽음을 견딜 수 없었던 어머니 도메니카 또한 한 달 후 심장마비로 죽었다. 이 일이 있기 전, 페트롭스키는 스탈린과 '냉혹한' 대화를 나눈 후 우크라이나 소비에트사회주의공화국 정부의 수반 자리에서 내려왔다. 결국 그는 모스크바 혁명박물관의 관장이었던 옛 친구가 부관장이라는 피난처를 마련해줄 때까지 취업조차 할 수 없는 홀로된 몸이었다.

페트롭스키는 레닌의 시신을 전시 대피시킬 때 함께 따라간 것 빼고는, 스탈린이 죽을 때까지 그곳에 남아 부족하나마 미망인이 된 며느리와 어린 손자를 위해 할 수 있는 일이 있었으면 했다. 스탈린의 정부 당국에서는 두 모자가 페트롭스키와 함께 사는 일을 허락하지 않았고, 때문에 두 사람은 한 지방 고아원에서 엄마는 교사로, 아들은 피보호자로 잠시 머물고 있었다. 종국에 페트롭스키는 두 사람을 어렵사리 모스크바로 데려왔다. 거기서 두 모자는 따로 방 하나를 얻어 살았으며 훗날 소비에트 역사가이자 반체제 인사가 된 레오니트는 그곳에서 선반작업자가 되기 위한 교육을 받았다.[48] 스탈린의 사망 후, '레닌의 가까운 동지'로서의 지위를 회복한 페트롭스키는 귀환한 공산주의자들이 복권 증명서와 여러 혜택을 받을 수 있도록 돕기 시작했다.

체포되었던 문화계 인사 수천 명 중 상당수의 생존자도 다른 기득권층 인물의 도움을 받았다. 이들의 '중재자'에는 테러가 용케 비켜간 유명 작가들도 포함되었는데, 일리야 예렌부르크, 콘스탄틴 시모노프, 알렉산드르 트바르돕스키가 있었고, 심지어 스탈린의 전 작가동맹 간부였던 알렉산드르 파데예프도 자살하기 전 몇 달 동안 이들을 도왔다. 돌아오지 못한 주요 문화계 인사들의 사후 무죄 판결 또한 중요한 관심사였다. '국가의 적'이라는 판결 때문에 이들이 스탈린 집권 이전에 세웠던 선구자적 업적을 부활시키는 일이 계속 금지되었기 때문이다.

연극연출가 프세볼로트 메이예르홀트(서문에서 언급한 그의 고문을 기억할 것이다)가 바로 그러한 경우였다. 1955년 메이예르홀트를 복권하라는 항소가 신임 검찰관 보리스 랴시스키의 손에 들어갔을 무렵, 젊고 경험이 부족한 이상주의자였던 랴시스키는 한 피고가 사인한 자술서의 여러 페이지에서 핏자국을 발견하는 등 이미 유력 정치 희생자들의 사건을 재조사하다 충격을 받은 상태였다. 그러나 메이예르홀트의 파일에는 1920년대의 문화계, 즉 랴시스키가 전혀 알지 못했던 역사가 기록되어 있었다. 랴시스키의 보고로 메이예르홀트가 완전히 복권되었을 뿐만 아니라 랴시스키 자신도 여전히 접근이 어려웠던 옛 역사를 발견할 수 있었고, 더 나아가 예렌부르크를 포함한 1920년대의 살아 있는 예술가들에게서 직접 이야기를 들으며 진실을 알게 되었다.[49]

흐루쇼프는 자신의 복권 정책에 대한 제도상의 반대를 극복하기 위해 랴시스키와 다른 몇몇 젊은 검찰관에게 '그린 라이트', 즉 특별한 경우에 '모든 정보에 접근할 수 있는 통행증'을 주었다. 그러나 생사를 막론하고 스탈린의 희생자 대부분은 그다지 유명하지도, 운이 좋지도 않았다. 위정 없는 관료들이 종종 처리를 질질 끌거나 마지못해 해줬기 때문에 이들에게 '신성불가침'의 서류를 획득하는 일은 여전히 힘겨웠다. 그럼에도 1954년부터 흐루쇼프가 실각한 1964년까지, 70만에서 80만 명의 스탈린 테러 희생자가 공식적으로 복권되었다.[50] 그리고 나머지 수백만은 또다른 소비에트 개혁지도자가 나타날 때까지 20년을 더 기다려야 했다.

다음 정권 20년에 비하면 흐루쇼프 지도부는 생존자들에게 우호적인 정책을 펼쳤지만, 일정한 체계가 없던 관료 집단이나 사회에서는 저마다 다른 반응을 보였다. 지지를 보내는 관료도 있었지만 많은 관료가 그렇지 않았다. 이들은 전직 죄수들을 '의심의 눈초리'로 바라보며 복권을 '부패한 것'쯤으로 여겼고 '과거가 깨끗하지 않은' 사람들을 신뢰하지 않았다. 특히 부하린의 미망인과 자녀들, 알렉세이 리코프의 딸 등 스탈린이 국가 최대의 적으로 낙인찍었던 소련 건국지도자들의 살아남은 일가친척들을 부정하게 생각했다. 한 관료는 복권이 된 어떤 죄수에게 많은 이를 대변해 다음과 같이 말했다. "자국은 지워졌는지 몰라도 얼룩은 그대로 남아 있다."[51]

이 같은 당과 국가 관료들은 희생자들이 돌아오지 못하도록 석방부터 복권까지 그 과정에 장애물을 놓았다. 법적으로 허용된 경우에도 관료들은 종종 생존자들이 필요로 하는 서류를 내주지 않았고 법원에서는 생존자의 요구에 불리한 판결을 내렸으며 국가 관리들은 생존자의 입사지원서를 받지 않았고 학계에서는 이들의 연구를 제한했으며 지역 정당지도자들은 '정의감에 불타는' 언론 편집인들을 공격 대상으로 삼았다. 위에서 흐루쇼프가 아무리 긍정적인 정책을 내놓아도, 행정 일선에 배치된 하급 관리들이 생존자에게 해를 끼쳤다. 어떤 귀환자는 끝내 일자리를 찾는 일을 단념하고 굴라크로 돌아가려 했고, 이미 두 번이나 징역을 살았던 시인 안나 바르코바는 순전히 앙심 때문에 다시 감옥으로 보내졌다.**52**

사회의 반응도 제각각이었다. 가족, 친구를 비롯한 다른 사람에게 따뜻한 환영을 받았다고 말하는 귀환자들이 적지 않았다. 사실상 남이나 다름없는 사람들이 빈곤한 생존자들에게 피난처와 옷, 음식, 돈을 주었다. 차원은 다르지만, 1950~1960년대의 신흥 진보 지식인 계층과 많은 젊은이 역시 돌아온 죄수들을 사회의 품으로 끌어안았다. 이들은 그것을 '낭만적인 일'로 여기며 '진리와 진실의 선구자'를 자처했고 죄수들을 '영웅 대접'했다.**53** 한 예로 앞서 예브게니 그네딘을 설명하며 언급했던 출판물에는 '시의 영웅'이라는 제목이 붙었다.

하지만 많은 시민은 희생자들이 끌려가던 수십 년 전의 소련 사람들처럼 전직 죄수에 대한 의심과 적대감을 노골적으로 드러냈다. 플리세츠카야는 아버지가 체포될 때 그 모습을 본 건물관리인이 "너희 족속이 얼른 총살되는 모습을 보고 싶군"이라고 외쳤을 때의 충격을 여전히 잊지 못했다. 이런 반응은 전혀 보기 드문 것이 아니었다. 스탈린은 죽었지만 몇십 년 동안 세뇌교육을 받은 사람들은 종종 "스탈린은 여전히 우리 마음속에 살아 있다"라고 말하곤 했다. 공식적으로 무죄 판결을 받은 생존자들에게도 사람들은 '아니 땐 굴뚝에 연기 나랴'라는 식의 시선을 거두지 않았다. 사실 이런 일반적인 태도는 1953년 스탈린 사망 후 실제 범죄자에 대한 특사가 이뤄진 결과, 절도와 강간, 살인 등의 범죄가 대량 발생하면서 더욱 굳어졌다.**54** 그 영향으로 많은 소련 시민이 정치범과 실제 범죄자를 구분 두지 않게 되었다.

사실 한 사회집단에는 두려워해야 할 이유가 있었다. 스탈린의 명령을 이행했던 당 관료 세력 아파라치키apparatchiki에서부터 희생자들의 체포, 고문, 처형, 감시를 도맡았던 수십만, 아니 수백만의 NKVD 요원, 셀 수 없이 많은 일개 정보원, 피가 들끓는 전염병에 사방팔방으로 알을 까나 간 열성 비방자들까지 수백만 명이 거의 25년에 가까운 스탈린의 테러에 어떤 식으로든 연루돼 있었다. 수백만에 달하는 일반 시민도 사라진 자들의 지위와 소유물, 심지어는 그 부인과 자녀들까지 차지함으로써 스탈린의 범죄에 간접적으로 가담했다. '살아 있는 자들을' 죽음뿐 아니라 '타락의 길'로 몰아넣은 이 테러의 결과물 위에 두 세대가 삶의 터전을 잡고 경력을 쌓아올렸다.55

물론 사회 곳곳에 스며들어 사람들을 마비시키는 공포에도 테러의 공범이 되기를 거부했던 소비에트 시민들이 있었다. 부모의 체포에 정신적인 충격을 받은 아이들을 위해 시험을 연기한 학교 교사들이 있었고, 훗날 샤트로프의 회상에 따르면 고아들에게 안식처를 마련해준 '수많은 훌륭한 사람'이 있었으며, 희생자의 낙인 찍힌 배우자를 고용한 국가 관리들, 희생자들이 사랑하는 이에게 휘갈겨 쓴 뒤 굴라크행 기차에서 던진 쪽지들을 당사자에게 발송해준 많은 소도시와 마을의 주민들, 콜리마의 한 병원에 자진해서 근무한 어느 여의사, 1938년 자신의 구호단체가 문을 닫을 때까지 수감자들을 도왔던 작가 막심 고리키의 미망인 예카테리나 페시코바, 심지어는 희생자들에게 연민을 보여준 몇몇 검찰관, NKVD 취조관, 수용소 보초도 있었다.56

그리고 신변의 위험을 무릅쓰고 체포된 동료들을 구하기 위해 애쓴 저명한 문화계, 학계, 과학계 인사들이 상당수 있었다. 하지만 이들의 노력은 대체로 허사로 끝났고, 다 그런 것은 아니지만 이들 또한 희생양이 되었다. 자신도 신변이 불안했던 핵물리학자 표트르 카피차는 젊은 후배

레프 란다우를 돕기 위해 직접 스탈린과 중재를 하기도 했다. 결국 두 사람 모두 살아남아 1960년대에 노벨상을 받았다. 비슷한 사연을 들자면, 저명한 생화학자 블라디미르 옌겔가르트는 자신이 더 위험해질 수 있는 데도, 타냐의 아버지이자 한때 자신의 후배였던 알렉산드르 바예프의 목숨을 구해주었다. 바예프는 옌겔가르트의 끈질긴 호소 덕분에 굴라크에 있는 세월 동안 중노동에 시달리지 않고 수용소 의사로 일하도록 허가를 받았으며, 결국 수많은 죄수의 목숨을 살리게 되었다.[57]

하지만 1956년 무렵 굴라크 생존자들의 귀환이 대량 이주로 이어졌을 때, 소련 사회에서는 테러의 희생자와 가해자 두 집단 사이에 깊은 반목이 전개되고 있었다. 그해에 드디어 석방됐던 레프 구밀료프의 어머니 안나 아흐마토바는 다음과 같이 예견했다.

"이제 체포된 자들이 돌아오리니, 수용소에 가둔 자와 가둬진 자, 이 두 러시아가 서로 얼굴을 마주하리라."

전자는 "지금 자신들의 이름과 지위, 집과 시골 저택을 잃을까봐 두려움에 떨고 있다. 그들은 돌아오는 자들이 있을 것이라고 전혀 예상하지 못했다"고 아흐마토바는 덧붙였다.[58]

사회 전반에 걸친 갈등은 불가피한 일이었다. 대부분의 생존자는 정부의 지원을 군말 없이 받아들였지만, 상당수는 현실적인 보상과 완전한 정치 폭로, 가해 책임자에 대한 공식적인 처벌 등 더 많은 것을 요구했다. 일부 희생자는 비밀경찰과 밀고자로 활동했던 이웃이나 관리들의 신분을 밝히고자 소송을 걸고 캠페인을 벌이는 등 실질적인 행동을 취했다. 다른 희생자들은 오랫동안 몬테크리스토 백작 같은 복수를 꿈꿨다. 19세기 초 프랑스에서 치밀한 계획 아래 통쾌한 복수극을 벌인다는 알렉상드르 뒤마의 이야기는 이 소설을 읽지 못한 수용소 죄수들이 입에서 입으로 계속 전해졌다.

하지만 그런 극단적인 단계까지 가는 일은 행여 있더라도 드물었다. 조레스 메드베데프와 로이 메드베데프 형제는 아버지를 고발했던 사람을 추적해 그 사람이 현재 로이가 수학하는 레닌그라드 대학에서 교수로 재직 중이란 사실을 알아냈다. 젊은 쌍둥이 형제는 비밀리에 그 사람의 경력을 조사하고 뒤를 밟았지만, 그 이상의 도는 넘지 않았다. 알렉산드르 밀차코프는 석방 직후 자신이 스탈린의 테러 공범 라자르 카가노비치의 사무실 밖에 서 있는 것을 깨닫고는 안으로 쳐들어갈까 생각했지만 그냥 지나쳐가기로 했다. 하지만 이들의 침묵은 결코 용서의 의미가 아니었다. 레프 라즈곤은 굴라크에서 돌아왔을 당시, 자신의 '증오와 괴로움, 복수심'은 지나갔다고 주장했다.59 하지만 35년 뒤 우리가 서로 알고 지내던 한 친구는 라즈곤이 가해자들을 주제로 열성적인 작품활동을 하는 것을 보면서 계속 몬테크리스토 백작을 떠올렸다.

한편 일부 희생자는 오늘날 러시아에서도 논쟁거리가 되고 있는 입장, 즉 스탈린의 테러는 누구에게도 선택의 여지를 남겨두지 않았기 때문에 '아무도 잘못이 없다'는 입장을 받아들였다. 이러한 관점은 테러와 그 영향으로 일어난 흔치 않은 두 사건을 설명하는 데 도움이 될 것이다. 1950년대, 스탈린의 주요 정치 희생자 중 한 명의 막내아들이었던 유리 톰스키는 죽은 독재자의 딸 스베틀라나와 짧은 공개 연애를 했다.60 이 열애설이 귀환자들 사이에 퍼졌을 때, 일부 전직 죄수는 그 자신도 수용소 죄수였던 톰스키가 그러한 행동을 한 것에 분개했다.

반면 여배우 올가 아로세바와 스탈린의 또 다른 공범 몰로토프의 인연은 훨씬 더 오랫동안 지속되었다. 처음에 아로세바는 자신의 아버지를 여전히 '절친한 내 친구'라 부르는 몰로토프가 아버지와 아로세바 자신, 언니, 어머니를 저버린 사실에 분노했다. 하지만 몰로토프의 아내 폴리나(그녀가 체포되었다가 일찌감치 석방된 사실을 기억할 것이다)와 사적으로 따뜻한 친분관계를 맺으면서 몰로토프를 향한 감정을 점차 용서의 마음으로 바꿔갔고 그의 장수까지 빌어주었다. 그리고 몰로토프가 1986년, 96세에 홀아비의 몸으로 세상을 떠났을 때에는 장례 치르는 일을 도왔다.[61]

수년 후, 나는 이보다 훨씬 더 보기 드문 용서의 사례를 목격했다. 때는 1990년대 초로 나는 1937년 루뱐카 형무소에서 부하린을 담당했던 NKVD 취조관이었다가 나중에 자신도 총살당한 한 남자의 딸을 알게 되었다. 그리고 서로의 요청으로 그녀를 부하린의 미망인에게 소개해주었다. 안나 라리나는 이제 60대가 된, 몹시 불안해하던 취조관의 딸을 단 네 마디로 편안하게 해주었다. "두 사람 모두 희생자였어요." 하지만 이 만남만 생각하고 더 일반적인 경우에 대해 결론내려서는 안 된다. 복수보다는 '하수인의 자녀와 손자들은 하수인도, 하수인의 희생양도 되지 않기를' 바랐던 친구들 그녜딘과 이크라모프를 제외하면, 라리나의 넓은 도량과 비통함을 웃어넘기는 지혜를 공유한 귀환자는 거의 없었다. 훨씬 더 많은 사람이 '희생자와 하수인'의 차이는 절대적이고 '영원하다'는 안토노프-옵세옌코의 입장을 공유했다.[62]

굴라크 희생자들이 집으로 돌아왔을 때, 이들과 **팔라치**palachi('하수인' '사형집행인' '학살자'로 번역될 수 있는 단어) 간의 대립은 더욱 빈번해졌다. 의도적으로 상대를 찾아가 일대일 대면을 하는 경우도 있었는데, 이중에는 스탈린의 전 소비에트작가동맹 간부이자 1956년 5월 55세의 나이로 자살한 파데예프와 관련된 사건들도 있었다. 잘생긴 외모에 정중하고 한때 재능 있는 수설가였던 파데예프가 본인의 표현에 따르면 '스탈린의 총독'으로 봉사하며 당중앙위원회 위원 자리에까지 오르는 동안, 그가 개인적으로 알았던 많은 작가는 눈앞에서 자취를 감추었다. 그런데 이제 이들 중 몇 명이 갑자기 다시 나타나 그를 찾아냈다.

일부는 그저 도움을 구하고자 찾아왔다. 가끔씩 친절을 베푼 것으로 알려진 파데예프는 스탈린의 공범 중에서도 최악은 아니었다. 하지만 흐루쇼프의 2월 당 대회 폭로는 파데예프의 삶에 대한 '가차 없는 선고'였고, 오랜 세월이 흐른 후 희생자들을 다시 보는 일은 그를 더욱 죄인으로 만들었다. 파데예프가 굴라크에서 19년을 보낸 한 작가에게서 받은 편지를 보자.

"나는 최근에 그곳에서 돌아왔다네. 모두가 살아서 돌아오는 곳은 아니지. (…) 물론 난 이제 예전에 자네가 알던 반카 마카리예프가 아니네. 그저 병들고 불구가 된 늙은이지."[63]

파데예프가 왜 스스로 총을 쏴 죽었는지는 정확히 알려져 있지 않다. 그의 만성 알코올중독도 한 요인이었겠지만 희생자들의 귀환도 거기에 한몫했을 것이다.

그러나 파데예프의 경우와 달리, 대부분의 대면은 공공장소에서 의도치 않게 이뤄졌다. 어떤 귀환자는 자신을 고문했던 남자의 얼굴을 마주하자마자 돌연 사망하는가 하면, 또 다른 귀환자는 자신을 담당했던 취조관의 눈에서 '죽음의 공포'를 보았다. 어떤 여자는 자신이 밀고했던 희생자와 마주치자 뇌졸중으로 몸이 마비되었다. 불편한 만남은 전문 단체에서도 일어났는데, 돌아온 희생자들은 자신의 체포에 기여한 동료들을 만나게 되었고 그중 일부는 권위 있는 자리를 차지하고 있었다. 귀환자들의 반응은 제각각이었다. 어떤 이는 배신자에게 침을 뱉었고 어떤 이는 원수와의 악수를 거부했으며 또 어떤 이는 아예 모르는 체했다.[64] 희생자들의 귀환이 사회 저층에 끼친 영향을 보여주는 이 사례들은 소비에트 정치체제 상부에서도 비슷하게 나타나고 있었다.

생존자들의 대귀환이 가져온 또 다른 파급 효과는 사회 각계가 동일한 정치적 방향으로 움직이고 있었다는 것이다. 아무리 억압적인 검열 환경을 조성한다 해도 이토록 많은 사람이 관련된 경험은 반드시 문화적 표출구를 찾기 마련이었다. 일명 '수용소 테마'가 소비에트 사회의 표면에서부터 비공식 문화, 나중에는 허가된 문화로까지 걷잡을 수 없이 침투한 것은 흐루쇼프의 해빙기에 이뤄진 의미 있고 지속적인 발전이었다. 지금은 내가 모스크바에서 처음 그 모습을 목도했던 1970년대 후반과 1980년대 초반보다 더 폭넓은 연구가 이뤄졌겠지만, 당시 굴라크 문화는 언어에서부터 음악, 문학, 그림, 조각에 이르기까지 전 영역에 걸쳐 나타났다.

수용소 군도를 칭하던 '작은 물little zone'에서 순종적인 소비에트 사회를 일컫는 '큰 물big zone'로 돌아온 생존자들은 스탈린 치하의 공개 담론에서는 금지되었지만 굴라크에서는 자주 사용하던 '죄수zek'라는 용어도 함께 들여왔다. 거칠고 언뜻 범죄세계를 낭만화하는 듯한 이 표현을 일부는 몹시 불쾌해했지만, 나는 많은 모스크바인 특히 지식인과 젊은이들이 무심결에 이 용어를 사용하는 것을 듣곤 했다. 몇 년도 안 되어 이용어는 해외에서 출간된 모든 사전에 실리게 되었다.

굴라크 은어는 감옥 관련 노래들을 통해 더욱 널리 퍼져나갔는데, 이 광경을 지켜본 어떤 사람은 "'복권된' 범죄자들을 등에 업고 여러 도시로 행진해 들어갔다"고 회상했다. 이런 노래를 부르거나 각색한 이들은 대중 시인들로, 그중에는 희생자의 아들인 불라트 오쿠자바와 율리 킴도 있었다. 이 노래들 중 어느 것도 공식 검열을 통과할 수 없었지만, 그 시절의 '테이프리코더 혁명' 덕분에 테러를 직접 겪어보지 못한 젊은이들이 밀고자에 관한 킴의 노래와 다음과 같은 가사를 부르고 다녔다. "넌 내 소중한 젊음을 유린했어. 이 빌어먹을 콜리마!"65(굴라크에서 돌아온 한 음악가는 공식적인 영향력까지 미쳤는데, 바로 재즈 연주가 에디 로즈네르였다. 그는 문화부 장관에게 "우리가 금지되었던 색소폰을 복권할 거요"라는 말을 들었다.)66

반면 시각예술 작품은 휴대성이 떨어져서 금지당하기도 더 쉬웠지만 내가 보고 들은 바로는 상당수의 굴라크 관련 회화와 데생, 심지어 조각들이 당시 아파트와 스튜디오에 전시되어 있었고, 한 경우는 시베리아에 남은 어떤 죄수의 잔디밭에서도 볼 수 있었다.67 사실상 모두 귀환자들이 작업한 것이었던 이 작품들은 체포와 수용소에서의 삶과 죽음을 그린 대형 유화부터 벌거벗은 여자 수감자들의 고문을 묘사한 작은 그래픽 드로잉까지 다양했다. 재주가 비상했던 전직 죄수 예브프로시냐 케르스놉스카야는 수용소와 그 이후의 삶을 그린 자신의 방대한 회고록에서 거의 모든 에피소드의 삽화를 본인이 직접 그렸다. 이 같은 예술의 존재는 1970년대 무렵 상류사회에 알려졌지만, 1980년대 후반이 되어서야 최초로 공개될 수 있었고 그제야 큰 돌풍을 일으켰다.68

한편 귀환자들은 자신의 개인적인 경험을 시와 산문으로도 풀어내기 시작했다. 대부분은 고르바초프 시대가 올 때까지 지하, 즉 '카타콤'(초기 그리스도 교도의 지하 묘지―옮긴이) 문화로 남아 있었지만 모두 그런 것은 아니었다. 처음에 작은 물줄기를 이루던 굴라크 관련 저작물들은 1956년 흐루쇼프의 연설 직후 공식 출판의 물꼬를 트더니, 1961년 말 흐루쇼프의 반스탈린 폭로로 홍수를 이뤘고 솔제니친의 『이반 데니소비치의 하루』로 집중 조명을 받았다. 얼마 지나지 않아 수용소 문학은 소비에트의 과거와 현재에 대해, 관영지에서조차 인정하듯이 국가의 '끔찍하고 피비린내 나는 상처'에 대해 혹독한 질문을 제기하면서 실질적인 출판 장르로 발전하게 되었다.69

1953년 이후 이뤄진 이 같은 발전은 그 어느 것도 정치체제가 여전히 억압적이었다는 사실과 떼어놓고 생각해서는 안 된다. 사실 이 같은 발전이 더 큰 힘을 발휘하려면 지도부의 결단력이 필요했지만, 그럼에도 수많은 희생자의 귀환은 사회적·문화적 차원에서 1956년 후르쇼프의 당대회 발언보다 더 급진적인 대답을 주도록, 어느 소비에트 기자의 수사적 표현을 빌리자면 '아래에서 위를' 압박하는 효과를 가져왔다. 나중에 기록보관소 문서들이 증명해주듯, 흐루쇼프의 조심스러운 폭로만으로도 이미 '항거와 희망의 근본적인 물결, 정의의 부활에 대한 애원과 믿음의 물꼬'가 형성되었다. 1960년대 초 정치권에서 대답이 왔을 때 솔제니친이 느낀 것처럼 이러한 "지하계층의 어설픈 웅성거림"은 이후 잇달아 일어난 투쟁의 불씨이자 투쟁을 분열시키는 요소가 되었다.70

제4장

'흐루쇼프파 죄수들'의
흥망

×

×

×

야키르를 발굴해 치켜세우고
용기를 북돋아준 사람은 바로 흐루쇼프였습니다.
쓰레기 같은 솔제니친을 발굴해 활로를 열어준 사람도 흐루쇼프였지요.
— 유리 솔로멘체프, 정치국 회의, 1972년

솔제니친은 소비에트 법을 명백히 위반한 죄로 감옥에서
복역했다가 복권되었습니다. 그런데 어떻게 복권됐습니까?
솔제니친의 복권을 도운 것은 두 사람,
즉 샤투놉스카야와 스네고프였습니다.
— 레오니트 브레즈네프, 정치국 회의, 1974년

자신의 경험을 글로 풀어내 노벨상을 받고 전 세계적으로 이름을 알린 알렉산드르 솔제니친은 굴라크 생존자 중 가장 유명한 사람이 되었지만, 우리가 주목해야 할 사람은 솔제니친만이 아니다. 사실상 사람들에게 알려지지는 않았지만, 다른 귀환자들 역시 흐루쇼프 밑에서 정치적으로 중요한 역할을 수행했다. 이들 중에는 크렘린 정책에 중대한 영향력을 행사함으로써 동료 희생자 수천 명의 목숨을 살리는 데 일조한 전직 죄수들이 있었다.

피비린내 나는 숙청이 일어났던 다른 몇몇 공산주의 국가와 달리, 스탈린 테러 희생자 중 어느 누구도 다시 소비에트 정치 수뇌부로 돌아간 예는 없었다. 그렇게 될 가능성이 있는 사람은 오래전에 죽임을 당했다. 한때 공산주의청년동맹 지도자였던 알렉산드르 밀차코프만이 높은 정치적 지위를 희망했던 듯하나, 1956년 심장마비로 그 열망도 끝이 났다. 많은 귀환자는 유력한 당 기관에 자리를 배치받았지만, 건강상의 이유 아니면 '남은 얼룩' 때문에 낮은 지위에만 앉을 수 있었다. 몇몇은 '당의 신뢰를 받았지만', 아서 밀러의 『세일즈맨의 죽음』의 주인공 윌리 로먼처럼 큰 신뢰를 얻지는 못했다고 말했다.[1]

대신 훨씬 더 많은 석방 죄수가 국가의 관료 시스템을 관리하는 대규모 소비에트 행정계급, 즉 노멘클라투라(구소련의 특권 계급을 가리키는 맘—옮긴이)로 진출했다. 심지어 일부는 러시아인들 사이에서 '보스들'

로 통하는 나찰니키nachalniki가 되었다. 이들 중에는 독자들도 알다시피 로코솝스키 원수와 몇몇 장군, 우주의 선구자 코롤료프, 과학아카데미의 고관 바예프가 있었다. 다른 이들은 소비에트에서 가장 명망 높은 경제 및 문학 협회의 책임자가 되었다. 심지어 1917년 레닌의 권력 장악의 첫 신호탄을 쏘아 올렸던 순양함 오로라 호에 꾸며진 박물관의 관장조차 솔제니친이 굴라크에서 알고 지낸 전직 죄수 보리스 부르콥스키였다.[2] 1970년대 말 어느 비공식적인 설문조사에서 나는 지인들에게 자신의 상관 중 스탈린 정권을 '겪었던' 사람이 있느냐고 물었다. 그러자 많은 사람이 그렇다고 대답했다.

하지만 정치적으로 가장 중요한 역할은 석방되자마자 갑작스럽게 크렘린 권력의 중심부 가까이까지 올라간 소수의 귀환자에게 돌아갔다. 스탈린의 수용소와 유형지에서 수년을 보내기 전, 올가 샤투놉스카야와 알렉세이 스네고프는 공산당 중급 관리였고 발렌티나 피키나는 공산주의 청년조직의 한 간부였다. 이제 50대가 된 이들은 1953년과 1954년에 일찍 풀려났고, 흐루쇼프와 그의 측근 아나스타스 미코얀과의 개인적인 친분 덕분에 빠르게 두 지도자의 새로운 측근 세력이 되었다.

내가 1970년대에 모스크바에서 이 프로젝트를 시작할 무렵, 샤투놉스카야와 스네고프는 오래전 권력의 중심에서 사라진 뒤였지만 내가 아는 굴라크 생존자들 사이에서는 전설적인 인물로 남아 있었다. 사람들은 두 사람을 때때로 개인적인 감사함을 담아 영웅, 심지어는 구세주라고까지 불렀다. 두 사람은 훗날 로이 메드베데프와 안톤 안토노프-옵세옌코가 테러에 관한 검열되지 않은 역사서를 쓸 때 중요한 출처가 되었다. 샤투놉스카야와 스네고프는 피키나 등 다른 이들과 함께, 이들의 예찬자와 이들을 싫어한 반흐루쇼프 관료들 양쪽 모두에게 '흐루쇼프파 죄수'라고 불렀다.

분명 흐루쇼프와 미코얀은 여전히 당과 국가기구를 쥐고 흔드는 스탈린의 관료들보다 최근에 혐의를 벗은 '인민의 적'을 더 신뢰했다. 1955년 무렵 흐루쇼프의 개인 권력으로 샤투놉스카야와 피키나는 복권 정책을 감독하는 당의 최고사법부인 중앙통제위원회의 위원이 되었고, 스네고프와 또 다른 귀환자 옙세이 시르빈트는 굴라크 자체를 관리하는 국무부의 높은 자리에 앉았다. 체포 전 군 장교였던 알렉산드르 토도르스키는 중장으로 임명되어 수천에 이르는 군 희생자들의 무죄를 밝히는 일에 배치되었다.[3] 복권된 다른 굴라크 생존자들은 앞서 보았듯이, 1956년까지도 수용소에 있던 사람들을 석방시키기 위해 파견된 위원회의 위원으로 임명되었다.

샤투놉스카야와 스네고프는 이들 중 영향력이 가장 컸으며, 어떤 작가는 샤투놉스카야를 '불굴의 인간'이라고 묘사하기도 했다. 두 사람은 오래오래 살았지만(스네고프는 1989년에, 샤투놉스카야는 그로부터 1년 뒤에 사망) 잘 알려지지 않은 인물들이었다. 스네고프는 주로 사람들의 이야기와 몇몇 단편적인 회고록, 기록보관소 문서들을 통해 알려져 있다.[4] 샤투놉스카야에 관한 정보는 좀 더 많다. 고르바초프 시절에 샤투놉스카야는 자신의 이야기를 일부 들려주기 위해 다시 모습을 나타냈다. 샤투놉스카야가 죽은 뒤 가족들은 그녀가 몰래 녹음해둔 회고록을 출판했고, 절친한 비순응주의자 철학자이자 동료 귀환자인 그리고리 포메란츠는 그녀에 관한 책을 썼다. 이 책은 다소 편향된 시각을 띠었지만, 샤투놉스카야를 러시아 정치 역사상 '가장 뛰어난 여인 중 한 명'으로 평가한 사례를 제공한다.[5]

샤투놉스카야와 스네고프는 사적인 대화와 서신 연락을 통해 흐루슈프와 미코얀이 테러의 규모와 참상에 최대한 '눈을 뜨게 해주었다'고 훗날 두 지도자의 아들들이 확인해주었다.6 새로운 당 지도자에게 유형지에 있는 모든 희생자를 즉각 석방시키라고 설득한 사람도, 그리고 나서 흐루쇼프가 1956년 당 대회에서 역사적인 반스탈린 연설을 하도록 납득시킨 사람도 당시 그의 측근이었던 이 두 전직 죄수들이었다. 그리고 그 여파로 샤투놉스카야와 스네고프는 다시 한번 "그렇지 않으면 사람들이 죽을 것"이라고 주장하며 흐루쇼프와 미코얀에게 수용소에 곧장 '고충처리' 위원회를 파견하라고 설득했다.7

이것은 활약의 시작에 불과했다. 이를 비롯한 여러 가지 탈脫스탈린 조치에 대한 반대가 지배층 사이에서 격렬해지자, 흐루쇼프와 미코얀은 자신들의 '눈과 귀'로서 샤투놉스카야와 스네고프가 '필요했을' 뿐만 아니라,8 정신적으로도 의지했던 것 같다. 이미 설명했듯 모든 스탈린 계승자는 테러 시절 발생했던 수천 명의 죽음에 책임이 있었지만, 흐루쇼프와 미코얀만이 회개하는 스탈린주의자가 되었다. 나는 몰로토프, 카가노비치, 보로실로프, 말렌코프 등 다른 이들이 스탈린의 사망 후 생존자들을 돕기 위해 앞장섰다는 증거를(물론 몰로토프가 자신의 아내를 석방시키기 위해 애쓴 것은 빼고) 어디서도 찾지 못했다.

작은 체구에 짙은 수염을 기른 인정 많은 아르메니아인이었다고 전해지는 미코얀은 대개 레닌부터 브레즈네프까지 모든 소비에트 지도자와 함께 일한 것으로 기억되지만, 그가 스탈린 사망 후 테러 희생자들을 위해 기울인 노력 또한 놀랄 만한 것이었다. 새 지도부의 수석의원이었던 미코얀은 자신의 여러 계획에 착수하는 와중에도 흐루쇼프의 반스탈린 계획을 지원하고 심지어는 몰아붙이기까지 했다. 예를 들어 1956년 당 대회 당시, 흐루쇼프의 연설 전 공개회의에서 미코얀은 안톤의 아버지 블라디미르 안토노프-옵세옌코를 비롯해 몇몇 유명한 희생자의 이름을 언급함으로써 이들의 무죄를 밝힌 유일한 발표자였으며, 이에 따라 복권이 일반 정책이 되기 전 결성된 첫 복권위원회뿐만 아니라 추방된 몇몇 민족의 귀환을 감독하는 위원회를 이끌게 되었다.

개인적인 삶에서 미코얀은 정치적 배경에 전혀 상관 없이 많은 희생자의 일에 자진해서 끼어드는 등 훨씬 더 활발한 움직임을 보였다. 이 희생자들 가운데는 전 스탈린의 관리 밀차코프뿐 아니라, 주요 반스탈린주의자였던 부하린과 리코프의 자녀들, 불라트 오쿠자바와 과거에 미코얀과 알던 사이였던 그의 석방된 어머니, 사하로프의 훗날 아내인 젊은 옐레나 본네르, 그리고 그때까지 지도부에서 세력을 과시하던 말렌코프가 깊이 연루되었던, 비교적 나중에 일어난 레닌그라드 테러의 희생자들이 있었다.[9]

미코얀은 자신의 공모로 체포됐던 희생자들의 친족(그중 한 명이 부하린의 아들 유리 라린이었다) 또한 가끔씩 사적으로 만났는데, 이는 희생자들이 그를 용서할 수밖에 없었다는 것을 암시했다. 타협을 모르는 샤투놉스카야와 가깝게 지낸 것만 봐도 이는 사실인 듯했다. 미코얀이 중재한 일 가운데 특히 한 사건은 귀환자들에 큰 감동을 주었다. 나이가 지긋한 죄수 미하일 야쿠보비치는 석방 후 집도 없이 궁핍한 생활을 하게 되었다. 미코얀은 야쿠보비치가 1917년 반레닌주의 당에 몸담은 것 때문에 다른 사람들처럼 복권시키는 것이 불가능해지자, 카자흐스탄 소비에트사회주의공화국에서 그가 살 곳과 생활보조금을 마련해주었다. 이러한 행동은 몇몇 내부자에게 미코얀은 '양심의 가책 때문에 가장 제정신이 아닌' 전 스탈린주의자라는 확신을 주었다.[10]

두 지도자의 뉘우침이 어느 정도였든, 흐루쇼프의 중대한 결단이 없었다면 미코얀은 거의 아무것도 하지 못했을 것이다. 일반적으로 사람들은 흐루쇼프의 반스탈린주의가 순전히 자기 잇속을 차리기 위한 정책이라고, 단지 스탈린의 다른 계승자들을 견제하기 위해 채택한 전략이었을 뿐이라고 추정한다. 그가 최고의 권력을 쥐기 위해 때로는 일관성 없고 선별적으로 스탈린 문제를 이용했던 것은 사실이다. 하지만 그 요소만으로는 왜 그가 반스탈린주의를 10여 년간의 임기 동안 그렇게 중요하고 반복적인 정책으로 밀고 나갔는지 설명할 수 없다. 가족으로 인한 고통도 이를 설명하지 못한다. 흐루쇼프 자신이 강조했듯이, '오직' 그의 며느리만이 끝내 굴라크행 기차를 탔다.("나는 그 친구가 전과 똑같이 행동할 것이라고 생각했다"라는 말에서 알 수 있듯이, 분명 몰로토프는 흐루쇼프가 인과응보를 따르지 않고 갑자기 행보를 바꾼 것에 당황했다.)[11]

사실, 정치적 논리만으로는 흐루쇼프가 개인적인 위험까지 감수하면서 국가의 범죄를 폭로하고 생존자들을 풀어주며 도와주는 일에 앞장섰던 것을 설명하기 어렵다. 예를 들어 권력싸움에는 이런 잔악 행위들에 대해 그렇게 상세히 공표하는 일도, 전직 죄수를 심지어 자신이 희생시킨 사람들까지 권위 있는 위치에 임명하는 일도, 랴시스키 같은 젊은 검찰관들에게 왜곡된 사건을 뒤엎을 권한을 주는 일도, 레오니트 페트롭스키, 표트르 야키르 같은 희생자의 자녀들을 일류 학술기관에 앉히는 일도, 작가 바실리 악쇼노프 같은 사람들이 흐루쇼프 자신의 부하들에게 위협을 받을 때 보호막이 되어주는 일도 필요치 않았다. 실제로 흐루쇼프는 자신이 획득한 것보다 더 많은 정치적 자본을 본인의 반스탈린주의 정책에 쏟아 부었는데, 이는 1961년 솔제니친의 수용소 소설 『이반 데니소비치의 하루』를 출판하기로 한 결정을 정당 수뇌부에 강요한 일에서도 알 수 있다.[12]

흐루쇼프의 전기 중 가장 훌륭한 작품에서는 스탈린의 범죄를 폭로한 1956년 연설을 '그가 평생 한 일 중 가장 용감하고 무모한 일'이라고 묘사하며 '그는 자신의 권력을 뒷받침하고자 했던 것일까, 아니면 마지막 남은 양심을 달래고자 한 것일까?'라고 묻는다. 흐루쇼프는 사적인 자리에서 자신의 양심에 대해 자주 언급했다. 그는 "갑작스럽게 죽어나간 동지들의 목소리"를 들었기 때문에 "죄를 저지른 사람들이 그것을 시인할 수 있기를, 그리고 그렇게 할 때 변명까지는 아니더라도 연민의 감정은 호소할 수 있기를" 희망했다. 더 툭 터놓고 얘기하자면, 그는 미하일 샤트로프에게 "난 손끝부터 팔꿈치까지 피가 묻어 있네. 이것이 내 영혼을 짓누르는 최악의 일이라네"라고 말한 적도 있었다. 흐루쇼프는 권좌에서 실각하고 수년 뒤에도 여전히 '영예로운 사람으로 죽기를' 희망했다.**13**

솔제니친, 야키르, 샤투놉스카야, 안토노프-옵세옌코, 메드베데프, 아이헨발트, 코펠레프, 샤트로프, 안나 라리나 등 흐루쇼프를 알거나 그를 이해하고자 했던 테러 희생자들은 스탈린 시대의 대규모 범죄를 폭로하고자 했던 흐루쇼프의 결정은 오직 '마음에서 우러난 행동'으로만 설명할 수 있을 것이라고 결론 내렸다. 이들 외에도 많은 사람이 '흐루쇼프파 죄수들'의 영향으로 그에게 도덕적 자각이 생긴 것이라고 믿었다.(포메란츠는 샤투놉스카야가 흐루쇼프의 '정신적 스승'이 되었다고 생각했다.) 그게 아니면 무슨 수로 흐루쇼프가 1961년 전국으로 방송되는 당 대회에서 오늘날까지도 지어지지 않은, 스탈린 희생자들을 위한 국가 기념비를 세우자고 믿기 힘든 제안을 했던 일을 설명하겠느냐고 이들은 지적했다.**14**

흐루쇼프는 여전히 자리를 지키고 있던 몇몇 지도자의 공모 사실과 함께 스탈린의 범죄를 폭로하면서, 임기 10년 동안 강력한 반대파들과 되풀이되는 갈등을 겪었다. 거의 모든 주요 사건에서 흐루쇼프과 죄수들의 활약은 빠지지 않았다. 흐루쇼프가 1953년부터 1955년까지 비밀경찰 국장 라브렌티 베리야를 비롯한 스탈린의 다른 '하수인들'의 재판을 개시했을 때에는 굴라크 생존자들이 증인으로 출두했다. 대부분 나이가 지긋하거나 알려지지 않았거나 오래전에 잊힌 희생자들이었지만, 베리야는 1939년 자신이 체포를 명령하기 전에도 알았던 스네고프를 보고는 깜짝 놀라 다음과 같이 외쳤다. "자네가 아직 살아 있다니!"15

3년 후, 흐루쇼프는 다시 한번 스네고프의 도움(과 재촉)을 받아 비밀리에 1956년 당 대회에서 터트릴 정치적 폭탄을 준비했고, 이때 반드시 다른 공산주의자 죄수들도 다수 초대해 회랑에 모인 1400명의 대의원에게 보이게 하도록 지시했다. 오래전에 사라졌다가 가까스로 살아 돌아온 동지들이 예기치 않게 다시 모습을 드러내자, 회랑에는 한 차례 '충격'의 탄성이 터졌다고 30년 후 어떤 대의원은 내게 말했다. 그리고 이듬해, 뉘우치기는커녕 이제 흐루쇼프를 끌어내리려고 하는 주요 스탈린주의자 몰로토프, 카가노비치, 말렌코프, 보로실로프를 상대로 흐루쇼프가 반격을 가할 때, 샤투놉스카야와 스네고프는 그 적들이 스탈린의 범죄에 개인적으로 공모했음을 입증하는 서류를 제공했다.

그 후 두 차례의 사건에서 흐루쇼프는 생존자들의 목소리를 일반에 알리는 일에 기대를 걸었다. 1961년 10월, 1953년 이래로 붉은 광장의 레닌 영묘에 누워 있던 폭군 스탈린의 시신을 치움으로써 위대한 지도자로서의 스탈린 숭배 열풍에 공개적으로 도전하기로 마음먹은 흐루쇼프는 그달 열린 당 대회에서 표면적이나마 자발적인 결단을 촉구하기 위해 또 다른 연로한 공산주의 귀환자이자 레닌의 친구였던 도라 라주르키나를 연단에 세워 대의원들에게 다음과 같은 말을 하도록 했다. "어제 일리치(레닌)에게 조언을 구했더니 마치 그 친구가 내 앞에 살아 돌아와 '난 당에 아주 큰 슬픔을 안긴 스탈린과 나란히 눕고 싶지 않네'라고 말하는 것 같았습니다." 그날 밤 스탈린의 시신은 다른 곳으로 옮겨졌다. 몇 년 뒤 몰로토프는 라주르키나를 '순전히 마녀 같은 노파'라고 저주하며 그녀를 절대 용서하지 않았다.[16]

대규모 테러에 대한 흐루쇼프 자신의 폭로를 입증하고 수백만 희생자의 석방을 옹호하려면 '교정노동수용소'로서의 굴라크의 미신 또한 깨뜨릴 필요가 있었다. 이를 위해 흐루쇼프는 1962년, 당시 알려져 있지 않던 또 다른 죄수 솔제니친의 『이반 데니소비치의 하루』의 출판을 정식 허가했다. 죄수들의 언어를 간간히 섞어 대문호의 솜씨로 빚어낸 이 소설의 사실적 묘사는 굴라크의 잔인성과 정치 희생자들의 무고함을 분명하게 보여주었다. 내가 알고 지낸 귀환자들은 시간이 흘러 이 소설의 떠들썩한 등장에 '드디어 진실이 밝혀지는구나. 이 진실은 두번 다시 부정될 수 없다'고 생각했다고 회상했다. 하지만 이들의 생각은 절반만 옳았을 뿐이다.

1960대 무렵 귀환자들은 또 다른 방식으로 탈스탈린화에 기여하고 있었다. 과거를 둘러싼 논쟁은 어느 곳에서나 정치를 가열시키기 마련이지만, 대부분의 소비에트 성인이 스탈린의 시대를 여전히 '살아 있는 역사'로 기억하던 1950년대와 1960년대의 소련에서만큼 격렬하게 불타오른 예는 거의 없었다. 스탈린 시대를 바라보는 대중의 인식은 수십 년간 계속되었던 개개인의 희생과, 검열과 탄압으로 명맥을 이은 위조된 공식 역사에 힘입어 형성되었는데, 이 공식 버전의 역사에 따르면 스탈린의 통치는 1930년대의 집단화와 산업화에서부터 1945년에 나치 독일을 상대로 승리를 거두고 초강대국의 위치에 올라서 일까지 모두 위대한 국가적 위업의 연속이었다. 또한 스탈린 이후의 정치 수뇌부는 그 시대의 산물이었고, 이것은 이들의 권력과 특권을 정당화했다. 젊은 작가(이자 희생자의 아들인) 유리 트리포노프가 곧 알아차렸듯이, 이들은 '그 시대를 옹호함으로써 자신들 스스로를 옹호'하고자 했다.[17]

하지만 스탈린의 딸조차도 자신의 고상한 관점에서 얘기했듯이, '죽었다 살아 돌아온 수많은 사람'은 그 공식 역사와 나란히 엄청난 범죄의 역사도 일어났다는 반박할 수 없는 증거였다. 많은 귀환자가 입을 다물었지만 그렇지 않은 귀환자도 많았다. 흐루쇼프의 예견대로 이들은 '친족과 친구와 지인들에게 실제로 자신들이 겪은 일을' 말했다. 모스크바의 역사연구소 한 곳에서만 열댓 명의 희생자가 돌아와 자신의 경험을 숨김없이 이야기했다. 특히 젊은 사람들에게 '이들의 증언은 사건들을 재조명해주었다.'[18]

1950년대와 1960년대에 공개적으로 자신의 경험을 얘기한 귀환자 대부분은 여전히 소비에트 지지자들이었고 자신의 불행을 주로 스탈린 탓으로 돌렸다. 이 애국자들이 들려주는 과거의 이야기는 흐루쇼프의 정치 개혁에 필요한 개정된 역사를 만드는 데 크게 기여했다. 하지만 오랫동안 억눌러왔던 다른 전통적 가치를 옹호하는 사람들도 나타났다. 야쿠보비치와 70대에 풀려난 또 다른 생존자 이리나 카홉스카야는 1917년 온건 마르크스주의와 친농민을 외치다 죽은 자신의 동지들을 위한 정의를 부르짖었다. 솔제니친과 둣코 신부, 구밀료프는 러시아의 더 오래된 종교적, 민족적 가치를 대변했다. 내 친구 미하일 바이탈스키는 트로츠키주의자 동지들의 명예뿐 아니라 본인의 유대계 혈통의 지위 또한 회복하기를 원했다.

홀로코스트 생존자들과 마찬가지로, 스탈린 희생자들은 비록 공식 역사와 상충되더라도 수렌 가자략의 회고록 제목처럼 '이런 일이 두번 다시 일어나지 않기를' 바라는 마음에서 회고록을 썼다. 한 예로 안나 라리나는 1960년대에 회고록을 쓰기 시작해 1970년대 말 안전한 보관을 위해 원고를 내게 맡길 때까지 십수 년 동안 몰래 작업을 했다. 20세기의 빼놓을 수 없는 이 증언들 가운데 몇몇은 그네딘의 『재앙과 부활Catastrophe and Rebirth』처럼 지금까지도 번역이 되어 있지 않지만, 라리나의 『이것을 나는 잊을 수 없네』, 긴즈부르크의 『소용돌이 속으로 떠나는 여행』과 『소용돌이치는 곳에서』, 앞에서 언급했던 코펠레프의 회고록 시리즈 세 권, 라즈곤의 『진실한 이야기』, 바이탈스키의 『손자 손녀를 위한 노트』 같은 작품들은 영어로 만나볼 수 있다.

이 연장자 축에 속하는 생존자들에게 있어, 정부의 금지를 무릅쓰고 스탈린 시대에 대한 완전한 진실을 말하는 일은 안토노프-옵세옌코의 말을 빌리자면 '스탈린의 손에 죽은 이들과 그 어두운 밤을 살아남은 사람들 및 우리 뒤에 올 세대들에 대한 의무'였다.19 솔제니친의 『수용소군도』는 이러한 헌신의 기념비적 결과물이었다. 그러나 스탈린 희생자들의 젊은 자녀들은 소비에트 체제 안에서 자신의 앞날을 꾸려나가기 위해 어려운 결단을 해야 했다. 악쇼노프와 본네르는 각자 어머니에게서 '수용소에서는 의사들이 더 살아남기 쉬우니' 의대를 가라는 조언을 듣고 그 조언에 따랐다. 성년을 앞둔 대부분의 젊은이는 과거를 무시한 채 정치적 순응주의를 택했다. 이들에게 '가족과 일은 소중한 업적이 되었다.'20 유명한 예를 들자면, 굴라크에서 17년을 보내고 돌아온 어느 희생자의 아들이었던 스뱌토슬라프 표도로프는 1960년대와 1970년대에 백내장과 녹내장, 근시를 치료하는 혁명적인 안과수술을 개척했다.

실제 많은 희생자의 자녀들이 국가와 당의 관료체제 안에서 성공적인 경력을 쌓아갔다. 1960년대 초, 시베리아에서 스탈린의 테러를 조사하던 한 소설가는 시베리아로 추방되어 가혹한 환경에서 죽어간 어느 농부 부부의 아들을 만났다. 시베리아에 계속 남아 있던 그 청년은 당시 한 공산주의청년조직의 지부장을 지내며 모스크바로 진급해 중요한 당직을 맡을 날을 기다리고 있었다. 그의 형과 누나 또한 소비에트 사회에서 출세의 사다리를 오르고 있었다. 이 삼남매 중 어느 누구도 '당국에 대한 원한을 품고 있지 않았다.'21

1938년에 굴라크에서 사망한 어느 희생자의 아들인 '표트르 마셰로프 현상'은 더 놀라웠다. 마셰로프는 1965년부터 사고로 죽은 1980년까지 벨라루스의 당서기장이자 소련 정치국의 후보위원으로서 소련을 통치했던 소수 엘리트 가운데 한 명이었다. 이 사례에서도 알 수 있듯이, '소비에트 당국의 불법적인 탄압을 받(았다가 1959년에 복권을 받)은 자의 아들이 동일한 정권의 참되고 독실한 지지자가 될 수 있다'는 것은 전혀 놀라운 일이 아니었다. '시대가 그러했고, 사람들은 1930년대와 1940년대의 도가니 속에서 단단히 벼려졌다.'22

하지만 거침없이 폭로하던 연로한 귀환자들의 선례를 따라간 희생자의 자녀도 있었다. 메드베데프 형제와 안토노프-옵세옌코는 스탈린 시대에 대한 역사를 쓰기 위해 이미 자료를 수집 중이었다. 트리포노프, 레오니트 페트롭스키, 유리 가스테프, 표트르 야키르, 카밀 이크라모프는 각자의 순교한 아버지에 대한 전기를 준비하고 있었다. 대부분은 자식 된 도리로 전기를 썼지만, 가스테프는 한 고위검찰관에게서 아버지를 복권시키는 최고의 방법은 전기를 쓰는 것이라는 말을 듣고 쓰기 시작했다. 한편 처형된 장군들의 자녀가 모인 한 집단에서는 지방 도시의 박물관과 학교에 보내기 위한 '역사적 진실을 회복할' 문서들을 모으고 있었

다.[23]

이 소량의 역사적 진실만이 흐루쇼프의 해빙기 시절과 그 직후에 소비에트 연방에서 출간될 수 있었다. 하지만 이 진실은 솔제니친의 작품뿐 아니라 갈수록 솔직해지는 문학작품들에 힘입어, 소비에트 체제에 몸담고 있는 관료들의 간담을 서늘하게 할 만큼 충분히 알려졌고, 이로써 관료들의 권력과 특권 또한 수백만 동료 시민의 희생에서 비롯되었다는 사실이 드러났다. 따라서 놀랄 것도 없이 이 관료들은 '역사를 두려워했다.'[24]

반스탈린주의는 흐루쇼프 지도부를 굳건히 하는 동시에 위태롭게 했다. 공식적인 범죄를 드러내는 일은 흐루쇼프의 다른 정책들에 도덕적 요소를 부여하고 혁신적인 변화에 박차를 가하게 해주었다. 한 예로, 귀환자들의 사회적 요구는 중요한 복지와 법적 개혁에 기여했다. 또한 흐루쇼프 지도부는 개혁 성향의 소비에트 지식인 및 관료 세대를 새롭게 등장시켰다. 이중 일부 사람은 검찰관 랴시스키처럼 직접적인 영향력을 발휘했다. 니콜라이 바빌로프의 아들은 아버지를 복권시켜준 그 검찰관에게 무척 감사해서 오랜 세월이 흐른 후 그를 찾아갔지만 검찰관은 이제 나이가 들어 옛 기억을 잃어버린 후였다.[25] '60년대 세대'로 알려지고 스스로를 '흐루쇼프의 제20회 당 대회의 자식들'로 생각한 다른 이들은 소비에트 체제에서 차근차근 출세의 길을 걸었다. 30년 뒤 미하일 고르바초프를 앞세운 이들의 시대가 왔다.

하지만 흐루쇼프의 폭로는 반대 세력의 강한 저항을 부르기도 했다. 과거의 범죄는 몰로토프, 카가노비치, 보로실로프, 말렌코프처럼 유죄 판결을 받을 무고한 시민 수천 명이 적힌 명단에 서명했던 스탈린이 개인

지지자들뿐 아니라 경력 상 핏자국이 묻은 그 하위 군단까지도 위협했다. 이중 두 사람은 흐루쇼프의 지도층과 아주 가까웠는데, 한 명은 전시戰時 중 국외 추방과 이후 악명 높던 고문 감옥에 깊이 연루되었던 인물로 스탈린 사후 KGB의 첫 국장이 된 이반 세로프 장군이었고, 다른 한 명은 당의 떠오르는 이론적 지도자로서 브레즈네프 시대에 가장 영향력 있고 보수적인 과두정치 지지자 중 한 명이었던 마하일 수슬로프였다.

흐루쇼프의 귀환자 정책을 방해하려는 이들의 시도는 샤투놉스카야의 회고록에 생생하게 그려져 있다.26 말렌코프와 수슬로프는 흐루쇼프와 미코얀이 유형지에 있는 희생자들의 석방을 명령했을 때, 샤투놉스카야가 미코얀에게 알리고 미코얀이 흐루쇼프에게 보고할 때까지 그 지시를 무산시켰다. 또한 말렌코프와 수슬로프를 비롯한 이들은 그 후 굴라크 수감자들을 풀어줄 위원회를 구성할 때 이를 부정하게 조작하려고 했다. 흐루쇼프의 적수들은 당시 '대세였던' 흐루쇼프파 죄수들을 모조리 싫어했는데, 특히 당 본부에서의 지위를 이용해 복권 신청을 처리할 뿐 아니라 자신들을 달달 볶았던 샤투놉스카야를 미워했다. 세로프의 대리인들은 '흐루쇼프에게 매우 안 좋은 영향을 끼친다'는 이유로 샤투놉스카야를 미행하고 우편물을 가로채고 전화를 도청하며 그녀를 '고립시키고자' 애썼다. 그리고 흐루쇼프가 샤투놉스카야를 스탈린 시절 범죄의 최고 수사관으로 임명하며 몰로토프와 카가노비치 등을 조사할 권한을 부여했을 때, 이들은 "전과자가 우리를 판단하게" 하는 것에 격렬히 저항했다.27

지금도 그렇지만, 신스탈린주의자들의 반격은 만만치 않았다. 흐루쇼프는 자신의 친구이자 오랫동안 NKVD 장군이었던 세로프를 새롭게 단장한 KGB의 국장으로 임명했지만 결국 다른 사람으로 대체해야만 했다. 몰로토프와 카가노비치, 보로실로프는 자신들이 개인적으로 연루돼 있던 범죄 사건의 조사위원회 의장을 맡으며 최고 수준의 은폐 공작을 벌였다. 이 작전이 실패로 끝나자, 세 사람은 1956년 흐루쇼프의 연설을 무력화하고 나중에는 그 영향력을 약화시키려고 애썼다. 그 사이, 이들의 대리인들은 비밀경찰과 당의 기록보관소를 샅샅이 뒤져 흐루쇼프가 테러에 일조했음을 입증하는 서류를 찾아내는 한편 그들의 유죄를 알려주는 자료를 없앴다. 물론 흐루쇼프의 대리인들도 흐루쇼프를 위해 똑같은 일을 했다.[28] 그리고 이 같은 위협으로 흐루쇼프를 단념시킬 수 없자, 1957년에는 그를 권좌에서 끌어내릴 것을 제안해 거의 성공할 뻔했다.

'심판의 날'에 대한 이들의 두려움에는 충분한 근거가 있었다.[29] 과거를 둘러싼 갈등이 격렬해지자, 10년 전 독일의 뉘른베르크 재판에서 공식화한 혐의와 비슷한 고위급의 범죄책임에 대한 의문이 생겨나기 시작했다. 둘의 유사점은 무시하기 어려웠다. 소비에트 연방은 인류에 대한 나치 독일의 범죄를 고발한 정부 중 하나였다. 실제로 흐루쇼프의 새 검찰총장 로만 루덴코가 당시 소비에트의 주 검찰관이었다. 게다가 이제 수많은 굴라크 생존자가 소비에트 연방에 모습을 드러내고 이들의 경험이 점점 더 알려지면서 스탈린 시절의 '탄압'이 홀로코스트와 같은 차원이었다는 사실이 분명해졌다.

1953, 1954, 1955년에 '베리야의 패거리'가 재판에 회부돼 처형될 때, 스탈린의 다른 후계자들은 더 이상의 연루 사실이 드러나지 않게 덮으려고 애썼다. 이 소송 절차는 비공개였고 베리야는 반역죄와 간첩활동이라는 거짓 혐의로 유죄선고를 받았으며 베리야의 악행은 스탈린의 남은 계승자들과는 무관하게 처리되었다. 하지만 최소한 한 소송 사건에서만큼은 '인류에 대한 범죄'로 고발이 이뤄졌고, 여기에 굴라크 생존자들이 중

인으로 참석한 사실은 실제로 범죄가 있었다는 분명한 증거였다. 흐루쇼프의 1956년 당 대회 폭로에 따른 반응은 이 같은 쟁점이 이미 수면 바로 아래까지 올라왔다는 것을 의미했다. 과거에 있었던 일은 흐루쇼프를 비롯한 지도부 전체의 책임이 아니겠느냐는 의문이 하위급 당 회의를 비롯한 그 밖의 모든 곳에서 일었다.(이 의문은 재빨리 진압되었다).**30**

그런데도 흐루쇼프는 얼마 지나지 않아 또 한 번 돌아올 수 없는 강을 건넜다. 이 역시 비공개이긴 했지만, 흐루쇼프와 지지자들은 1957년 6월 중앙위원회 전원회의에서 몰로토프와 카가노비치, 말렌코프를 고발하는 일종의 재판을 벌였다.**31** 샤투놉스카야를 비롯한 다른 이들이 찾아낸 무시무시한 문서를 인용하면서, 스탈린과 함께 몰로토프와 카가노비치가 1937년과 1938년에만 150만 명 이상의 체포를 책임지고 그 기간 개별적으로 3만8679명, 어느 날은 3167명의 처형을 인가했다고 고발했다. 이들의 필체로 적힌 살벌한 명령들이 회의장에 집결한 당 수뇌부 앞에서 큰 소리로 읽게 했다. "때리고, 때리고, 또 때려라. 비열한 악당과 인간 쓰레기에게 줄 벌은 오직 하나, 죽음뿐이다."

금방이라도 소련판 뉘른베르크 재판이 일어날 것처럼 분위기가 흘러갔다. 피고들이 자신의 행동을 '실수'라고 변호했을 때 주변에서는 "아니, 범죄야!"라는 외침이 들렸고, 흐루쇼프의 한 지지자는 고위급 스탈린주의자 세 명에게 다음과 같은 위협을 퍼부어 장내에 있는 다른 오래된 관료들을 오싹하게 만들었다. "이자들의 손에서 무고한 이들의 피가 뚝뚝 떨어지고 있다는 걸 안다면, 사람들은 이자들에게 박수가 아닌 돌을 보낼 겁니다." 이 같은 반응은 중앙위원회의 위원으로 그때까지 흐루쇼프의 지지자였으며 '이토록 오랜 세월 동안 당을 책임지고 이끌었던 사람들이 알고 보니 지금 피고석에 앉아 있어야 할 살인자들이다'라는 의견에 '극심하게' 반대했던 한 사람에게는 감당이 안 되는 일이었다.[32] 그러나 결국 몰로토프와 카가노비치, 말렌코프가 받은 벌은 지도부와 중앙위원회에서 축출되어 모스크바에서 멀리 떨어진 하급 근무처로 추방되는 것뿐이었다.

극적인 드라마의 한순간이었지만, 죄에 비해 형량은 여전히 미미했다. 1950년대 초반과 중반에는 50~100명의 비밀경찰 상관과 악랄한 취조관(한 사람은 알렉산드르 토도르스키를 고문했는지의 여부를 기억하지 못했다)이 재판 후 형을 선고받았는데, 25~30명은 사형을 받고 나머지는 감옥으로 보내졌다. 정확한 수치는 지금까지 알려지지 않았다. 또 다른 2370명은 해고되거나 지위와 상, 당원 자격, 연금이 박탈되는 등 행정적 제재를 받은 것으로 알려졌다. 그리고 비록 모두가 테러 시절 저지른 학대로 그렇게 된 것은 아니지만, 1954부터 1963년까지 모두 합쳐 약 4만 6000명의 KGB 요원이 해고를 당했다.[33]

게다가 흐루쇼프가 감행한 폭로의 영향으로 NKVD 장군과 굴라크 수용소 사령관 십수 명이 자살했다. 대부분은 권총으로 스스로를 쐈고 소수는 욕조에서 정맥을 그었다. 수년이 흘러 이 같은 장면은, 연대가 잘못 나오긴 했지만, 오스카상을 받은 러시아 영화 「위선의 태양」에서 묘사되었다. 하지만 정치 기구를 가장 불안에 떨게 한 일은 스탈린 시절 문학계 대부였던 알렉산드르 파데예프의 자살이었다.[34] 결과야 어찌 됐든, 일반 시민이자 문화인이었던 파데예프는 누군가를 고문하거나 처형한 적이 없었고 다만 스탈린의 다른 수많은 엘리트처럼 동료들의 체포를 묵인했을 뿐이었다.

흐루쇼프파 죄수들은 이같이 정의가 실현된 사건들을 그저 첫걸음 정도로만 여기며 흐루쇼프에게 죄 지은 자들을 모두 처벌하라고, 심지어는 스탈린 정권 전체를 공개재판에 부치라고 애원했다. 하지만 흐루쇼프는 두말할 것 없이 몇 가지 이유로, 이른바 '성 바르톨로메오 축일의 대학살'(1572년 8월 24일부터 10월까지 프랑스에서 일어났던 로마 가톨릭 신도에 의한 개신교 신도 학살—옮긴이)이 일어나는 것에 반대했다. 일단 20년간 벌어진 집단 테러의 공범 수준을 어떻게 판단할 것인가 하는 문제가 있었다. 로이 메드베데프는 '한 사람이 범죄를 막기 위해 할 수 있었을 일'을 기준으로 삼으면 된다고 주장했다. 하지만 세레브랴코바와 이크라모프, 라즈곤이 '정직하고 친절한' 사람으로 기억하고 있는 NKVD 요원들은 어떻게 할까? 또는 '교육을 거의 받지 못하고 박봉에 만족하며 살았던 어중이떠중이로 이뤄진' 비천한 굴라크 보초들은 어떻게 처리할까? 혹은 당시 일개 병사의 신분으로 체첸족을 사지로 추방하라는 명령을 수행해야 했던, 내 책 출판을 담당한 이의 의붓아버지는 어떻게 할까?35

어떻게 보면, 집단 테러가 가능했던 것은 오로지 사람들이 지닌 집단 죄의식 때문이었다. 스탈린 시대에 국민의 약 5퍼센트가 비밀정보원이었고, 경제 관리인과 회계장부 담당자를 포함한 최소 100만 명이 굴라크 수용소 직원이었다. 실제로 스탈린 밑에서 승승장구했던 어느 시인은 양심의 가책을 느끼고는, 침묵한 모든 사람은 "심문의 지옥, 루뱐카에 흐르는 피에 책임이 있다"고 결론을 지었다.(샤투놉스카야에게 이 발표되지 않은 시의 복사본이 있었다.) 이 같은 생각은 '복권되고 석방된 사람보다 훨씬 더 많은 사람이 투옥되어야 한다'는 것을 의미했고, 흐루쇼프는 바로 이것에 반대했다.36

물론 흐루쇼프가 아주 멀리까지 가지 않은 데에는 지극히 개인적인 이유도 있었다. 재판을 받거나 자살한 스탈린의 '하수인들'은 현행 지도부의 의원들을 가리키며 자신들은 더 높은 스탈린 당국의 '명령에 복종했을 뿐'이라고 주장했다. 그 사이, 흐루쇼프의 적들은 흐루쇼프가 많은 무고한 사람들을 체포하라는 명령에 서명함으로써 '손에 피를 묻혔음'(훗날 흐루쇼프의 숭배자 고르바초프도 이 사실을 알게 된다)을 입증하는 문서를 유포하고 있었다.37 따라서 흐루쇼프가 스탈린 시절의 범죄 또는 공공의 범죄를 고발할수록 자기 자신만 더욱 위태로워질 뿐이었다.

그럼에도 1961년 10월에 열린 제22회 당 대회에서 흐루쇼프는 스탈린의 과거와 이를 옹호하는 많은 사람에게 지금껏 볼 수 없었던 파급적인 공격을 개시했다. 흐루쇼프와 지지자들은 1956년과 1957년에 있었던 폭로와 고발의 범위를 상당히 넓혔을 뿐만 아니라 더 이상 이를 비밀에 부치지 않았다. 사상 처음으로 일간지와 라디오에서는 이번 대회의 회의록을 보도하며 전국에 '극악무도한 범죄'를 알렸고 '역사적 정의'를 실현해야 한다고 주장했으며, 이와 함께 스탈린 정권에서 이뤄진 집단 검거와 고문, 살인에 관한 충격적인 이야기들을 실었다. 흐루쇼프 쪽 사람들은 스탈린의 테러가 '관리 혼자만이 아닌 그 가족, 심지어는 완전히 무고한 자녀들까지' 공격했으며 '이로써 자녀들의 삶이 애초부터 산산조각이 났다'는 사실을 국민에게 강조했다. 이 새로운 공개 폭로가 가져온 충격은 엄청났다. 스탈린 시절의 사건을 소재로 한 자신의 소설이 아직 미출간 상태였던 전직 죄수 솔제니친은 다음과 같이 놀라움을 드러냈다. "제22회 당 대회의 연설처럼 흥미진진한 글을 읽어본 게 정말 오랜만이다!"38

그뿐만이 아니었다. 이번에 흐루쇼프는 기소의 대상을 앞선 폭로 때처럼 공산당원에 대한 범죄로 제한하지 않았다. 레닌 영묘에서 스탈린의 시신을 치운 결정은 그야말로 '정직한 소비에트 시민들에 대한 대규모 탄압이 있었다'는 사실을 대변했다. 또한 흐루쇼프와 협력자들은 몰로토프와 카가노비치, 말렌코프가 과거의 '불법' 행동에 '직접적이고 개인적인 책임'이 있다는 이유로 처음으로 공개적으로 비판했고 당에서 제명해야 한다고 주장했는데(곧 그렇게 된다), 이는 세 사람이 재판에 회부될 수도 있다는 것을 강하게 암시했다. "우리가 많은 문서를 확보하고 있다"는 흐루쇼프의 언급과 "권력 남용으로 발생한 이 모든 사건에 대해 포괄적인 조사를 하라"는 그의 요청은 재판에 대한 망령을 키워 '직접적이고 개인적인 책임'이 있는 수천 명의 사람을 두려움에 떨게 했다.

제22회 당 대회는 흐루쇼프파 죄수들의 승리였다. 가장 권위 있는 이 정치포럼에서 급진적 반스탈린주의가 전개될 수 있었던 것은 크게는 흐루쇼프에게 미친 전직 죄수들의 영향력 덕분이었지만, 은밀히 진행된 중요한 사건 때문이기도 했다는 것이 몇 년 뒤 밝혀졌다. 당 대회에 앞서 흐루쇼프는 1930년대 스탈린 시절에 일어났던 최악의 사건들에 대해, 당일 연설에서도 넌지시 말했듯이 '포괄적인 조사'를 수행할 높은 수준의 당 위원회를 구성했다. 조사의 초점은 대공포 시대를 촉발시켰던 레닌그라드 당 제1서기 세르게이 키로프의 1934년 암살사건과 그 이후 부하린을 비롯한 소비에트 건국 지도자들의 공개재판과 처형에 맞춰졌다.

샤투놉스카야는 이 위원회의 최고 수사관이었다. 당 본부 직원들을 믿지 않았던 그녀는 다른 굴라크 귀환자들을 자신의 보조원으로 채용했다. 특히 밀차코프는 자신을 다시 불러준 것에 기뻐했다. 이들은 비밀 기록보관소를 수색하고 아직 살아 있는 증인들을 인터뷰함으로써 서류철 64개 분량의 기밀 증거를 확보했다. 위원회는 스탈린이 테러를 개시하기 위해 이 숙명적인 사건들을 모의했으며 이 테러를 통해 독재자로서의 자신의 입지를 굳히고 소비에트 정치체제를 경찰국가로 변형시켰다고 결론지었다. 당 대회 전날, 샤투놉스카야는 흐루쇼프에게 그 결과물

의 개요를 전달했다. 그것을 읽고 "흐루쇼프가 울었다"고 샤투놉스카야
는 전했다.**39**

　1961년 당 대회에서 흐루쇼프가 보여준 결단으로 소비에트 지배층과
사회에서는 탈스탈린화의 '아군과 적군' 사이에 3년간의 분쟁이 촉발되
었다.**40** 검열이 완화되자 역사가들은 스탈린 시대 전체를 비판하기 시작
했다. 오랫동안 신성불가침의 영역이었던 스탈린의 농업 집단화와 전쟁
수행도 예외는 아니었는데, 특히 1941년 독일의 침공에 소련의 준비가
미흡했던 점과 1945년 승리의 대가로 2650만 명이라는 어마어마한 생명
을 잃은 사실이 비판대에 올랐다. 강제 집단화에 대한 폭로가 현행 정치
및 경제 체제의 근간에 의구심을 제기했다면, 전쟁에 대한 폭로는 스탈
린 사후 정권의 국내외 정책을 뒷받침하던 합리화에 도전장을 던졌다.

　테러를 묘사한 문학작품은 점점 그 수를 늘리며 더 큰 영향력을 끼쳤
다. 1962년 솔제니친의 『이반 데니소비치의 하루』에 대한 반응은 곧장 스
탈린에 대한 사람들의 태도를 시험하는 리트머스 종이가 되었지만, 다
른 작가와 편집인들 또한 기회를 놓치지 않고 관련 주제로 소설과 단편
소설, 희곡, 시를 출간했다. 특히 굴라크 귀환자들은 『듀제프의 귀환』과
『유리 메트로파노비치의 귀환』 같은 제목의 소설에서 익숙한 인물이 되
었다. 카밀 이크라모프와 바실리 악쇼노프를 비롯한 유명 작가 중 일부
는 스스로가 테러의 희생양이었다.**41**

　허구로 얄팍하게 위장한 이런 소설에서 되풀이된 테마는 스탈린 밑에
서 출세했던 소비에트 지배층을 두려움에 떨게 할 수밖에 없었다. 그중
한 테마는 희생자들의 귀환이 두려워 이들이 사회로 돌아오지 못하게 훼
방을 놓았던 관료와 저명한 시민들에 대한 암울한 묘사였다. 또 다른 테
마는 아들이 아버지에게 왜 불운에 빠진 친족과 친구들을 돕지 않았냐

고 가혹한 질문을 던지는 것으로 대표되는 세대 간 갈등이었다. 무엇보다 다시 돌아올 길 없는 수백만 희생자에 대한 책임 문제가 어렴풋이 나타나기 시작했는데, 이는 레즈 오제로프의 다음 시에 잘 암시되어 있다.

죽은 이들이 말한다. 마침표 없이.
쉼표 없이. 거의 말도 없이.
강제수용소에서. 교도소 독방에서.
맹렬히 불타오르는 집에서.

죽은 이들이 말한다. 공책.
편지. 유서. 일기.
벽돌의 거친 표면에
서툴게 흘긴 서명.

쇳조각으로. 꽁꽁 얼어붙은 간이침대에.
벽면에. 깨진 유리 파편으로.
핏빛 실개천으로 둘러싸인 감옥의 바닥에
숨이 붙어 있는 동안, 삶은 서명을 남겼다.[42]

이 같은 출판물은 나중에 수슬로프가 비탄했듯이, 흐루쇼프의 정치적 결단에서 나온 결과물이었다. 스탈린 시대의 범죄가 더 완전하게 처벌을 받을 것이라는 희망 그리고 두려움이 갑작스레 찾아온 것 역시 마찬가지였다. 1956년 굴라크 수감자들을 석방시키기 위한 위원회에 속해 있던 한 전직 죄수는 샤투놉스카야에게 다음과 같이 물었다. "수십 년간 무고한 소비에트 시민의 삶을 파괴했던 이 범죄자들이 언제쯤 정의의 심판을 받을까요?" 1957년에 새로운 재판에 대한 가능성이 제기되었지만, 그저 비공개 자리에서 지나가는 말로 했을 뿐이었다. 이런 이유로 1961년 당 대회에서 흐루쇼프의 한 측근이 했던 다음 말을 포함해, 범죄에 공모한 사람들에 대한 공개성명은 그 여파가 대단했다. "그자들은 악몽에 시달려봐야 합니다. 저세상으로 간 무고한 동지들의 어머니와 부인, 자녀들이 흐느끼며 저주하는 소리를 들어봐야 합니다."**43**

지도부의 공개성명과 주요 스탈린주의자들을 재판에 회부할 수 있다는 가능성의 재개에 힘입어, 점점 더 많은 귀환자가 본인의 불행에 '개인적인 책임'이 있는 사람들을 추적하기 시작했다. 유지니아 긴즈부르크는 어떤 사람에 대해 말하며 "그자 얼굴에 쓰여 있었다"고 했다.**44** 이들의 요구 중 어떤 것은 상징적이었다. 스탈린의 이름을 딴 도시들을 없애고 스탈린을 기리는 기념물을 해체하라는 흐루쇼프의 명령에 영감을 받아, 전시展示 재판을 담당했던 검사총장 비신스키를 크렘린 궁 외벽의 영예로운 위치에서 끌어내고 1951년에 죽은 사형집행 판사 울리흐를 모스크바의 신성한 노보데비치 묘지에서 내보내라는 탄원서가 나돌았다.

그러나 정의를 실현해달라는 요청의 대부분은 사실상 소비에트의 모든 직종에서 여전히 활약 중인 공범자들을 표적으로 삼았다. 그중 세 사건이 모스크바에 널리 알려졌는데, 하나는 최초의 레닌 묘 경비대의 생존 자녀들이 주축이 되어 소비에트 건국 지도자 중 한 명의 아들이었던 안드레이 스베르들로프를 겨냥한 사건이었다. 이 생존 자녀들과 스베르들로프는 원래 죽마고우이자 학교 친구였다. 그러나 훗날 스베르들로프가 친구들이 투옥된 감옥에 NKVD 취조관으로 등장했을 때 친구들은 안나 라리나의 경우처럼 충격을 받고 의기소침해졌다. 게다가 '병적인 잡인성'으로 유명했던 스베르들로프는 옛 친구 중 몇 명을 직접 고문하기까지 했다. 1960년대 초, 여전히 비밀경찰의 대령으로 재직 중이던 그는 이제 학자이자 어린이 추리물 작가로서 새로운 경력 또한 쌓아가고 있었다.[45] 이에 스베르들로프가 저버린 친구들은 그의 죄를 폭로하고 처벌해 달라는 캠페인을 시작했다.

테러의 무참한 공격을 받은 또 다른 영역에서는 높은 자리에 있던 몇몇 문예비평가가 정기적으로 동료들의 정치적 견해를 고발하는 편지를 쓰며 NKVD의 정보원으로 활동했던 것으로 알려졌다. 이 문화공동체의 일원들은 이제 그자들을 폭로해 처벌하기를 원했으며 그들 중 한 명의 고급 시골 저택에 다음과 같은 낙서를 휘갈기기도 했다. "밤길 조심해라. 이 악마 같은 놈아!" 수많은 소설가와 시인의 체포와 죽음에 연루돼 있었던 비평가 야코프 옐스베르크는 특히나 완강했던 캠페인의 표적이 되었는데, 이 캠페인은 일시적으로나마 그를 작가협회와 공산당에서 축출시키는 성과를 거두었다.[46]

범죄에 공모한 정계 고위관료들에게 훨씬 더 위협적이었던 캠페인은 스탈린주의자인 두 주요 철학자 파벨 유딘과 마르크 미틴을 법의 심판대로 보내기 위해 귀환자 파벨 샤발킨이 시작한 것이었다. 두 사람은 동료들의 죽음과 샤발킨의 오랜 투옥생활을 야기한 장본인이었으며, 나중에는 동료들의 저작물까지 표절했다. 그러나 유딘과 미틴은 일개 철학자가 아니었다. 근래까지 두 사람은 당 중앙위원회 위원을 지낸 주요 정치 공무원이었고, 심지어 유딘은 정치국의 후보위원이었다. 스베르들로프, 옐스베르크와 마찬가지로, 유딘과 미틴 역시 실질적인 처벌은 모면했다. 두 사람 모두 새 정당 프로그램의 밑그림을 그리는 위원회에 임명되었으며 결국 네 사람은 공식적으로 명예롭게 죽었다. 하지만 이들을 겨냥한 캠

페인은 여전히 권력을 쥐고 있던 죄 많은 사람들 사이에 공포와 '신경쇠약'을 일으키기에 충분했다.[47]

이제 불가피하게, 뉘른베르크 같은 집단 죄의식 문제가 조심스럽고 간접적이나마 공식 허가를 받은 소비에트 언론에서 조금씩 나타나는 듯 보였다. 이 같은 쟁점은 솔제니친을 둘러싼 첨예한 논평들과 다른 테러 관련 출판물에서 가까스로 모습을 드러냈는데, 이에 대해 한 문화계 관료는 "쓸데없이 문학적 송장들을 밖으로 끌어내 빛을 보게 하는 일만 재촉한다"며 불편한 심기를 드러냈다. 한 소설에서 랴시스키처럼 젊은 검찰관이었던 주인공이 전 NKVD 소령에게 "그래도 1937년과 1938년에 대한 대가는 치러야 할 것이오"라고 말했던 것처럼, 일부 고발은 비밀경찰을 겨누고 있었다.[48] 하지만 다른 혐의들은 현 정치공무원들을 직접적으로 위협하고 있었다. 1963년 그중 한 주장이 정계와 문학계의 적대적인 반응을 불러일으켰는데, 덕망 있는 작가 일리야 예렌부르크와 심지어 흐루쇼프조차도 그 혐의에서 자유로울 수 없었다.

스탈린 시대의 많은 저명 인사와 달리, 예렌부르크는 몇 번이고 자신의 목숨이 위태로워지는데도 테러에 직접 공모하지 않고 '선행을 자처'하며 부끄럽지 않게 행동했다. 그리고 스탈린의 사망 뒤에는 여러 방법으로 귀환자와 다른 희생자들을 도왔다. 메이예르홀트의 사건에서 보았듯이 이들을 복권시키는 데 기여했고 전직 죄수 나탈리야 스톨랴로바를 자신의 개인 비서로 채용했으며, 자신의 어릴 적 친구 부하린의 미망인과 아들을 만났고 예전에 알고 지낸 다른 희생자의 자녀들을 상담해주었다. 그중 한 명이었던 바실리 악쇼노프가 "어떻게 그 시절에 살아남을 수 있었죠? 저한테는 아주 중요한 문제예요"라고 물었을 때 예렌부르크는 다음과 같이 대답했다. "나두 모른다네."[49]

물론 예렌부르크도 최소한 어느 정도는 그 이유를 알고 있었다. 1963년에 출간되어 심한 가위질을 당한 회고록의 한 장에서 그는 자신의 체포된 친구와 동료들이 무고하다는 사실을 알았기 때문에 스탈린 밑에서 "이를 악물고 살아야"만 했다고 인정하며 그 이유를 넌지시 내비쳤다. 예렌부르크의 고백 혹은 소위 '모의된 침묵 이론'은 예렌부르크를 향한 맹공의 방아쇠가 되었다. 그 이유는 간단하다. 소외된 작가였던 예렌부르크가 진실을 알고 있었다면, 그 위에 자리한 수많은 당과 국가 관료는 말할 것도 없기 때문이다. 어느 누군가가 거세게 항의했듯 이는 그 사람들 모두가 '자기만 무사히 빠져나갔을 뿐, 그로써 악이 세력을 넓히도록 돕고 있었다'는 의미였다.[50]

 설상가상으로 1960년대 초반에는 히틀러 시절의 독일을 다룬 소비에트 저작물이 대거 쏟아져 나왔다. 이 같은 논의의 대다수는 분명 스탈린 시절의 소비에트 체제에 대한 추론에서 나온 것이었다. 독자들은 히틀러 숭배와 게슈타포, 나치 포로수용소, 독일인의 광범위한 공모에 대한 서술을 읽으며 직관적으로 자신들의 최근 경험을 떠올렸다. 1963년 모스크바에서 상영된 강렬한 미국 영화 「뉘른베르크의 재판」은 훨씬 더 정곡을 찔렀다. 이 같은 유추와 스탈린의 테러에 대한 생생한 이야기, 점점 더 늘어나는 정의에 대한 요구를 고려했을 때, '자신이 가담한 범죄에 대해 답변을 해야 한다는 두려움'은 당연하게도 소비에트 관료 집단 전체로 퍼져나갔다.[51]

 어느 시점이 되자, 흐루쇼프가 지도자회의에 기용한 젊은 사람들조차 흐루쇼프의 반스탈린 계획이 너무 많은 사람이 얽혀, 어쩌면 소비에트 체제 자체를 위험에 빠뜨리고 있다는 판단을 내리게 되었다. 이후 20년 간 소련을 통치했던 레오니트 브레즈네프를 비롯한 다른 이들은 수슬로프와 달리, 손에는 피를 거의 묻히지 않았지만 발에는 피가 상당량 묻어 있었다. 선배들이 테러에 대거 휩쓸려나가는 바람에 스탈린 밑에서 빠른 속도로 성장한 이 사람들에게는 '과거에 대한 콤플렉스'가 있었다는 말을 나는 종종 듣곤 했다. 이들 세대의 불안은 흐루쇼프가 1964년 권좌에서 물러난 뒤 왜 이들이 스탈린 시대 전체에 대해 엄격한 검열을 다시 시행했는지에 대해 일부분 설명해준다.

흐루쇼프의 아들에 따르면, 흐루쇼프의 반스탈린 정책은 시작부터 그를 자신이 이끌던 당과 국가 기관에서 '사실상 고립시켰다.'[52] 흐루쇼프가 10년 임기 동안 세운 공적을 고려했을 때 그 아들이 과장한 면이 없지 않지만, 흐루쇼프가 특히 스탈린 문제에 있어서 늘 장애물이 많은 지도자였던 것만은 사실이다. 몰로토프와 카가노비치, 보로실로프, 말렌코프, 세로프를 무너뜨린 뒤에도 흐루쇼프는 계속해서 강한 반대에 부딪혔다. 1957년에는 주요 지지자 중 한 명이 고위 스탈린주의자들을 '피고석에' 앉히는 문제를 두고 변절했다. 또한 흐루쇼프는 스탈린의 시신을 레닌 영묘에서 내보내겠다는 생각을 1956년에 처음 품었지만 그렇게 하기까지는 거의 6년이 걸렸다.

명목상 흐루쇼프의 보호 아래 있던 석방된 죄수와 다른 희생자들 역시 공격에서 안전하지 못했다. 샤투놉스카야는 당 본부에서 끊임없는 공격과 방해를 받았고 스네고프와 바실리 악쇼노프에 대한 허위 정보는 흐루쇼프의 책상에까지 흘러들어갔다. 모스크바의 어느 학술원장은 내 친구 이고르 퍄트니츠키에게 시류에 순응하지 않으면 "너희 아버지 꼴이 될 것이다"라는 경고를 보냈다. 1963년과 1964년 흐루쇼프의 후원에도 불구하고, 솔제니친의 『이반 데니소비치의 하루』는 레닌 문학상을 거부당했다. 한편 레닌그라드의 당수는 레닌그라드로 돌아온 희생자들을 복

권시키거나 생활보조금을 지급하는 것을 거부했다.[53]

외견상, 1961년 당 대회는 반스탈린주의와 흐루쇼프 개인의 대승처럼 보였다. 하지만 현실은 흐루쇼프가 진급시킨 대부분의 새 지도자가 은인 흐루쇼프의 결단을 묵살하고 과거의 범죄에 대해 여전히 눈에 띄게 침묵을 지키는 것으로 이어졌다. 흐루쇼프의 반스탈린 노선을 앵무새처럼 따라 했던 일부 고위급 대의원들은 실제로는 '그 모든 것에 반대'했다. 스탈린의 시신을 치우는 결정조차 '소수의 몇몇 지도자끼리 내린' 것이라고 흐루쇼프의 전복을 모의했던 사람 중 한 명은 토로했다.[54]

사실 1961년 당 대회 이후 흐루쇼프의 반스탈린주의에 대한 반발은 의심할 여지 없이 더 거세졌다. 이는 1962년 10월, 흐루쇼프의 지시로 당의 기관지 『프라우다Pravda』에 발표된 예브게니 옙투셴코의 불안한 마음이 담긴 시 「스탈린의 계승자들」의 메시지이기도 했다. 다음 몇몇 구절은 불길한 예고이거나 혹은 도와달라는 간곡한 부탁처럼 들린다.

우리는 스탈린을 영묘에서 떼어냈지.
헌데 그 계승자들과는 무슨 수로 떼어놓는담?!

계승자 중 몇몇은 은퇴해 장미를 돌보지만
속으로는 잠정적 은퇴라고 생각하지.
또 어떤 이들은 연단에선 스탈린을 욕하지만
밤에는 옛날을 그리워하지.

한때 스탈린을 지지했던 이 사람들은
수용소가 텅 빈 이 시대를 싫어하지.[55]

무대 뒤에서는 흐루쇼프를 무너뜨리거나 강제로 물러나게 하려는 시도가 이뤄지고 있었다. 흐루쇼프는 "내 등 뒤에서 눈총을 보내는" 적들에게 둘러싸인 기분이었다.[56] 1962년 샤투놉스카야와 스네고프는 공직에서 끌려 내려왔다. 두 사람은 흐루쇼프가 공산당 조직체에 포진시킨 젊은 반스탈린주의자 세력을 믿지 못하고 신스탈린주의자들에게 굴복함으로써 자신들의 기대를 저버렸다고 불평했다. 어쩌면 그것은 사실이었다. 아마도 흐루쇼프는 자신의 계획이 점점 더 두려워졌거나 일흔 살 생일이 다가오면서 맞서 싸우기에는 너무 늦었다는 사실에 겁을 먹었을 것이다. 하지만 그가 당 어디에서 새로운 반스탈린주의자들을 찾았을지는 확실하지 않다. 이 반스탈린주의자들의 시대가 오기까지는, 즉 이들이 힘을 얻기까지는 장차 20년을 더 기다려야 했다.

자세한 설명이야 어찌됐든, 이후 많은 정치적 퇴행이 뒤따랐다. 1963년 복권은 사실상 종말을 고했다. 스탈린 범죄에 관한 샤투놉스카야의 보고서는 발표되지 않았고 그녀가 수집한 자료는 당의 기록보관소에 깊이 파묻혔다. 간부 보고용 개요조차도 40년이 지나서야 발표되었고 대다수의 자료는 사라졌다. 1964년에는 솔제니친의 레닌 상 수상이 좌절된 데 이어 흐루쇼프가 인가한 '스탈린과 그 후계자들'에 관한 주요 사설의 발표가 무산되었다. 흐루쇼프와 미코얀이 과거의 악습이 반복되는 것을 예방하기 위해 제의한 KGB의 체질 개선과 개혁 역시 퇴행 길을 걸었다.[57] 동시에 스탈린의 희생자들을 위한 기념비를 세우자는 흐루쇼프의 1961년 제안에 대해서도 더 이상의 말이 들리지 않았다.

1964년 10월 공산당 중앙위원회가 비밀리에 흐루쇼프를 끌어내렸을 때 거기에 제출된 장황한 고발장에서도, 공식 발표문에서도 스탈린 문제는 언급되지 않았다. 그것보다는 흐루쇼프의 실패한 경제 및 외교정책

(가장 근래의 일은 1962년의 쿠바 미사일 위기)과 끊임없이 계속되는 통치 기관의 개편, 갈수록 변덕스러워지는 행동, '집단 지도 체제'에 대한 오만한 태도에 초점을 두고 있었다.[58] 이 모든 혐의는 상당 부분 사실이었다.

하지만 거의 언급되지는 않았지만 흐루쇼프가 실각한 핵심 원인은 과거와 현재에 대한 그의 반스탈린적 접근 방식 때문이었다. 어찌 됐든 반스탈린주의는 10년의 세월 동안 소비에트 체제를 개혁하고자 했던 흐루쇼프의 원동력이었지만 이제는 날카로운 보수주의자들의 반격에 하향 길을 걷고 있었다. 당과 국가의 고위 관료들 사이에 친스탈린 정서가 급격히 퍼져나간 것이 이 반격의 한 표현이었다. 이제 이 관료들은 "수천 명의 파괴자가 수십 년간 활동한다고 해도 니키타(흐루쇼프)만큼 국가에 해를 끼칠 수는 없을 것이다"라며 남몰래 불평을 토해내고 있었다.[59]

흐루쇼프는 결국 물러났지만 자신의 축출로 이어진 몇 달 동안에도 반스탈린주의를 포기하는 기색은 전혀 보이지 않았다. 1월에는 흐루쇼프의 사위가 편집장으로 있는 관보에서 스탈린의 '악의적이고 범죄적인' 방법론을 채택한 어느 현행 지방 관료에게 이례적으로 주의를 기울였다. 그리고 당의 한 유력한 과두정치 지지자가 흐루쇼프가 최근 인가한 출판물들에 대해 항의했을 때 노쇠한 지도자 흐루쇼프는 다음과 같이 도전적인 답변을 주었다. "옙투셴코의 시와 솔제니친의 소설이 반소비에트적이라면 나 또한 반소비에트 지도자이겠구려." 흐루쇼프가 타도되기 꼭 세 달 전, 그의 사위가 이끄는 그 관보에서 스탈린 정권의 수뇌부에 들어갔던 자들에게 "거짓된 맹비난은 흔히 꼭대기까지 올라가는 사다리가 되었다"고 주장했을 때 흐루쇼프의 반대 세력은 한시도 마음을 놓을 수 없었다.[60]

되돌아보면 자신에게 1964년 레닌 상을 주지 않기 위해 벌인 체계적인 캠페인은 '니키타 정부를 타도하기 위한 예행연습'이었다는 솔제니친의 결론은 아주 정확했다. 당시 중앙위원회 회의의 의사록이 45년 후 마침내 공개됐을 때 증거는 더 드러났다. 공식 회의에 앞선 비밀 토론에서 흐루쇼프는 '스탈린을 무례할 만큼 매도한 일'로 기소되었다. '이 모든 수용소 문학을 지지한' 것 때문에 흐루쇼프에게 분개했던 수슬로프가[61] 상세한 고발장을 읽어 내려갔다. 미코얀만이 흐루쇼프를 변호하려고 애썼다.

새 지도부가 과거와 관련된 반스탈린 정책을 끝내고 독재자 스탈린의 역사적 명성을 회복시키기 시작했을 때, 이에 대한 의심은 그 무엇이든 곧 설 자리를 잃었다. 기득권층은 분명 흐루쇼프의 축출이 의미하는 바를 이해했다. 솔제니친은 그것을 '작은 10월 혁명'이라고 불렀고, 테러에 관한 자신의 미출간 원고를 해외로 밀반출하기 시작했다. 그리고 1950년대 중반에 투옥된 NKVD 요원들은 크게 기뻐하는 한편, 일부 전직 죄수는 "저들이 이제 우리를 차례차례 체포할 것"이라며 걱정했다.[62]

왼쪽 1956년 2월, 제20회 당 대회에서 스탈린의 범죄를 맹렬히 비난하는 '비밀' 연설을 하고 있는 흐루쇼프.(자료 제공: 노보스티Novosti)

아래 미하일 샤트로프(안경을 끼고 있는 맨 오른쪽 사람)와 다른 친구들, 가족과 함께 시간을 보내는, 강제 퇴임 후의 흐루쇼프.(자료 협찬: 미하일 샤트로프)

Список реабилитированных
старых большевиков
для приглащения на Съезд

1. Каганян — с 1903г.
2. Гудинова с 1914г.
3. Шатуновская О.Г. — 1916г.
4. Воронаев Ф.Г. — II 1917г.
5. Снегов А.В. IV 1917г.
6. Демченко (шпиёнок) М.А. — 1918г.
7. Осипов А.В. — 1918
8. Тродде И.Г. — 1918г.
9. Касимов Р. 1918г.
10. Сетал М. — 1919г.
11. Мальков
12. Мильчаков А.И. — 1920г.

알렉세이 스네고프가 흐루쇼프를 위해 준비한 제20회 당 대회에 초대된 '복권된 옛 볼셰비키 지도 자들'의 명단으로, 이들 모두 그해에 당에 가입했다. 올가 샤투놉스카야는 세 번째, 스네고프는 다 섯 번째, 알렉산드르 밀차코프는 열두 번째에 올라와 있다.

1958년, 공산당 통제위원회의 다른 위원들과 함께 있는 올가 샤투놉스카야(맨 오른쪽 좌석)와 발렌티나 피키나(왼쪽에서 두 번째 좌석).(샤투놉스카야 가족 기록보관소)

1963년, 공산당 본부에서 축출된 후의 샤투놉스카야(왼쪽), 아나스타스 미코얀, 그의 아내 아시헨.(샤투놉스카야 가족 기록보관소)

옆 흐루쇼프 정권 하에서 사건 수사를 재개하고 스탈린의 희생자들을 복권시키는 권한을 부여받은 젊은 검찰관 중 한 명인 보리스 라시스키.(자료 제공: 테아트 랄나이아 지즌 誌)

아래 흐루쇼프 정권 하에서 희생자나 희생자의 살아남은 친족에게 발행한 '신성불가침의' 복권 서류의 예이지만, 부하린의 '사후' 무죄를 승인하는 이 서류는 1988년 미하일 고르바초프 정권이 되어서야 미망인 안나 라리나에게 발행되었다.

СПРАВКА   КОПИЯ

Военная Коллегия
Верховного Суда
Союза ССР

« 09 » февраля   19 88г.
№ СП-002/37

2126би. Москва, ул. Воровского, д. 15

Дело по обвинению Бухарина Николая Ивановича, до ареста 27 февраля 1937 г. - Главный редактор газеты "Известия", пересмотрено Пленумом Верховного Суда СССР 4 февраля 1988 года.

Приговор Военной коллегии Верховного Суда СССР от 13 марта 1938 года в отношении Бухарина Н.И. отменен и дело прекращено за отсутствием в его действиях состава преступления.

Бухарин Николай Иванович реабилитировзн посмертно.

НАЧАЛЬНИК СЕКРЕТАРИАТА ВОЕННОЙ
КОЛЛЕГИИ ВЕРХОВНОГО СУДА СССР
ПОЛКОВНИК ЮСТИЦИИ

А. НИКОНОВ

1960년대 초 모스크바, 붉은 군대 사령관 야키르의 아들 표트르와 미망인 사라(두 사람 모두 오랫동안 굴라크 수감자였다), 그리고 표트르의 딸 이리나.(자료 협찬: 알렉산드라 아이헨발트)

1980년 유지니아 긴즈부르크의 아들 바실리 악쇼노프가 미국으로 이민 가기 전날, 굴라크에서 18년을 보낸 아버지 파벨 악쇼노프와 함께 있는 모습.

1975년 8월, 저자(왼쪽)가 부하린의 미망인 안나 라리나와 아들 유리 라린을 라리나의 모스크바 아파트에서 처음으로 만난 모습.

맨 앞, 왼쪽에서 오른쪽으로 린 블레어 코언(당시 저자의 아내), 두 사람의 자녀 알렉산드라와 앤드루, 저자, 유리 라린의 아들 니콜라이('콜랴'), 그리고 안나 라리나의 다른 아들 미하일('미샤') 파데예프. **뒷줄, 왼쪽에서 오른쪽으로** 유리의 이내 싱게 발르드, 안나 그리고 유리, 1976년 말.

1981년 새해 전날, 손녀 에카(왼쪽)와 손자 콜랴, 딸 나데즈다('나댜') 파데예바와 함께 있는 안나 라리나.

라리나와 그녀의 굴라크 짐 가방.

왼쪽부터 저자의 아들 앤드루, 안나 라리나, 예브게니 그네딘, 저자, 유리 라린, 그리고 잉게 발로드,
1976년 말.

1981년, 로이 메드베데프의 아파트에서 그와 함께 있는 저자.

1980년, 안톤 안토노프-옵세옌코의 아파트에서 그와 함께.

1980년 자신의 아파트에 있는 타냐 바예바, 그리고 유리 가스테프.

1980년대 중반, 타냐 바예바의 아파트에서 타냐와 키드리니 반겐 휴벨(저자의 아내).

1980년대 중반, 이고르 퍄트니츠키.

유리 라린과 함께 있는 레오니트 페트롭스키, 그리고 1980년대 초 예브게니 그네딘.

모스크바 노보데비치 수도원에 자리한 흐루쇼프의 묘지로, 묘비는 조각가 예른스트 네이즈베스트니가 흐루쇼프 생애의 어두운 면과 밝은 면을 나타내고자 디자인했다.

제5장

사라진 희생자들이
다시 돌아오다

×

×

×

복권된 자들의 시대는 이제 갔다.
— 어느 공산당 관료, 1967년

지난날의 잘못을 용서하거나
정당화하는 일은 있을 수도 없고 있어서도 안 됩니다.
— 미하일 고르바초프, 1987년

굴라크 생존자를 비롯한 스탈린 희생자들의 무용담은 흐루쇼프의 실 각과 함께 끝나거나 27년 후 소비에트 연방의 몰락과 동시에 사라진 것이 아니었다. 많은 것이 바뀌긴 했지만 소비에트와 소비에트 붕괴 후 러시아에서 스탈린 희생자들의 지위는 스탈린의 공식적 평판에 따라 그리고 1964년 이후에는 불가분하게 흐루쇼프의 평판에 따라 계속해서 불안정하게 흔들렸다. 그리고 이 두 역사적 지도자의 공식적 지위는 여전히 큰 힘을 발휘하는 요인, 즉 지배계급에서 개혁층과 보수층 중 상대적으로 어디에 힘이 쏠려 있는가에 따라 결정되었다.[1]

스탈린이 남긴 유산은 1953년 그의 사망 이후에도 줄곧 러시아의 엘리트 계층뿐 아니라 사회 전체를 극심하게 양분시켰다. 앞에서 지적했듯이 같은 분쟁은 스탈린의 오랜 통치의 이중성에서 비롯된다. 스탈린 시절을 뒤돌아볼 때 여전히 많은 러시아인이 낙후된 농업국가의 산업화에서부터 나치 독일을 상대로 한 승리에 이르기까지 산처럼 우뚝 솟은 국가적 업적을 보는 반면, 역시나 많은 러시아인은 스탈린이 그 못지않게 높이 쌓은 범죄와 수백만 희생자를 본다. 또한 친스탈린 여론은 스탈린의 '실수' 혹은 '월권'은 역사적 업적으로 충분히 정당화된다고 주장하지만, 반스탈린 여론은 그 같은 범죄는 무엇으로도 정당화되지 않으며 스탈린의 무시무시한 권력 남용이 없었다면 러시아는 훨씬 더 적은 비용으로 더 큰 성과를 이뤘을 것이라고 반박한다.

이 해결되지 않는 양극화 논쟁은 거의 60년간 러시아 식자층과 문화계에 남아 있었지만, 최고위층의 정치투쟁에서 가장 중요한 역할을 했다. 1930년대에 스탈린이 정치와 경제, 사회에 도입한 독점적 국가 통치 체제를 깎아내리거나 심지어는 해체하고자 했던 개혁주의자들은 범죄에서 기인한 그 체제의 명성에 손상을 입히고 자신들이 제시한 변화를 합법화하기 위해 스탈린 시대에 이뤄진 범죄 행위를 집중적으로 조명했다. 반면 그 체제를 대다수 그대로 유지해야 한다고 주장한 보수주의자들은 역사적 범죄를 축소시키거나 심지어는 은폐하기까지 했다.

스탈린 사후 소비에트의 정치사는 이 두 노선을 따라 발전했다. 흐루쇼프의 정책은 스탈린에게서 물려받은 체제에 근본적인 개혁을 감행했던 첫 번째 시도에 해당되었다. 이런 이유로 그는 테러를 폭로하고 수많은 희생자를 복권시켰다. 그리고 흐루쇼프의 후임자 레오니트 브레즈네프가 통치한 1964년부터 1982년의 18년 기간은 이러한 개혁에 대한 반발이 일어나고, 얼마 지나지 않아 어느 역사가 겸 전직 죄수의 말처럼 "10월 혁명 이래 러시아에서 처음으로 맞이한 진정한 보수의 시대"로 진입한 시기였다.

보수주의자들이 어디서나 그러하듯이, 브레즈네프 지도부 또한 현행 질서를 정당화할 과거의 영광이 필요했다. 그래서 어느 극보수파 시인의 말을 빌리자면 "스탈린을 다시 대좌에 올려놓자"는 촉구에 따랐다.2 스탈린 시대에 드리워진 이 대좌의 긴 그림자 속에서 범죄의 역사는 그 희생자들과 함께 자취를 감추었다. 그러다 1985년 이후 정권을 잡은 미하일 고르바초프가 페레스트로이카Perestroika라는 급진적 반스탈린 개혁을 펼치면서 재등장했다.

흐루쇼프의 후임자들에게 다시 체포될까봐 두려워했던 굴라크 생존자들은 브레즈네프의 정책을 소비에트 연방의 '재스탈린화'라고 특징짓는 서구의 역사가들처럼, 새로운 정권의 성격을 잘못 이해하고 있었다. 흐루쇼프를 퇴위시켰던 사람들은 방대한 당-국가 행정 관료 시스템의 상층 계급, 즉 노멘클라투라였고 이 계급 자체도 여러 차례 스탈린 테러의 희생양이 되었다. 따라서 이들의 관심은 그러한 정권을 재건하는 것이 아니라, 그 같은 일이 재발하지 않도록 확실히 하는 것이었다.

실제로 소비에트 관료들이 처음 흐루쇼프의 탈스탈린 정책을 지지했던 주요 이유는 폭력적인 개인 독재에서 벗어나고자 하는 갈망 때문이었다. 오랜 세월, 상관들이 휩쓸려나가는 것을 마음 졸이고 지켜보며 살아남은 이 관료들은 자신과 가족에게 안전한 지위와 미래를 보장해주는 평범한 관료계층이 되고자 했다. 그리고 1960년대 초 테러의 종식과 함께 공산당 조직체가 정치적 일순위로 다시 올라서고 비밀경찰이 그 밑으로 들어오면서 이들은 원하던 바를 충분히 얻을 수 있었다.

안정을 향한 그 갈망은 흐루쇼프의 직속 수뇌부가 그에게 등을 돌린 이유이기도 했다. 흐루쇼프의 반스탈린 계획에 따른 폭로와 포퓰리즘적 태도는 이제 새로운 방식으로 지배계층을 위협하는 듯 보였다. 반스탈린주의는 이미 동유럽의 소비에트 제국에 반란을 촉발했다. 그리고 1964년 무렵에는 국내적으로 집단농업부터 일당국가에 이르기까지 소비에트 질서에 의문을 제기하는 한편, '모든 권위'에 대한 도전을 낳고 있었다. 지배계층은 흐루쇼프의 반스탈린주의가 지배집단의 삶을 '일련의 범죄와 실수'로 묘사하고 아이들에게 "체포된 아버지와 체포한 아버지"만을 보게 만들어 "국가의 역사에 침을 뱉는다"고 생각했다.[3]

브레즈네프 지도부는 새로운 테러정권으로 조금이라도 돌아가는 일

없이 이러한 불안정화 추세를 끝내려고 애썼다. 그리고 이를 위해 20년 동안 스탈린 이후 현상現狀을 끌어안는 한편, 흐루쇼프의 반스탈린적 '월 권'을 뒤엎고 그의 다른 개혁들을 길들이며 엄격한 검열을 다시 시행하고 선별적인 억압을 실시했다. 이 새 정권의 표어는 보수주의자들이 있는 곳이면 어디에나 있는 말, 즉 '권위' '존중' '안정' '과거 숭배', 앞으로든 뒤로든 '최소한의 변화' 등이었다. 가장 통찰력 있는 굴라크 귀환자 중 한 명인 레프 코펠레프는 1978년에 브레즈네프 시대의 근간을 다음과 같이 개괄했다. "우리를 지배하는 당은 공산당도, 파시스트당도, 스탈린주의당도 아닌, 현상유지 당이다."[4]

그렇다고 해도 현 상황의 제도와 행정 절차, 이념적 통설이 여전히 스탈린 시대에서 파생되고 있었기 때문에, 현 상황을 보호하기 위해서는 폭군 스탈린과 그 시대를 복권하는 일이 필요했다. 브레즈네프 정권의 어느 고위관료가 역사가들에게 지시했듯이, "우리 소비에트 사회의 **모든** (다시 한번 말하는데 **모든**) 발전 단계는 긍정적으로 평가되어야 한다."[5] 다만 예외가 있었는데 그것은 이따금 '그 모사꾼'으로 언급할 때를 제외하고 공식 역사에서 삭제되었던 흐루쇼프를 설명하는 단계였다.

1960년대 말, 스탈린은 역사적 지도자로 다시 대좌에 올랐다. 스탈린의 집단화 캠페인과 전시 지도력에 대한 심각한 비판이 금지되었고 그 희생자들의 복권이 중단되었으며 대대적인 테러가 일어났었다는 암시가 점점 더 자취를 감추었다. 반스탈린주의는 서구에서 소비에트 연방의 적들이 날조한 '반공산주의 슬로건'으로 규탄을 받았다. 흐루쇼프가 두 번의 공산당 대회에서 했던 것처럼 스탈린의 과거를 비판하는 소비에트 시민은 이제 '소비에트 사회 및 국가 체제를 비방한' 죄로 기소를 당할 수도 있었다. 한때 영예를 누렸던 반스탈린주의 작가와 역사가들은 기소

되거나 출판을 금지당했고, 공식 정계 인사들은 순응하거나 강등되거나 그도 아니면 경력이 끝나버렸다.

거의 알려지지 않았지만 정치 경력이 끝나버린 중요한 예로는 소비에트 연방의 미래 지도자로 잘 자라나고 있던 떠오르는 젊은 당원 렌 카르핀스키를 들 수 있다. 내가 그를 잘 알게 된 것은 수년이 지나서였다. 카르핀스키는 석방된 스탈린 희생자들을 도와줬던 레닌의 옛 친구의 아들이었는데, 1960년대 중반에 이미 공산주의청년조직의 전국 회장이자 당의 기관지 『프라우다』의 수석 편집자가 되어 있었다. 그는 새로운 브레즈네프 정권의 일원들에게 발탁되어 빠른 진급을 보장받았고 그들에게서 "우린 자네에게 희망을 걸고 있네"라는 말까지 들었다. 그러나 굴라크 귀환자들에 대한 노골적인 지원을 포함해 자신의 반스탈린적 신념을 포기하고 싶지 않았던 카르핀스키는 곧 당에서 축출되어 취업이 거의 불가능한 추방자 신세로까지 전락했다.6

스탈린의 90번째 생일인 1969년 12월 21일을 몇 달 앞두고, 크렘린 정부와 가까웠던 신스탈린주의자들은 폭군 스탈린의 절대적인 복권을 위한 저돌적인 캠페인을 개시했다. 렌 카르핀스키 같은 몇몇 정치 내부자와 반체제 인사들은 흐루쇼프가 축출된 직후처럼 이에 항의했지만 성과는 미미했다. 『프라우다』에 실린 추도 기사는 스탈린의 '일대 공헌'과 '실수'를 '균형 있게 다루자'고 공언했다. 그러나 그보다 더 중요한 사실은 이것이 10년 만에 처음 열린 스탈린의 공식 생일 기념 행사였다는 것이었다.

게다가 얼마 지나지 않아 '균형'의 진정한 의미가 드러났다. 한때 스탈린의 시신이 전시되었던 레닌 영묘의 바로 뒤편에는 스탈린의 묘지가 자리했는데, 1970년 브레즈네프 지도부는 그 묘지에 스탈린의 대리석 흉상을 설치해 그를 추켜세웠다. 접근하기가 쉬웠던 스탈린의 흉상은 정기적으로 꽃으로 장식되었다. 이 흉상이 스탈린의 무조건적인 복권이나 스탈린 숭배의 부활을 의미한다고는 볼 수 없었지만, 흐루쇼프가 고발한 범죄에 스탈린이 책임이 없음을 입증하는 결과를 가져온 것만은 사실이었다. 아무리 작은 국가도 범죄자라고 생각되는 인물을 위해 정부 차원에서 기념비를 세우는 일은 없기 때문이다.

독자들에게도 친숙한 이름이 연루된 세 가지 사건은 흐루쇼프의 후임자들이 얼마나 철저하게 그의 반스탈린적 유산을 거부했는지 상징적으로 보여준다. 가장 유명한 굴라크 작가인 솔제니친은 1964년 레닌 상 후보였지만 1974년에 체포되어 소련에서 추방되었다. 1962년 흐루쇼프의 한 보좌관은 어느 역사학회에서 "부하린과 [그의 협력자] 리코프는 당연히 간첩도, 테러리스트도 아니었다"라고 말하며 스탈린의 가장 중요한 정치 희생양이었던 부하린이 무죄 판결을 받아야 한다는 뜻을 내비쳤지만, 1977년 중앙위원회의 한 관료는 부하린의 가족에게 "그가 판결받은 범죄 혐의는 지위지지 않았다"고 통보했다.7 이 같은 발표는 사실상 악명 높은 1930년대 모스크바 재판의 평판을 복권시켰고 이로써 스탈린 테러의 명예를 회복시켰다.

흐루쇼프에게 가장 매몰찬 비난을 받은 생존한 고위 스탈린주의자였던 몰로토프의 운명 역시 시사적이었다. 1962년 몰로토프는 스탈린 시절의 범죄로 재판에 회부될 것이라는 인상을 풍기며 공산당에서 제명되었고 그런 뒤 대중의 시야에서 사라졌다. 그리고 1984년 정치국은 몰로토프를 당에 재가입시켰는데, 이는 결코 우연한 결정이 아니었다. 브레즈네프의 후임이자 고르바초프 전의 마지막 소비에트 지도자였던 콘스탄틴 체르넨코가 93세의 이 수치스러워할 줄 모르는 스탈린주의자에게 축하의 말을 전하기 위해 자신의 사무실로 불러 접견했을 때,**8** 이 두 남자는 눈물을 글썽였다고 한다.

이 세 사건은 대중에게도 알려져 있었지만, 흐루쇼프의 후임자들이 그를 사석에서 얼마나 미워하고 매도했는지는 나중에 기록보관소 문서가 공개되면서 드러났다. 이 후임자들은 '흐루쇼프만큼 우리에게 큰 비탄을 가져다준 적수는 결코 없었다'는 데 입을 모았다. 여기에 수슬로프는 다음과 같이 덧붙였다. "우리는 아직도 흐루쇼프에게서 비롯된 것들을 다 제거하지 못했다." 이들은 '흐루쇼프가 스탈린과 관련해 허락한 수치스러운 유린 행위들'과 자신들이 '인간쓰레기' '사회적 폐물'이라 불렀던 스탈린 희생자들을 흐루쇼프가 지지한 것에 특히 불쾌해했다. 그리고 흐루쇼프가 희생자들의 혐의를 '불법적으로' 벗겨줬다고 은연중에 내비쳤다. 한 예로 솔제니친이 스탈린 정권에서 투옥된 것은 타당했다고 계속 주장하던 브레즈네프는 솔제니친이 '샤투놉스카야와 스네고프 두 사람의 도움으로 복권된' 것에 불만을 표했다. 이는 브레즈네프만이 아니었다. KGB의 신임 국장 블라디미르 세미차스트니 역시 솔제니친이 유죄 선고를 받은 것은 정당했다는 데 동의했다.**9**

그런 점에서 브레즈네프 시대는 스탈린 테러의 많은 대리인에게 비교적 행복한 시절이었다. 비신스키와 울리흐처럼 흐루쇼프의 폭로 이전에 사망한 사람들은 원래 묻혀 있던 영예로운 묘지에 그대로 남았고, 흐루쇼프 정권에서 수감된 사람들은 1000명 이상의 처형에 책임이 있는 어느 '하수인'을 포함해 종종 일찍 석방되었다. 이들 중 많은 수는 자신의 지위와 상, 연금을 되찾았다.**10**

처벌을 면한 무수한 NKVD 요원과 다른 가해자들은 존경받는 경력(누군가는 교수로, 누군가는 검열관으로)을 이어가다가 나중에는, 1968년까지 가장 명망 있는 철학지의 편집장을 지냈던 미틴과 유딘처럼 명예로운 장례식까지 치러졌다. 수천에 달하는 군 장교의 대학살 때 스탈린의 주 공범이었던 클리멘트 보로실로프는 1969년 사망했을 때 국장을 치른 데 이어 크렘린 궁 외벽에 안장되었다. 1982년에 죽은 수슬로프는 이보다 훨씬 더 웅장한 고별식을 치렀다. 그는 스탈린 이래로 가장 공들인 공식 장례식을 치른 뒤, 영묘 뒤편 잔디가 파릇파릇 돋은 크렘린 궁 외벽으로 옮겨져 스탈린 옆자리에 묻혔다.

비신스키의 오른팔이었던 레프 셰이닌의 세탁된 이력은 특히 내 관심을 끌었다. 1990년대에 나는 NKVD 기록보관소에서 자료를 찾던 중 우연히 셰이닌에 관한 정보를 발견했는데, 이 자료는 1930년대의 허위 재판을 위해 부하린을 비롯한 고문받은 희생자들을 준비시킬 때 셰이닌이 루뱐카 형무소에서 개인적으로 맡았던 역할에 대해 상세히 알려주었다. 셰이닌의 충성심(그 또한 비신스키의 대리인으로서 처형에 참석했다)은 그가 아주 악랄한 NKVD 고문관 중 한 명을 "친애하는 동무이자 멋진 사람"이라고 칭찬한 데에서 분명하게 드러났다. 1960년대 말, 셰이닌은 여러 추리물(또 다른 은퇴한 가해자 안드레이 스베르들로프 또한 재능을 보인 장르)을 비롯해 정치국의 정의를 추구하는 '수사관'으로서의 자기 경력을 서술한 회고록의 저자로 호평을 받으며 재등장했다.[11] 그리고 셰이닌의 공식 사망 기사들은 다른 기사들과 마찬가지로 하나같이 찬사만을 보내며 테러에서 그가 맡은 역할에 대해서는 침묵했다.

따라서 흐루쇼프의 실각부터 고르바초프의 당선까지의 기간은 스탈린 희생자 대부분에게는 우울한 시절이었다. 흐루쇼프에게 "중상모략을 당한 여인으로 인생을 마감하지 않게 해주셔서 감사드립니다"라고 썼던 전직 죄수와 달리,[12] 이 20년 동안 많은 굴라크 귀환자는 자신의 범죄 혐의를 공식적으로 벗지 못한 채 죽었다. 그 결과 종종 그 '얼룩'이 자녀와 손자손녀들에게 들러붙어 이들이 소비에트 체제에서 미래를 펼쳐가는 데 걸림돌이 되었다. 테러에 목숨을 잃었지만 사후에 복권되지 못한 수백만 희생자의 일가친척들의 삶도 마찬가지였다. 이런 점에서 2차 희생자는 계속 늘어났다.

흐루쇼프 정권에서 공식적으로 무죄 판결을 받은 귀환자라고 하여 흐루쇼프의 축출 후 불안감이 없었던 것은 아니었다. 얼마 지나지 않아 많은 사람이 불안을 느꼈으며 일부는 관료들에게 '복권된 자들의 시대는 이제 갔다'라든가, 더 불길하게는 '지나치게 많은 사람이 복권되었다'라는 말을 들었다.[13] 1966년 두 반스탈린주의 작가 안드레이 시냡스키와 율리 다니엘에 대한 연출된 재판, 스탈린의 공식적 명성 쇄신, 승인된 역사문학에서 '인민의 적들'이 재등장한 일 등을 고려할 때, 전직 죄수들의 처지가 바뀌었다는 사실은 굳이 통보하지 않아도 알 수 있었다. 내 귀환자 친구 중 몇 명은 스탈린의 묘지에 설치된 흉상만으로도 '심리적 처형'의 기분을 느끼기에 충분했다.

흐루쇼프가 실각하기 전까지 그 옆에서 수행했던 샤투놉스카야와 스네고프, 다른 석방 죄수들의 존재는 소비에트 하급관리들 사이의 귀환자 배척 태도를 억제해주었다. 그러나 1964년 이후에는 더 이상 그런 억압을 느낄 필요가 없었다. 귀환자들의 다른 후원자 미코얀은 흐루쇼프가 축출되고 오래지 않아 '퇴직했다.' 예전에 어느 당 공무원으로부터 자기와 흐루쇼프 사이에 다리를 놔달라는 요청을 받았던 스네고프는 보복성 앙갚음의 특정 표적이 되었다. 그 선동자는 새 지도부의 실세이자 스네고프의 적발로 테러의 공범 행위가 드러났던 미하일 수슬로프였던 듯하나, 이느 힌 관리가 이그르 퍄트니츠키에게 경고했던 것처럼, 다른 관료들은 희생자들의 비순응주의자 자녀들에게 부모의 '운명'을 가지고 협박했다. 일반적으로 브레즈네프 시대가 보수주의자들의 반격이라는 기나긴 겨울로 접어듦에 따라 흐루쇼프 정권에서 복권된 귀환자 중 점점 더 많은 수가 '더 이상 복권된 느낌을 받지 못했다.'14

굴라크에서 풀려난 뒤 이름 없이 체제에 순응하며 살아온 대다수의 희생자에게는 삶의 변화가 거의 없었을지도 모른다. 하지만 흐루쇼프의 정책으로 희망과 활기를 느꼈던 귀환자들은 이제 자신의 장래성을 다시 생각해야 했다. 내가 1976년부터 1982년까지 첫 6년 동안 모스크바에서 이 책에 쓸 자료를 수집하면서 만난 귀환자들 중 절반 이상이 살아생전에 스탈린의 테러가 완전히 드러나고 자신들의 이야기가 널리 알려지며 소련에서 정의가 실현되는 모습을 볼 수 있을 것이라는 희망을 모두 잃었다. 이들은 더 이상 소비에트 체제를 신뢰하지 않았고 이제 흐루쇼프를 '두번 다시 일어나지 않을 기적'으로 여기게 되었다.

1980년대 초 무렵, 유대인 혈통을 주장하는 소비에트 시민들의 이민이 가능해졌을 때 스탈린의 살아남은 희생자 중 많은 이가 소련을 떠났다. 이들이 소비에트 연방과 유대를 맺은 끈은 이미 끊긴 지 오래였다. 하지만 최소한 나에게는 러시아 밖에서 산다는 게 상상도 되지 않았던 사람들까지 나라를 떠났다. 굴라크에서 나온 뒤 모스크바의 비순응주의자 집단에 뿌리를 내리고 살았던 유리 가스쩨프는 1981년에 미국으로 건너가 1993년에 그곳에서 생을 마쳤다. 전직 죄수이자 깊은 러시아인 뿌리를 가진 존경받은 시인이었던 그의 친구 나움 코르자빈도 마찬가지였는데, 그는 소련 몰락 후 러시아를 여러 번 방문했지만 여전히 보스턴에 살고 있다. 심지어 스탈린의 희생자와 새로운 반체제 인사들을 위해 모스크바 아파트를 피난처로 내준 타냐 바예바도 결국에는 남편과 어린 아들을 데리고 미국으로 건너갔다. 친구들은 '우리의 가망 없는 명분을 위해 건배합시다'라는 통례적인 건배로 그녀에게 작별을 고했다.

그러나 스탈린의 다른 희생자들은 저마다의 이유로 소비에트 체제를 구원할 수 있으리라는 믿음을 버리지 않았다. 로이 메드베데프, 예브게니 그네딘, 미하일 바이탈스키, 레프 코펠레프처럼 한때 공산당원이었던 정치 지식인들은 새로운 세대의 반스탈린 개혁주의자들이 언젠가 정권을 잡으리라는 확신, 적어도 희망을 계속 품었다.[15] 이런 가능성에 대한 담론은 공식적으로 금지되었기 때문에, 브레즈네프 시절 이 주제는 해외에서 출간된 로이의 책이나 우리의 잦은 대화, 그네딘의 아파트에서 열린 큰 모임, 그리고 실제로 모스크바와 소련 여러 도시의 주방에서 오갔던 진지한 토론들에 끊임없이 등장했다.

반면 안나 라리나, 나탈리야 리코바, 유리 톰스키, 카밀 이크라모프, 안톤 안토노프-옵세옌코 같은 처형당한 소련 건국 지도자들의 가족은 무엇보다도 언젠가는 국가 체제가 스탈린 추종자들의 잘못을 바로잡으리라는 믿음으로, 소련을 건국했던 사랑하는 이에 대한 충심을 드러냈다. 특히 라리나의 헌신은 전설적이었다. 1937년 라리나는 남편이 체포되기 전날 '미래 세대의 당 지도자들'이 자신의 '무죄를 입증'해주리라는 확신을 가지고 남긴 마지막 '유언'을 암기했다.[16] 그리고 20년을 굴라크에서 보내는 동안 그 내용을 기도문처럼 마음속으로 반복해서 읊조렸고, 1961년에는 남편의 무죄가 입증되길 바라는 마음으로 당 본부에 가서 인정 깊은 샤투놉스카야에게 낭독해주었다. 마침내 부하린의 유언은 1987년 고르바초프 정권 하에서 공표되어 공식 인정을 받았다.

여전히 완전한 구제를 희망하는 스탈린의 희생자들은 또 다른 흐루쇼프가 언젠가 나타나리라는 생각과, 흐루쇼프 시절에 대한 기억에 매달렸다. 1971년 9월 흐루쇼프가 모스크바 외곽의 시골 저택에서 가족과 함께 거의 강제 격리되어 산 지 7년 만에 세상을 떠났을 때, 정부에서 노보데비치 수도원에서 거행된 그의 장례식을 통제했지만 많은 전직 죄수와 희생자의 자녀들이 이에 항거했다. 흐루쇼프의 예전 정치 동료 중에서는 미코얀만이 화환을 보냈다. 흐루쇼프가 역사적으로 행한 이중적 역할을 기리기 위해 가족들이 의뢰해서 세운, 검은색과 흰색으로 된 큰 비석이 특징인 그의 무덤에는 이후 익명으로 많은 꽃이 놓였고 이에 정부는 노보데비치를 대중에게 폐쇄했다.

미하일 샤트로프, 표트르 야키르, 타냐 바예바를 비롯한 수많은 스탈린 희생자가 흐루쇼프의 말년에 어렵게나마 그를 찾아갔다는 사실은 잘 알려져 있지 않다. 한때는 큰 권력을 휘둘렀지만 지금은 실각한 지도자로서, 어떻게 보면 희생자와도 같았던 흐루쇼프는 그들을 따뜻하게 맞아주었다. 포근한 날씨에는 농부의 작업복 윗도리에 밀짚 챙모자를 쓴 투실투실한 흐루쇼프를 진두로 방문자들이 저택의 피크닉 테이블에 둘러앉았다. 이때 많은 이야기가 오갔지만, 그중에서도 흐루쇼프가 재임 시 이뤘던 성과들에 대한 자부심, 스탈린 밑에서 행했던 잘못과 스탈린 사망 후 하지 못했던 일들에 대한 후회가 주를 이뤘다. 흐루쇼프는 솔제니친에 대한 우정도 변함없이 드러냈는데, 한 예로 흐루쇼프는 솔제니친의 금지된 소설들을 밀수본으로 읽고 난 후 애정 어린 말투로 "나도, 그 친구도 미쳤구면" 하고 말했으며 또 자랑스럽게 다음과 같이 덧붙였다. "왜 이런 사람한테 노벨상을 안 주나 몰라."[17] 그리고 흐루쇼프 또한 자신의 '진정한' 계승자, 즉 또 다른 반스탈린 지도자가 언젠가 집권하기를 희망했다.

흐루쇼프가 이와 관련하여 방문자들에게 남긴 말들은 수년 후 등장한 두 권의 출판물에서 그대로 회자되었다. 하나는 흐루쇼프가 브레즈네프 지도부의 대의원들과 참석하기 위해 소환됐던 1970년의 긴박했던 회의를 기록한 의사록이다. 당시 대의원들은 개인적으로 구술한 회고록들을 검열도 없이 서방으로 보냈으니 처벌받아 마땅하다고 위협했다. 흐루쇼프의 아들이 또 다른 굴라크 생존자이자 1956년 석방과 함께 복권된 무명의 기업가 빅토르 루이스를 시켜 그 녹취 테이프를 미국으로 밀반출했던 것이다. 흐루쇼프는 비록 병세가 위중했지만 당당함을 잃지 않았다. 그는 자신이 두 번의 당 대회를 통해 법으로 규정한 반스탈린주의를 왜 부정하느냐며 현 지도자들을 맹렬히 비난했고, 스탈린 정권 하에서 '얼마나 많은 사람이 비명횡사했고 얼마나 많은 사람이 총살을 당했는지' 각인시켜주었으며, 자신이 타도당한 이유이기도 했던 '살인자들은 반드시 드러나야 한다'는 논지를 다시 한번 주지시켰다.**18**

지금은 전체를 빠짐없이 읽을 수 있는 그 회고록들에서 흐루쇼프는 자신이 남긴 반스탈린적 유산을 이어갈 궁극적인 계승자가 언젠가 나타나리라는 소망을 밝히고 있다. 1970년대 대다수의 서양 학자는 그런 일이 일어나지 않을 것이라고 전망했지만, 흐루쇼프는 자신의 방문자들에게 그랬듯 나라의 미래를 긴 안목을 가지고 긍정적으로 내다보았다.

물론 내가 정권을 쥐고 있을 때 이 일을 끝내지 못한 것이 못내 아쉽습니다. 하지만 괜찮습니다. 한 사람이 못한 일은 그다음 사람이 할 테니까요. 만약 그 사람도 못 한다면 또 다음 사람이 하면 됩니다. 정당한 명분은 결코 사라지지 않는 법이니까요.**19**

억압적인 브레즈네프 시절, 흐루쇼프의 낙관론을 공유했던 스탈린 희생자들은 그럼에도 그 목표를 위해 위험을 무릅쓰고 싸울지 말지를 결정해야 했다. 이들은 자신들이 이미 겪은 일들과 가족, 특히 자녀들에게 미칠 영향을 고려해 자연스럽게 각자 다른 선택을 했다. 어느 저명한 작가는 KGB가 한 친구의 아파트를 수색한 일에 겁먹은 나머지, 테러 시대의 희생자와 가해자를 주제로 한 자신의 희곡을 불태웠다.(그는 이 희곡을 1988년에 다시 썼다.) 유지니아 긴즈부르크 역시 KGB 국장이 자신의 회고록을 두고 "우리 적들을 거드는 중상모략적인 작품"이라고 한 것을 알고 원고를 불태웠지만, 곧 다시 써서 1977년 사망하기 10년 전에 서구에서 출간되도록 했다.[20]

스네고프는 짧은 기간, 스탈린의 복권에 결사반대하다가(한 회의에서 그는 흐루쇼프처럼 독재자 스탈린의 전시 중 행동을 비난한 것 때문에 공격을 받던 한 역사가를 변호했다) 소극적인 태세로 물러나 은둔했다. 바로 앞 장에서 언급했듯, 다른 이들은 가족의 격려로 몰래 회고록을 쓰는 일에 몰두했다. 라리나와 샤투놉스카야, 이크라모프, 부하린의 남동생 블라디미르처럼, 일부는 앞으로 있을 해빙기에 대한 실낱같은 희망으로 그저 '보관용으로'만 자신의 이야기를 쓰거나 구술했다. 그러나 그네딘과 바이탈스키, 야키르 같은 이들은 궁극적으로 원고를 유포하기 위해 썼고 기회가 닿을 때는 해외 출간도 했다.

가만히 침묵을 지키기에는 의지가 아주 결연했던 희생자도 적지 않았다. 스탈린 시대에 대한 정부의 검열 때문에 로이와 조레스 메드베데프 형제는 원래 몸담고 있던 전문직에서 정치적 따돌림을 받았지만 대신 서구에서 널리 인정받는 역사가가 되었다. 안토노프—옵세옌코는 내게 종종 각인시켜주었듯이, 사명감으로 '스탈린의 하수인과 KGB 내에 있는 그 계승자들의 가면을 벗기고자' 했다. 1982년 비밀경찰들이 아파트에

들이닥쳤을 때 그는 여러 번 다음과 같이 외쳐댔다. "내가 네놈들도 내 책에 폭로할 거야!" 과거와 현재에 대해 가차 없는 설전을 벌였던 솔제니친과 코펠레프는 결국 소련에서 추방되었다. 긴즈부르크의 아들 바실리 악쇼노프 역시 종국에는 비슷한 이유로 나라를 떠났다.

그러나 저항과 침묵 사이에는 또 다른 흐름이 있었다. 테러가 끝나면서 당-국가의 통제가 좀 더 느슨해졌기 때문에 소비에트 작가들은 가끔씩 검열 시스템의 빈틈에서 혹은 일명 '두 노선 사이에서' 스탈린 시대를 주제로 간접적이거나 애매모호한 비판들을 책으로 펴낼 수 있었다. 1970년대 레오니트 페트롭스키와 안토노프-옵세옌코는 각자의 처형된 아버지에 대한 전기를 어렵게나마 출간했다. 하지만 두 책 모두 주인공들이 실제로 어떻게 죽었는지 알 수 없을 정도로 심한 가위질을 당했다. 게다가 레오니트의 책은 내용이 과도하게 축약돼서 딱 팸플릿으로, 그것도 멀리 떨어진 카자흐스탄 소비에트 사회주의공화국에서 나왔고, 안톤은 가명으로 책을 출간해야 했다.[21] 두 사람은 이러한 타협을 두고 고심했지만 아버지를 대중에게 다시 소개했다는 사실에 위안을 얻었다.

비슷한 예로, 1970년대 소비에트의 허가받은 시인들 중에는 유리 아이헨발트가 희곡작품을 번역하며 그랬던 것처럼 시 구절구절마다 굴라크 경험에 대한 암시를 집어넣었던 전직 죄수가 상당수 있었다. 이 작가들, 즉 니콜라이 자볼로츠키, 아나톨리 지굴린, 보리스 루체프, 안드레이 알단-세묘노프, 야로슬라프 스멜랴코프 등은 서구 독자들에게는 잘 알려져 있지 않지만, 교육받은 러시아인들 사이에서는 인기가 많았다. 이 시인들도 스탈린 정권을 '겪었다'는 것을 알았던 다른 귀환자들은 이들의 출판물을 꼼꼼히 읽으며 수용소 시절의 경험을 에둘러 표현한 곳이 없는지 찾아냈다. 이 귀환자들이 추적 작업을 굴라크 보드게임으로 만들어보려는 나의 시답잖은 노력은 아무런 호응도 얻지 못했다.

하지만 테러에 대해 중간 노선을 택한 이들 중 가장 주목할 만한 작가는 스탈린의 주요 희생자들의 유명한 아들이었던 극작가 샤트로프와 소설가 유리 트리포노프였다. 샤트로프가 쓴 대부분의 희곡은 소비에트 역사 중 스탈린 이전 시대를 배경으로 했다. 그리고 극적인 사건들을 다루고 있었지만, 부하린과 리코프, 톰스키, 트로츠키처럼 그 사건들의 주역임에도 아직 복권되지 않은 인물들은 반드시 빠져 있었다. 가끔씩 나는 샤트로프의 관객들은 대사 사이의 숨은 의미를 술술 읽어낼 수 있었을 뿐만 아니라 별다른 유도 없이도 빠진 부분을 채워넣을 수 있었다는 것을 검열관들이 알았을지 궁금했다.

예를 들어 1970년대 말에 안나 라리나가 사람들이 꽉 들어찬 모스크바의 어느 극장으로 나를 데려가 보여준 작품 「볼셰비키들」에서 샤트로프는 1918년 레닌에게 중상을 입힌 암살 미수 사건에 뒤이어 레닌의 동지들 사이에서 벌어진 열띤 토론, 즉 암살 시도가 볼셰비키 정부의 대대적인 반대 세력 숙청을 정당화하는가 하는 문제에 초점을 맞췄다. 다소 추상적이긴 하지만, 정치적 숙청의 도덕성과 효력, 영향을 주제로 놀랍도록 솔직한 논의가 브레즈네프 시절의 그 무대에서 펼쳐지고 있었다.[22] 내게 가장 흥미로웠던 사실은 관객 사이에서 이와 유사한 또 다른 드라마가 펼쳐지고 있었다는 것인데, 관객은 동의와 분노의 헐떡거림으로 소비에트 사회의 표면 바로 밑까지 올라온 스탈린 테러의 지워지지 않는 트라우마를 표출했다.

트리포노프의 영향력은 더 대단했다. 샤트로프의 희곡보다 더 넓은 독자층을 확보하고 있던 대소설가 트리포노프는 스탈린의 테러 자체와 배신 행위, 그리고 이것이 1970년대 사람들의 삶에 끼친 영향에 대해 썼다. 브레즈네프 시대에 출간된 두 소설에서 트리포노프는 테러 시대에 친구와 동료들을 두고 치명적인 선택을 했던 성공한 소비에트 시민들이 양심의 가책을 느끼며 떠올리는 기억을 탐구했다. 생존자이자 문학인인 레프 코펠레프가 다음과 같이 논평했다. "모든 것을 이야기한다. 그저 금지된 특정 부분을 언급하지 않을 뿐이다. 그는 자신이 암시하는 바를 독자들이 이미 알고 있다고 가정한다."23

일부 소비에트 지식인은 트리포노프가 검열의 테두리를 벗어나지 못했다고 비판했지만, 굴라크 귀환자들은 그의 소설을 찬탄해 마지않았다. 이들은 트리포노프의 개인적인 사연 또한 알고 있었다. 1925년에 태어난 트리포노프는 자신의 소설 속 많은 캐릭터처럼 테러가 낳은 고아이자 때때로 나중에 후회할 선택을 했던 세대였다. 1951년, 트리포노프는 순응주의적 첫 소설로 스탈린 상을 받았다. 하지만 흐루쇼프의 해빙기가 저물어갈 즈음, 자기 아버지의 운명에 대한 매우 솔직한 책을 출간함으로써 부모를 '배신'했던 그때 일을 뉘우쳤다.24 1970년대 그의 소설은 속죄의 폭과 깊이가 훨씬 더 넓고 깊어졌다. 이 점에서 1981년에 죽은 트리포노프는 고르바초프 시절의 주요 특징인 역사적, 정치적, 개인적 뉘우침의 선구자였다고 볼 수 있다.

마지막으로 소비에트 반체제 운동을 비롯해 사미즈다트로 알려진 검열받지 않은 원고의 활성화에 중요한 기여를 한 스탈린의 희생자와 그 가족이 있었다. 손에서 손으로 전달되던 이 타자 원고는 1960년대 중후반, 크렘린 정부의 스탈린 복권에 항의하는 탄원 형태를 띠고 큰 물줄기를 이뤄나갔다. 내가 이 책에서 이미 언급했던 사람들 중 다수가 이 운동의 초기 공헌자였는데, 그녜딘, 코펠레프, 이크라모프, 메드베데프 형제, 인도노프 옵 세옌코, 아이헨발트, 이고르 퍄트니츠키, 율리 킴, 가스테프, 야키르, 페트롭스키, 유리 라린, 타냐 바예바, 미하일 바이탈스키 등이었다.

더구나 테러와 그 희생자들이 소비에트 공식 매체에서 사라지면서 이 같은 주제들은 사미즈다트의 중심 요소가 되었고, 해외에서 출간되어 다시 소련으로 밀반입된 책들 또한 점점 더 그 수를 늘리면서 이 대열에 합류했다. 이런 검열되지 않은 저작물의 독자는 수천 명 정도뿐이었지만, 특히 브레즈네프의 오랜 치세 동안 성년이 된 어린 세대에게 스탈린 시절에 대한 지식을 전수하기에는 충분했다. 여기서도 가장 중요한 책은 테러 시대의 희생자들이 쓴 것이었는데, 로이 메드베데프의 『판단은 역사에 맡겨라』, 솔제니친의 『수용소군도』와 관련 소설들, 긴즈부르크와 코펠레프를 비롯한 다른 생존자들이 쓴 회고록이 있었다.

실제 1970년대 초 산발적인 항거문학이 소비에트 체제의 근본적인 변화를 요구하는 더 큰 반체제 운동으로 발전했을 때, 이를 앞장서서 대변하던 세 사람은 스탈린 테러에 크게 영향을 받은 이들이었다.25 이념적 좌편에서는 굴라크에서 사망한 희생자의 아들 로이 메드베데프가 사회민주적인 마르크스-레닌주의를 대변하고 있었고, 우편에서는 전직 죄수 솔제니친이 러시아의 민족주의 전통을 대표하고 있었다. 그리고 이 둘의 중간에는 장모가 흐루쇼프 정권에서 풀려났던 핵과학자 안드레이 사하로프가 있었다.

희생자에서 반체제 인사가 된 내 지인들 중 대부분은 과거와 그 이후의 삶을 잘 견뎌냈지만, 한 사람만은 그러지 못했다. 1937년 총살당한 최고 군사령관의 아들이었던 표트르 야키르의 비극은 스탈린 테러의 긴 그림자 속에서 펼쳐졌다. 열네 살의 나이에 굴라크에 들어간 야키르는 17년을 그곳에서 보낸 후 흐루쇼프의 도움으로 풀려났다. 외향적인 성격에 건장하고 역사적 정의감에 불탔던 그는 유난히 대담했던 귀환자였지만, 한편으로는 굴라크에 대한 기억에 시달리며 갈수록 알코올중독에 고통스러워했던 사람이다. 그는 자신의 친구가 되어준 흐루쇼프의 타도를 계기로 반체제 운동의 은밀하고 대중적인 활동의 주요 조직위원이 된 것은 물론, 친구 레오니트 페트롭스키와 함께 격정적인 반스탈린 선언문의 공동 집필자가 되었다.

그 결과 1972년 6월 야키르는 체포되었다. KGB 국장이자 미래의 소비에트 지도자였던 유리 안드로포프가 직접 이 사건을 담당했다. 안드로포프는 굴라크 생존자이자 복권된 사령관의 미망인인 야키르의 어머니가 돌아가실 때까지 몇 개월을 기다렸다고 한다. KGB가 야키르에게 정확히 무슨 말을 하고 무슨 짓을 했는지는(야키르가 1940년대 NKVD와 강제적인 공동 작업을 했던 사실을 폭로하겠다고 협박했을지도 모른다) 지금까지 알려지지 않았지만, 14개월 뒤 그는 전국 텔레비전 방송에 출연해 자신의 반체제 역할을 부인했고 다른 사람들의 체포뿐만 아니라 100여 건 이상의 수색과 심문으로 이어질 정보를 제공했다. 결국 야키르가 받은 처벌은 모스크바에서 그리 멀지 않은 도시에서 3년간 유형살이를 하는 것으로 비교적 가벼웠다. 그 후에는 다시 수도로 돌아오도록 허가를 받았다. 만성적으로 병에 시달리며 은둔자로 살던 야키르는 1982년, 바로 브레즈네프가 묻힌 해에 59세의 나이로 생을 마감했다.

야키르의 동료 반체제 인사 중 다수는 야키르가 '무너져 내린' 것을 매몰차게 규탄했지만, 스탈린 테러의 희생자 중에는 그런 사람이 거의 없었다. 굴라크에서 야키르와 그의 어머니를 알았던 안나 라리나는 항상 그를 "아주 훌륭하고 불운했던 아이 페탸 야키르"라고 기억했다.[26] 라리나는 그에 대해 얘기할 때면 늘 감탄과 애정의 마음을 잃지 않았다. 야키르의 딸 이리나와 그녀의 남편 율리 킴의 가까운 친구인 타냐 바예바도 보통 때 같으면 한마디라도 더 해 내게 도움을 주었을 텐데, 야키르의 개인적인 비극에 관해서만큼은 자신이 아는 바를 절대 얘기하지 않았고 그를 비판적으로 말한 적도 없었다. 또 다른 굴라크 귀환자는 단지 이렇게 말했을 뿐이다. "우리 중 누가 잡혀갔든 KGB는 모든 수단을 동원해 우리가 순종하도록 했을 거요."

되돌아보면 반체제 운동의 중요성에 의문을 품은 사람은 아무도 없지만 이 운동이 그 이상의 역할을 했는지에 대해서는 의견이 분분하다. 일부 러시아인은 반체제 운동이 1980년대 후반 고르바초프 정권에서 시작된 민주적 변화를 가져왔다고 주장한다. 하지만 다른 사람들은 이 같은 변화의 필수 조건이 새 지도자와 이를 지지한 지배 엘리트층이었다고 주장한다. 나는 고르바초프의 중추 세력 일원들과 반체제 인사들을 잘 알았던 이유도 있지만, 역사가로서도 후자의 입장에 동의한다. 러시아의 정치 개혁은 언제나 그걸 시작할 힘을 지닌 사람들과 함께 위에서부터 시작되었기 때문이다.

하지만 반체제 인사들이 중요한 공헌을 했던 것만은 분명하다. 이들은 테러를 비롯한 흐루쇼프 시절의 반스탈린주의에 대한 기억이 잊히지 않도록 함으로써, 그리고 민주주의적 신념과 다른 이단적 견해들을 아주 대담하고 고집스럽게 옹호함으로써 소비에트 정치 기구가 보수적인 브레즈네프 시대 뒤에 나타날 변화들을 준비하도록 도왔다. 고르바초프는 과거의 반체제 인사들을 공식 정치에 참여시키고 이들의 저술활동에 붙은 금지를 풀어줌으로써 이 같은 기여를 인정했다.

이 점에서 볼 때, 20년간 공식적인 미움을 사서 대중의 시야에서 사라졌던 스탈린의 희생자들은 어느 정도 본인들의 힘으로 사회에 재등장,

즉 일종의 두 번째 대귀환을 할 수 있었다. 그리고 이번에는 소비에트 정부로부터 훨씬 더 완전하고 열렬한 지지를 받았다. 하지만 희생자들의 나이와 학대받은 세월을 고려했을 때, 아마도 굴라크 귀환자 중 대다수는 살아 있는 동안 이 역사적 발전을 목도하지 못했을 것이다.

고르바초프 시절은 주로 소비에트 연방의 붕괴를 초래한 정권으로 기억되지만, 스탈린의 희생자들을 처음이자 아마도 마지막으로 정계의 전면에 내세운 시기이기도 했다. 한 사회학자에 따르면, 1980년대 후반에는 '나라 전체'가 '스탈린 현상을 되돌아보고' 있었다.[27] 흐루쇼프 정권 하의 산발적이고 파편적인 폭로 수준을 훨씬 더 능가하는 생생한 집단 테러 이야기가 대중 사이에 퍼져나갔을 뿐 아니라, 역사적 정의의 범위와 무죄 판결을 받은 개인의 수 또한 흐루쇼프 때를 능가했다. 1950년대에 석방됐지만 복권을 받지 못한 어느 연로한 굴라크 생존자는 훗날 고르바초프를 '우리의 구세주, 성 미하일'이라고 불렀다.

하지만 새 지도자에게는 이보다 더 큰 최우선 과제가 남아 있었다. 1985년부터 1991년 말까지 고르바초프가 시도한 페레스트로이카라는 소비에트 개혁은 스탈린이 도입한 현행의 일당 지배 체제를 상당히 민주화되고 시장화된 체제로 대체하는 것을 목표로 삼았다. 이에 대한 엄청난 반대를 극복하기 위해 고르바초프는 현 질서를 정당화하는 스탈린 시대의 신조와 금기를 불법화하고자 했고, 그러려면 1929년부터 1953년까지 스탈린이 자행한 범죄를 흐루쇼프 때보다 훨씬 더 철저하게 폭로해야 했다. 결국 고르바초프에게는 스탈린을 대체할 만한 소비에트 역사가 필요했다. 그리고 그 대안의 역사로 떠오른 것이 바로 시장 우선의 덜 가혹한 1920년대의 NEP 정책이었다. 하지만 이 정책은 스탈린이 1920년대의 대표적 정치 인물 니콜라이 부하린에게 찍은 범죄자 낙인 때문에 그때까지도 완전한 회복이 가로막혀 있었다.

부하린을 복권시키는 일은 고르바초프가 1985년 취임 후 무대 뒤에서 제일 먼저 시작한 투쟁 중 하나였다. 당시 당내 후계 세력 중 한 명이었던 미래의 과격주의자 보리스 옐친조차 '아직 이르다'면서 반대했지만, 고르바초프는 '이미 늦었다'고 주장했다. 고르바초프는 1987년이 되어서야 오랫동안 금지되었던 흐루쇼프의 반스탈린주의를 공개적으로 받아들여 근본적으로 개혁하고 '실질적인 범죄'의 책임을 스탈린 개인에게 돌릴 수 있었다. 그는 이 같은 조치에 어떠한 조건도 달지 않았는데, 다음의 말은 이를 잘 대변해준다. "지난날의 잘못을 용서하거나 정당화하는 일은 있을 수도 없고 있어서도 안 됩니다." 11월, 고르바초프는 전국에 방영된 한 텔레비전 연설에서 직접 부하린과 흐루쇼프 두 사람의 이름을 복권시켰다.**28**

그 결과 두 러시아 역사가의 표현을 빌리자면 '부하린주의 열풍'이 소비에트의 정치와 문화에 불어닥쳤다.**29** 부하린은 국가 최대의 적에서 가장 훌륭한 영웅 중 한 명으로, 심지어는 레닌의 진정한 계승자로 승격되었다. 이 '열풍'에는 대중매체의 수많은 찬사, 부하린의 저작물과 연설의 신판 출간, 그의 사상을 찬양하는 연구, 세 권의 장편 회고록과 더불어 안나 라리나의 베스트셀러 회고록들, 1년간의 혁명박물관 전시회, 세 편의 장편 특작영화, 소설과 연극, 시, 깃 휘장과 그림 같은 시각 공예품의 연이은 발표가 포함되었다.

이 열풍의 영향으로 부하린이 스탈린의 제1희생자로 지목되었고 또한 고르바초프의 수석 보좌관에 따르면 역사적 진실 말하기의 "수문이 열렸다." 검열의 점진적인 종결, 즉 글라스노스트가 종종 생존자의 증언으로 이뤄진 오랜 테러 이야기와 함께 소비에트의 매체 전체로 퍼져나가면서, 셀 수 없이 많은 유명 희생자의 이름이 신문과 라디오, 텔레비전 방송, 특별기획 논설집에 재등장했다.[30] 『수용소군도』가 소비에트에서 출간된 1990년은 종종 '솔제니친의 해'로 불리지만, 내 개인적으로 1990년을 비롯해 그전 24개월은 스탈린의 희생자들이 진정으로 돌아온 때라고 생각한다. 솔제니친 자신은 1994년이 되어서야 러시아로 돌아왔다.

고르바초프 정권은 알려지지 않은 희생자들 역시 간과하지 않았다. 흐루쇼프의 위원회는 70만 명을 복권시키는 데 8년이 걸렸지만, 고르바초프는 2년 만에 100만 명 이상의 무죄를 인정해주었고 1991년에는 스탈린의 남은 희생자를 모두 복권시킨다는 내용의 포괄적인 대통령령을 발표했다. 그 사이 밑에서도 정의를 추구하는 움직임이 일고 있었다. 1988년에는 1930년대 후반과 1940년대 초에 총살당한 사람들의 공동묘지를 찾아내는 풀뿌리운동이 일어나 언론에 대대적으로 보도되었고, 1991년까지 거의 100개의 묘지가 발견되었다. 사샤 밀차코프가 내게 화장터를 보여줬던 돈스코이 공동묘지는 '공동묘지 1호'로 지정되었다. 그 묘비에는 다음과 같은 글이 적혀 있다. "이곳에는 정치 탄압으로 무고하게 고통과 처형을 당한 희생자들의 유해가 묻혀 있습니다. 이들이 절대 잊히지 않기를."

스탈린의 희생자들은 사상 처음으로 자신을 대변해줄 독자적인 기관도 갖게 되었다. 그중 가장 중요한 기관은 몇 세대의 사람들이 모여 창설한 것이었다. 1987년에는 젊은 반스탈린주의 활동가들이 테러 희생자들을 위한 국가기념비를 세워달라는 흐루쇼프의 1961년 요청을 되살렸고, 1988년에는 잘 알려진 중년의 지식인들과 다른 유명 인사들이 수만 명의 서명이 들어간 탄원서와 고르바초프의 공개적 지지에 힘입어 메모리얼협회Memorial Society를 설립했는데, 이는 곧 전국에 지부를 두게 되었다.[31] 이 단체의 목적은 죽은 자들을 찾아내 기념하는 것뿐 아니라 점점 줄어들고 있는 희생자들을 어느 정도는 공공 기부를 통해 도와주는 것이었다. 성금 모금 계좌가 발표되었을 때 대부분 적은 액수이긴 했지만 전국적인 성원이 있었다.

1970년대에 내가 알고 지낸 희생자 중 아주 많은 수가 고르바초프가 지도자로 부상하기 전에 죽었지만, 다른 이들은 살아서 새로운 소임에 적응해나갔다. 나는 물론 안나 라리나에게 희소식이 생긴 것이 가장 기뻤다. 부하린과 보낸 삶과 이후 굴라크에서의 삶을 그린 그녀의 회고록들이 1988년 모스크바에서 출간되면서 라리나는 소련에서 가장 유명한 정치 미망인이 되었다. 그녀는 어안이 벙벙한 말투로 이렇게 말했다. "상상해봐요. 이 늙은 죄수가 일흔넷에 미디어의 스타가 되었어요." 라리나의 아들 유리는 앞을 가로막던 정치적 장애물이 사라지면서 마침내 인정받는 예술가가 되었다. 부하린의 딸 스베틀라나 구르비치도 여전히 불안해했지만 곧 역사가로서 인정을 받게 되었다.

나의 다른 지인들도 각자의 영역에서 주목을 받았다. 샤트로프의 연극 「양심적인 독재국가」와 「앞으로, 앞으로」는 1989년 고르바초프가 정식 의회를 발족하기 전에 극장가를 '사실상의 의회'로 만들었다고 전해졌다. 로이 메드베데프와 안드레이 사하로프는 새 입법부에 선출되었다. 레오니트 페트롭스키는 2010년 죽을 때까지 반스탈린주의자였던 아버지에 대한 진실을 어떠한 생략도 없이 계속 써내려가는 한편, 모든 페레스트로이카 논쟁의 장에 모습을 드러냈던 듯했다. 밀차코프의 글들은 공동묘지를 찾는 수색대의 선봉장 역할을 했으며, 더 이상 무명이 아니었던 그와 유리 아이헨발트는 메모리얼의 설립자 명단에 이름을 올렸다. 스탈린과 '베리야의 패거리'에 대한 안토노프―옵세옌코의 고발성 기사는 언론을 도배했다. 레프 라즈곤의 굴라크 이야기는 그가 일류 작가이자 텔레비전 유명 인사로 자리를 잡게 해주었다. 그리고 병환으로 생명이 위태로웠던 카밀 이크라모프는 1989년에 죽기 전, 자기 가족의 비극을 다룬 책을 끝마쳤다.[32]

'비극적이면서도 신성했던' 스탈린의 희생자들은 이제 전 국민, 아니 최소한 고르바초프의 개혁을 지지한 소비에트 관료와 시민들에게 동정적 관심의 대상이 되었다. 생존자와 죽은 희생자들의 두 번째 귀환은 영화와 TV 스크린, 대형 박물관 전시회, '추모의 밤 행사'부터 옥외 집회까지 어디에서나 볼 수 있는 페레스트로이카의 특징이었다. 다음은 1989년 3월 모스크바에서 열린 두 특징적인 사건에 대한 간략한 소개로, 내 아내 카트리나 반덴 휴벨이 『네이션The Nation』에 기고한 것이다.

반스탈린주의는 급속도로 퍼지고 있는 모스크바 집회의 중심 테마였다. 모스크바 국립국제관계대학 앞에서도 이 같은 '정치적 광경'이 펼쳐졌다. 학생 주최자들과 메모리얼협회에서 연출한 이 저녁 풍경은 연설과 영화 상영, 풋내기 로큰롤 밴드들의 공연으로 이뤄졌으며 1000명 이상의 관중이 모여들었다. 연설은 안나 라리나와 명성이 하늘을 찌르던 흐루쇼프의 사위, 새롭게 발견된 NKVD의 도륙 현장을 묘사했던 어느 작가가 맡았다.

연설과 반스탈린주의 영화 「후회」의 클립(필름 중 일부만 따로 떼어서 보여주는 부분―옮긴이) 사이마다 밴드가 나와 '수용소군도'와 'NKVD' 같은 제목의 노래를 불렀다. 중간 휴식 시간에는 관중이 대학 안까지 들어와 메모리얼협회에서 스탈린의 테러를 입증하는 자료와 사진, 희생자들을 기릴 기념비의 예상 디자인을 모아 기획한 전시회를 구경했다. 다음 날, 메모리얼협회는 고르키 공원에서 집회를 열어 약 3000명의 군중을 끌어 모았다. 스탈린의 수용소에서 살아 돌아온 나이 지긋한 어르신들이 유모차를 끄는 젊은 부부를 데리고 줄줄이 공원으로 입장했다.33

부모가 처형을 당하거나 굴라크에서 사망하면서 고아로 2차 희생자의 삶을 살아온 테러의 자녀들에게도 처음으로 특별한 관심이 쏟아졌다. 어떤 자녀들은 부모에게 무슨 일이 있었는지 여전히 아무것도 몰랐고, 어느 정도 알았던 다른 이들도 자신이 알지 못하는 부분 때문에 여전히 괴로워했다. 얼마 지나지 않아 각 신문은 정보를 좀 달라고 호소하는 편지 글로 도배를 했다. 노보시비르스크 시에 살던 어느 남자의 다음 편지도 그중 하나였다.

"1937년에 아버지와 할아버지를 잃었습니다. 그리고 1956년이 되어서야 두 분이 돌아가셨고 사후 복권이 되었다는 사실을 알게 되었습니다. 하지만 제 양심은 지금까지 한시도 편할 날이 없었습니다. 아버지와 할아버지의 무덤에 가서 인사도 드릴 수 없다면 제가 무슨 아들이고 손자이겠습니까?"34

고르바초프의 정책에 힘입어 고위 관료들은 이들을 도와주겠다고 약속했다. 새 입법부의 대변인 아나톨리 루캬노프와, 이와 별도로 평상시 인정이 깊었던 KGB 장군 아나톨리 크라유시킨이 희생자들의 대표단을 맞아주었다.(원래 배우가 되고 싶어했고 또 그 편이 잘 어울렸던 지식인 크라유시킨과 나중에 알게 됐을 때, 그는 1995년에 해고될 때까지 비밀경찰 기록 보관소 소장의 권한 안에서 나를 적극적으로 도와주었다.)35 그러나 이 같은 공식적인 만남도 흔적 없이 사라진 사람들의 친족에게는 구체적인 정보를 거의 제공하지 못했다. 메모리얼에서는 그러한 정보를 알아내는 것을 협회 프로그램의 주축으로 삼았지만, 초기에는 뜻밖의 뛰어난 두 인물의 활약으로 더 많은 정보를 얻어낼 수 있었다.

한 명은 그 자신도 희생자의 아들이었던 사샤 밀차코프였다. 그의 아버지는 1950년대에 굴라크에서 돌아왔다. 그런데도 밀차코프는 돌아오지 못한 자들, 또는 그 가족들에 대한 생각을 멈추지 않았다. 30년 후, 고르바초프의 개혁은 작은 체구에 단정치 못한 차림새가 무색하게 아주 쾌활했던 50대 중반의 남자, 놀란 비밀경찰과 수도원 관계자에게 자신이 전문 기자라는 확신을 주고 싶어서인지 묘지의 진창 속을 걸을 때에도 걸맞지 않게 정장을 입었던 밀차코프에게 날개를 달아주었다. 그를 졸졸 따라다니는 동안, 나는 그가 테러에 소리 소문 없이 사라진 죽은 자들을 찾는 일에 가장 결연한 사람이라고 생각했다.

1988년을 시작으로 밀차코프는 NKVD의 모스크바 공동묘지를 폭로하는 선구적인 기사를 써서 일대 선풍을 일으켰다. 한없이 힘이 넘쳤던 그는 나중에는 개인 희생자들의 운명으로 눈을 돌려 NKVD의 후속 기관인 KGB로부터 처형된 정확한 날짜와 매장 장소, 심지어 수감자의 얼굴 사진까지 캐냈다. 대부분의 KGB 관료가 반대했지만, 몇몇 관료의 도움으로 거둔 밀차코프의 성과는 가히 놀라웠다. 처음에는 수십 명이었다가 나중에는 수백 명의 이름이 적힌 '총살된 자들의 명단'이 모스크바의 어느 유명 신문에 실리기 시작하자, 50년 전에 사라진 사람들의 친족들은 드디어 가족의 소식을 알 수 있을지도 모른다는 희망으로 매 호를 간절히 기다렸다. 대부분의 기다림은 헛된 것이었지만, 그렇지 않은 경우도 많았다.36

또 한 명의 영웅은 이보다 훨씬 더 뜻밖의 인물로, 청바지를 즐겨 입는 평범한 20대 초반의 학생이었다. 1986년, 소비에트 대법원의 하급 기록보관 담당자였던 드미트리 유라소프는 1930년대로 거슬러 올라가는 수백만 건의 알려지지 않은 사건 기록을 우연히 보게 되었다. 파일에는 희생자와 사형선고에 대한 상세한 기록뿐만 아니라 불운한 수감자들이 쓴 간곡한 탄원서도 포함되어 있었다. 그중 하나가 이 책의 서문에서 인용한, 연출가 메이예르홀트가 고문받은 후 쓴 상세한 항변서였다. 유라소프는 나중에 발각되어 해고될 때까지 1년 동안 아무도 모르게 12만 3000건의 사건이 적힌 색인카드를 모아서 집으로 빼돌렸다.

눈에 띄게 잘생긴 외모에 키가 크고 어딘가 침울한 구석이 있었던 이 '기록보관소 소년'은 자신의 놀라운 발견을 대중에게 알린 후 글라스노스트의 유명 인사가 되었다. 1989년 무렵 유라소프는 내 여러 지인, 즉 메드베데프, 샤트로프, 페트롭스키, 이크라모프, 안토노프-옵세옌코, 안나 라리나의 단골손님이었다. 덕분에 나는 그를 라리나의 아파트에서 처음 만난 후 그 뒤로도 계속 보게 되었다. 1990년 나는 내가 교수로 있는 프린스턴 대학을 비롯해 미국 대학들을 도는 그의 순례 강연을 도맡아 시작했다. 하지만 유라소프는 자신에게 오래전에 실종된 친족들에 대해 묻는 많은 사람과도 특별한 관계를 맺었다. 그는 한 명 한 명 모두의 질문에 답변하려고 노력했다. 나중에는 예전 지지자들과 추잡한 논쟁에 휘말리기도 했지만, 이들에게 그는 언제나 '우리의 디마Dima'였다.

스탈린의 희생자들에게 쏟아진 집중 조명은 1960년대 초에 공식적으로 중단되었던 가해자 수색뿐 아니라 새로운 재판에 대한 요구를 가차 없이 되살렸다. 1980년대 후반 소비에트에서 가장 인기가 많았던 잡지의 편집장은 다음과 같이 선언했다.

"살인자들이 아직까지 살아 있다! 제2의 뉘른베르크 재판이 필요하다!"

그 같은 정신으로 기자들은 50년 전 테러에 가담한 뒤 지금까지 살아서 '연금을 받고 있는 하수인들'을 계속 찾아다녔다. 그 결과 소수의 연로한 사람들이 적발되었는데, 몇 명은 여전히 그 희생자들은 '인민의 적'이었거나 자신들은 '명령에 복종한' 것뿐이라고 주장했고, 두려움에 떨며 집에서 몸을 움츠리고 있던 다른 이들은 간신히 자신의 혐의를 이해하거나 자신이 저지른 범죄를 기억할 수 있었다. 몇 년이 지난 뒤 예전에 하급 '하수인'으로 일했던 어떤 사람은 드디어 공개적으로 양심의 가책을 표현했다.[37]

내가 아는 희생자 중 이 같은 상황에 크게 기뻐하는 사람은 거의 없었고 실제 재판에 찬성한 사람은 더더욱 없었다. 일부는 스탈린의 사후 재판 혹은 상징적 재판을 지지했다. 이들은 미디어에서 진행 중인 스탈린 시대에 대한 재판을 옹호했고 국가적 '양심과 회개'에 대한 광범위한 논의가 필요하다고 생각했다. 하지만 대부분이 의미 있는 재판은 '오로지 역사의 법정에서만' 내릴 수 있을 것이라는 로이 메드베데프의 의견에 동의했다.[38] 한편, 2차 희생자로 살아가는 고통을 직접 겪었던 안나 라리나와 다른 이들은 가담 정도가 낮은 공범들의 무고한 가족들이 현재 추적을 받고 있는 것에 우려를 표했다. "자기 아버지와 할아버지의 이름과 사진, 주소가 언론에 노출된다면 그 사람들이 어떤 삶을 살겠어요?"라고 라리나는 반문했다.

라리나와 나는 그 비슷한 사건에 두 번이나 휘말렸다. 내가 쓴 부하린의 전기가 1989년 모스크바에서 출간되었을 때, 스탈린의 대학살에서 살아남은 유일한 젊은 부하린주의자로 이제 91세가 된 발렌틴 아스트로쁘가 자신이 친구들에 대한 거짓 자백을 해서 목숨을 건졌다는 (이후 사실로 확인된) 내 책의 내용에 반박하기 위해 갑자기 모습을 드러냈다. 아스트로프는 '진상을 밝히자'는 가족의 촉구에 따라 자신의 행동을 정당화하는 장문의 편지를 주요 신문에 게재한 것이 분명했다.**39** 이 신문의 편집장은 라리나와 내게 어서 대답을 하라고 촉구해 아스트로프를 더욱 부끄럽게 만들었다. 우리 둘 중 누구도 그렇게 할 마음이 없었다. 그 후 유리 아이헨발트가 아스트로프에게 전화해 자신의 부모님을 배신한 것에 대해 악담을 퍼부었을 때, 유리는 그 노인이 자신이 한 짓을 기억하지 못한다는 인상을 받았다.

루뱐카 형무소에서 부하린을 심문했던 라자르 코간의 65세 딸과 있었던 일은 더욱 고통스러웠다. 라리나는 코간이 남편의 파멸에 직접 가담한 사람인데도 코간과 그 가족에게 약간의 연민을 느끼고 있었다. 훗날 라리나는 1937년 부하린의 체포 후, 당시 젊은 NKVD 대위였던 코간과 잠시 마주했을 때 그가 자신의 손을 와락 잡던 때를 이렇게 회상했다. "코간이 내 손을 꽉 쥐었다. 그의 얼굴을 흘깃 봤을 때 그 두 눈에서 형언할 수 없는 회한을 보고 나는 깜짝 놀랐다."**40** 이것은 세월이 흘러 내 주선으로 라리나와 코간의 딸이 만났을 때 라리나가 그 딸에게 부하린과 코간은 '둘 다 희생자'였다고 말한 이유 중 하나였다.

코간의 딸이 스탈린 시절 고아원에서 그리고 나중에는 혼란스러운 소도시에서 암울한 인생을 살았다는 것을 알게 되면서 내 마음속 갈등은 더 커졌다. 그녀는 열 살이던 1938년, 아버지가 병원의 침상에서 사라졌을 때(그는 부하린이 죽고 거의 정확히 1년 후인 1939년에 총살을 당했다) 유년 시절 기억과 아버지에 대한 사랑에 매달렸다. 이 'NKVD 하수인'이 어떤 식으로든 복권 조치를 받을 날이 있을 것이라는 한 가닥 희망과 함께, 그녀에게 남은 것은 코간이 아내 및 어린 딸과 함께 동료 요원들 사이에서 찍은 빛바랜 사진들과 아버지에게서 받은 짧은 손 편지 한 통이 전부였다.

1937년 8월, 코간이 딸의 생일에 그 편지를 썼던 시기는 여전히 비협조적이었던 부하린의 곧 있을 재판을 준비하라는 강한 압박을 받은 때이자 자신의 '봉사'로 레닌 훈장을 받은 직후였다. 코간의 딸이 아버지의 편지를 내게 보여줬을 때, 나는 무표정한 채 침묵 속에서 그 편지를 읽었다. 독자 여러분은 스스로 그 내용을 음미하며 당시 상황을 판단해보기 바란다.

사랑하는 내 딸아!

생일 축하한다. 내 따뜻한 포옹과 키스를 받으렴. 앞으로 네가 찬란한 조국, 세상에 단 하나뿐인 이 아름다운 소비에트 국가와 함께 무럭무럭 자라나가길 빈다. 이 조국에서 모든 것은 너를 위한 것이란다. 너는 아빠가 살아가는 이유이자 일하는 이유야. 아빠가 받은 훈장도 너를 위한 것이고 이 땅의 모든 아이를 위한 것이란다. 그러니 커서 너의 조국과 우리 지도자 스탈린 동지의 훌륭한 딸이 되거라.

아빠가

학자에게 객관성은 중요한 자질이지만, 고르바초프 시절 내 객관성은 자주 시험에 들었다. 카트리나와 내 입국비자가 다시 나오면서 우리는 예전처럼 1년에 몇 달은 소련에 살고 있었다. 나는 새로운 반스탈린 지도부의 가능성을 내다봤던 몇 안 되는 서구 학자 중 한 사람으로서, 고르바초프가 전개하는 개혁을 공정하게 분석하고 싶었다. 하지만 내 책의 소비에트 출산이 부하린의 정치적 재발견과 함께 이 극적인 변화들의 예고된 상징이 되면서 미디어의 인터뷰 요청과 공공 행사 연설 요청이 잇따랐다. 나는 예상치 못한 반응에 당황했다.

나는 빠르게 전개되는 변화에 대한 내 분석과, 이 변화로 삶이 바뀐 사람들과의 내 오랜 친분관계 사이에 선을 긋고자 노력했다. 하지만 그 선은 어디까지였을까? 이것은 당에 다시 들어갔다가 1991년에 탈당하여 지금은 큰 존경을 받는 작가이자 편집인으로 지내는 렌 카르핀스키와 내가 이따금 논의한 문제였다. 1989년, 그해 노동절 행진 행사를 앞두고 나는 붉은 광장에서 소비에트 국영텔레비전에 출연해 짧게 연설을 해달라는 갑작스런 공식 초청을 받았다. 말도 안 되는 제안이었기 때문에 처음에는 직감적으로 거절해야겠다는 생각이 들었다. 하지만 안나 라리나를 비롯해 과거에 알고 지냈던 몇몇 굴라크 생존자는 의견이 달랐고, 다음과 같은 특유의 화법으로 나를 설득했다. "스티브, 당신은 오늘 일어난 일들이 그냥 어쩌다보니 생긴 거라고 하는데 그렇지 않아요. 이건 우리의 공동 운명이에요."

이에 나는 카트리나와 내 아들 앤드루를 대동하고 연설장에 갔다. 우리는 수천만 관중으로 미어터질 듯한, 꽃 줄이 장식된 붉은 광장을 지나 레닌 영묘 옆쪽의 자리로 안내되었다. 다른 연설자들은 벌써 도착해 있었다. 그중에는 이 자리에 어울리지 않게 젊다 싶은 활동가도 있었는데, 막 지역 당수를 누르고 한때 스탈린그라드라고 불렸던 볼고그라드의 시장이 된 친구였다. 고르바초프와 측근들은 우리의 위쪽, 영묘 꼭대기에 서서 3시간짜리 행진을 살펴보고 있었다. 드디어 수천만 텔레비전 시청자에게 말할 차례가 왔을 때, 나는 교수다운 태도(와 러시아어 문법)를 유지하려고 애쓰며 역사적 대안들에 대해 모호하게 이야기했다. 하지만 며칠 뒤, 어느 러시아 국회의원 후보로부터 집회에서 자신을 대변해달라는 요청을 받았을 때 나는 그날 내가 그 선을 허물었다는 것을 깨달았다. 나는 단호하게 요청을 거절하고 정치적 방관자로 물러났다.

하지만 우여곡절 끝에 자신들의 고통을 공식적으로 인정받은 스탈린 희생자들에 대한 연민까지 자제할 필요는 없다고 느꼈다. 나는 애매모호한 태도를 과감히 벗어던지고 흐뭇한 마음으로 희생자들을 위한 행사에 참여했고 가끔씩 안나 라리나와 함께 추모의 밤 행사에도 갔다. 내가 예전부터 알았던 많은 굴라크 생존자가 벌거벗은 존재로 인정받지 못하며 살아온 세월을 뒤로하고 새로운 상황에 행복한 얼굴을 하고 있었다. 라리나의 아들 유리도 어머니에게서 그러한 소생을 엿보았다. 훗날 유리는 내가 영화 제작자 로즈마리 리드와 함께 만든 라리나에 관한 PBS 텔레비전 영화 「혁명의 미망인」에서 다음과 같이 당시를 떠올렸다. "저는 어머니가 무척 자랑스러웠습니다. 어머니는 오랜 세월 치욕을 당하며 살아오셨는데 이제는 무척 위엄이 있으셨죠."

개인적으로 감정이 더욱 격해진 순간도 있었다. 1988년 어느 잊지 못할 저녁에 나는 카트리나, 라리나와 함께 긴즈부르크의 굴라크 회고록을 각색해 모스크바에서 상연한 연극을 보러 갔다. 긴즈부르크가 체포되어 심문받는 장면과 그녀의 가족들이 두려움에 떨며 걱정하는 장면이 무대에서 펼쳐졌을 때, 극장 안에 있던 연세가 지긋한 생존자들은 10년 전 샤트로프의 암시적인 연극에서처럼 중얼거리는 것이 아니라 두 귀에 또렷이 들리도록 마음에서 우러나온 말들을 다음과 같은 감탄사로 쏟아냈다.

'그래, 저거야! 바로 저렇게 했어!'

'나도 저렇게 당했는데!'

'짐승만도 못한 놈들!'

안나는 조용히 앉아 고개만 살짝 끄덕일 뿐 눈가에는 눈물이 말라 있었다. 내 눈은 그렇지 않았다.

고르바초프 시절에는 보기 드물게 역사와 정치, 개인의 기억이 조합을 이룬 사건이 많았는데, 1989년의 또 다른 공개 행사, 즉 1964년 공식적인 불명예 이후 최초로 흐루쇼프를 추모한 사건은 이를 전형적으로 보여주는 예였다. 행사는 모스크바에 있는 이름 있는 큰 강당에서 열렸다. 나는 라리나와 메드베데프 그리고 불과 몇 년 전에 나와 비밀리에 인터뷰를 했던 몇몇 사람과 함께 강연을 하게 되었다. 강연자 연단에 앉아 있으니 많은 전직 죄수가 밝은 실내를 가득 채우고 있는 것이 보였다. 이들은 지금 눈앞에서 펼쳐지는 역사적 변화에 나 못지않게 놀라며 자신을 풀어주었던 은인에게 마침내 경의를 표할 수 있게 되었다. 어떤 사람들은 눈물을 흘렸다.

그 후에 열린 피로연에서 기자들은 흐루쇼프의 모순된 역할을 두고 논쟁을 시작했다. 그 무렵 대부분의 사람은 흐루쇼프가 스스로의 손에 피를 묻힌 일, 진실을 있는 그대로 밝히지 못한 일, 파스테르나크의 『닥터 지바고』와 바실리 그로스만의 걸작 『삶과 운명』을 금지시킨 일, 1956년 이후 억압적인 조치로 몇몇 노동수용소를 다시 죄수들로 채운 일 등 그의 어두운 경력을 알고 있었다. 하지만 그렇다고 굴라크 귀환자들이 느끼는 고마움이 줄어든 것은 아니었다. 이들은 사실상 한목소리로 예브게니 그녀딘이 1970년대에 내게 했던 다음의 말을 복창했다. "흐루쇼프가 어떤 나쁜 짓을 했는지 다 알고 있소. 하지만 내게 삶과 가족을 되돌려준 사람에게 내가 뭘 더 바랄 수 있겠소?" 시인 안나 아흐마토바는 더 간결하게 이렇게 말했다. "나는 흐루쇼프 추종자이지요."[41]

그러나 꽤 많은 수의 소비에트 엘리트와 일반 시민은 흐루쇼프나 그의 명예를 회복시킨 사람을 존경하지 않았다. 1990년에는 페레스트로이카의 정치적, 경제적 개혁이 과거의 신성했던 역사를 '순교사'로 바꿔놓고 고용안정성과 수백만 국민의 생활 수준을 위협하며 수십만의 당과 국가 관료에게서 권력을 빼앗는 한편 더 급진적인 변화에 대한 요구를 촉구한다는 이유로, 전국적으로 반대운동이 일어났다. 이 사람들 대부분과 이들을 대변하던 세력에게 고르바초프의 정책은 배반 행위였고 그가 표방한 반스탈린주의는 '전직 죄수들의 이데올로기'였다.[42]

후자의 주장은 정치적 근거가 전혀 없었지만 어느 정도 역사적 진실이 담겨 있었다. 고르바초프의 고위급 측근 중 엄청난 수가 스탈린 희생자들의 친족이었는데, 그중에는 외무부 장관 예두아르트 셰바르드나제, 고르바초프의 권력 장악을 도왔던 강력한 당수 예고르 리가초프, 그리고 보리스 옐친이 있었다. 게다가 농부였던 고르바초프의 조부와 외조부도 1930년대에 체포되었다. 이 두 분은 결국 풀려났지만 고르바초프 아내의 조부는 테러에 돌아가셨다. 반면, 이러한 가족사는 페레스트로이카 정치체제에는 영향을 미치지 못했다. 리가초프는 곧 공산당에서 고르바초프의 주요 적수가 되었고 셰바르드나제는 사임했으며 옐친은 훗날 고르바초프 정권을 끌어내렸다.

결과적으로 고르바초프의 반스탈린 정책은 엄청난 영향력에도 불구하고 생존한 테러 시대 죄수들에게 물질적 안정을 거의 가져다주지 못했다. 물론 희생자들은 몰수당한 재산 중 일부를 마침내 돌려받기도 했다. 한 예로 비신스키가 1937년에 유죄 선고를 받은 세레브랴코프에게서 빼앗은 시골 저택은 그가 죽은 후 총리 알렉세이 코시긴 등 몇몇 최고위 관료가 차지했다가, 희생자의 딸이 1950년대에 굴라크에서 돌아오고 30년이 지난 후에야 나이가 지긋해진 그 딸에게 돌아갔다. 내가 앞에서 언급했던 소수의 작은 소지품은 고르바초프 정권 하에서 복권된 가족들에게 익명으로 보내졌다.

하지만 고르바초프의 정책이 스탈린 희생자들에게 쏟은 관심과 약속에도 불구하고 많은 생존자는 1990년에도 여전히 궁핍한 생활을 이어가고 있었다. 그래서 이들을 대표하던 단체 중 한 곳에서는 개개인의 기부를 애원하는 '굴라크로부터의 SOS'를 요청했다.[43] 파산과 정치적 붕괴의 길을 걷고 있던 고르바초프 정부는 법률로 제정된 사회적 혜택을 대부분 제공할 능력이 없었다. 그리고 1991년 12월, 스탈린의 희생자들을 길러내고 체포한 뒤 복권시켰던 국가는 역사 속으로 영원히 사라졌다. 내가 아는 거의 모든 굴라크 생존자가 이 절멸을 애석해했다.

부하린의 공식 무죄 판결과 처형 50주년, 탄생 100주년을 기념하는 1988년의 혁명박물관 전시회 앞에서 아나 라리나와 저자.

위 1989년 러시아 트레티야코프 전시장에서 열린 유리 라린의 첫 메이저 전시회.
오른쪽에서 왼쪽으로 안톤 안토노프-옵세옌코, 레오니트 페트롭스키, 유리, 이탈리아의 유명 마르크스주의자의 아들인 줄리아노 그람시, 유리의 아들 콜랴, 저자, 그리고 저자의 인디애나 대학교 교수이자 프린스턴 대학교 동료인 로버트 C. 터커.
아래 전시회에서 안톤, 레오니트와 함께 있는 카트리나.

위, 왼쪽에서 오른쪽으로 극작가 미하일 샤트로프, 저자, 안나 라리나, 1987년에 죽은 유리 라린의 아내 잉게 발로드, 유리. 1985년 샤트로프의 아파트에서.
아래 소설가 줄리안 세묘노프와 함께 있는 저자와 카트리나. 1985년 그의 아파트에서.

1989년 돈스코이 공동묘지에서 테러 시대의 공동묘지를 가리키고 있는 알렉산드르 ('사샤') 밀차코프.

1989년 모스크바의 한 공원에서 열린 반스탈린 행사에 참석한 저자. 현수막에는 '스탈린주의를 여론의 심판대로!'라고 적혀 있다.

위 1989년 노동절 날 소비에트 국영 텔레비전 연설 후 붉은 광장을 구경하는 저자와 아들 앤드루, 훗날 앤드루의 아내가 된 산드라 창.
아래 그리고 1989년 '양심의 주간Week of Conscience'의 한 행사에 저자가 참석한다는 소식을 알리는 포스터 앞에서.

흐루쇼프의 타도 이후 처음으로 그를 기리는 1989년의 공개 행사.
위와 아래, 왼쪽에서 오른쪽으로 저자, 안나 라리나, 로이 메드베데프, 그리고 흐루쇼프가 소비에트의 지도자일 때 케네디 행정부의 관료였던 카트리나의 아버지 윌리엄 반덴 휴벨.(아래 사진 제공: 표트르 크리메르만)

1991년, 안나 라리나와 유리 사이에서 2개월 아기 니카를 안고 있는 카트리나.
뒤쪽 줄 왼쪽에서 오른쪽으로 에카, 저자, 나댜, 그리고 유리의 아내 올가 막사코바.

1995년 안나 라리나와 니카.

위 1992년 레프 라즈곤, 니카, 그리고 가족의 친구인 갈리나 셰벨료바.
아래 오른쪽 1999년 라리나의 가족 저택에서 안톤과 함께 있는 저자와 카트리나, 그리고 니카.
아래 왼쪽 1993년 저자와 니카와 함께 있는 스베틀라나 구르비치–부하린.

1930년대 초, 얼마 지나지 않아 루 뱌카 형무소에서 부하린을 심문하 게 되는 NKVD의 고문관 라자르 코간, 그리고 그의 딸 타티야나.

1993년 안나 라리나와 함께 있는 코간의 딸 타티야나.

1995년, 고르바초프 재단에서 미하일 고르바초프와 함께 있는 저자와 안나 라리나.

1996년 안나 라리나의 장례식.
앞줄 왼쪽부터 미샤, 나댜, 저자, 유리, 그리고 미샤의 아내 토냐. 콜랴는 미샤와 나댜 뒤에 서 있
다.(자료 제공: 모스크바 타임스The Moscow Times)

모스크바 근처인 부토보에서 발견된, 부하린이 묻힌 것으로 추정되는 NKVD 공동묘
지에서 열린 기념식. 부하린의 딸 스베틀라나는 앞줄 맨 왼쪽에 서 있다.(자료 협찬: 엠
마 구르비치)

2009년, 안톤이 설립한 국립 굴라크 역사박물관에서 저자와 안톤 안토노프―옵세옌코.

위대한 지도자가 가까이 왔습니다.
그분의 재림을 기다린 수백만 국민과 함께
우리는 또다시 주문처럼 반복해 외칩니다.
그날이 멀지 않았다고, 그분이 가까이 왔다고,
그분이 다시 올 것이라고.
— **러시아 초국가주의자, 1999년**

정말 그분일까요? 맞습니다. 스탈린이 돌아왔습니다.
— **러시아 초국가주의자, 2004년**

스탈린의 희생자들과 러시아의 미래

내가 이 책을 끝마친 지금은 소비에트 공산주의가 막을 내린 지 20년, 스탈린이 죽은 지 거의 60년이 지났지만, 스탈린의 역사적 역할은 지금까지도 러시아를 양극화한다. 이를 둘러싼 논쟁이 다시 주요 정치 사안으로 떠올랐던 2009년과 2010년에 실시한 설문조사에서 많은 러시아인은 스탈린을 '수백만의 무고한 생명을 죽인 잔혹하고 무자비한 독재자'라고 답했다. 하지만 스탈린을 '정직한 시민을 탄압한 적은 없는 위대하고 지혜로운 지도자'로 생각하거나 스탈린에게 희생된 사람들의 수는 그가 이룬 업적에 비하면 별로 중요하지 않다고 믿는 사람도 많았다.[1]

어째서 스탈린의 통치를 둘러싼 분쟁은 사그라질 줄 모르고 21세기에까지 와서 더욱 격렬해지는 것일까? 한 반스탈린주의 소비에트 기자는 고르바초프의 개혁에 대한 반대를 설명하면서 다음과 같이 그 답변을 일부 들려줬다.

"우리가 우리 피부와 떨어져 존재할 수 없듯이, 한 나라도 그 역사와 분리해 생각할 수 없는 것이죠."**2**

스탈린주의는 러시아 근대사에서 큰 부분을 차지하는 요소로 그 형성에 크게 기여했고 정신적 외상을 초래할 정도로 강력했기 때문에, 미국사의 형성과정에 못지않게 중요했던 노예제도가 폐지 후에도 수십 년 동안 미국을 분열시켰던 것처럼 지금까지도 이 나라를 무겁게 짓누르며 분열을 초래하고 있다.

하지만 비록 그게 주된 이유는 아닐지라도 이 같은 요소는 소련의 몰락 이후 러시아의 발달과정에서도 동일하게 발견된다. 서양의 시사해설자들은 대개 친스탈린 정서의 부활을 2000년에 포스트소비에트 러시아의 2대 대통령이 된 KGB 요원 블라디미르 푸틴의 세계관과 정책의 결과로 본다. 그러나 실제로 모스크바 시민들이 일컫는 이른바 '스탈린주의의 르네상스'는 격동의 1990년대에 포스트소비에트 초대 대통령 보리스 옐친의 정권 하에서 시작되었으며, 위로부터가 아닌 아래로부터 일어난 움직임이었다.

옐친은 10여 년 임기 중 초창기에 스탈린의 테러를 규탄하는 일에 있어 고르바초프를 넘어서는 세 가지 칙령을 발표했다. 하나는 스탈린 정권에서뿐 아니라 1917년 이후 정치 탄압을 받은 모든 시민을 복권시킨 것이었다. 또 다른 칙령은 체포된 부모를 둔 수백만 자녀를 마침내 희생자로 인정하고 이들에게도 보상 자격을 주는 것이었고,**3** 세 번째 칙령은 소비에트 정치 희생자들을 위한 국가 애도의 날을 공표한 것이었다. 게다가 옐친은 희생자와 그 가족들에게 옛 NKVD의 기록보관소에서 자신들의 사건 파일을 조사할 수 있는 권리를 부여하는 법을 통과시켰다.

이것은 기록보관소에 접근할 경제적 수단과 끈기, 이해력이 있던 생존자들에게 엄청난 경험이었다. 나는 몇 번이나 그 광경을 목격했다. 1992년 건강이 쇠했던 안나 라리나는 내가 대신 부하린의 감옥 기록을 살펴볼 수 있도록 법적 허가를 받아주었다. 나는 모스크바 중심에 위치한 루뱐카의 낡아빠진 '사무동' 건물, 1930년대 체포된 가족의 소식을 얻을 수 있을까 해서 사람들이 절박한 마음으로 찾아왔을 그곳에서 두꺼운 서류철을 살펴보는 동안, 열댓 명의 어르신이 서로 인접해 있는 탁자 위로 허리를 굽힌 채 빛바랜 서류에 얼굴을 딱 붙이고는 살펴보는 모습에 깊은 감동을 받았다.

이 노인들은 페이지를 천천히 넘기며 자신이 사랑한 이들을 파멸로 몰아가고 자신의 운명을 결정지었던 거짓 증언과 자백들을 하나하나 면밀하게 살폈다. 어떤 사람들은 오랫동안 비밀에 부쳐진 파일을 읽을 기회가 생겨 감사하다고 말하며 매일매일 이곳을 찾아왔다. 하지만 몹시 화가 난 나머지 그 자리를 박차고 나가 다시는 돌아오지 않은 사람들도 있었다. 유지니아 긴즈부르크의 아들이자 세상을 알 만큼 알았던 작가 바실리 악쇼노프조차도 이 경험에 마음이 크게 흔들렸다. "소비에트 비밀경찰의 문서를 읽는 일은 영혼을 어둠으로, 몸을 납으로 채우는 일이다. 특히 내 어머니의 '사건' 기록을 읽을 때는."[4]

스탈린의 희생자들을 지지한 옐친의 확장된 정책은 처음에는 큰 의심 없이 받아들여졌다. 테러를 다룬 생생한 이야기가 텔레비전에 정기적으로 등장했다. 1988년 모스크바에 설립된 메모리얼협회는 전국적인 기관으로 성장해 더 많은 집단처형과 매장지를 폭로했고 희생자들의 권리를 위해 의회에 로비를 했으며, 전국의 옛 굴라크 수용소에서 열리는 기념 행사를 후원했고 그 무수한 무고한 시민들에게 무슨 일이 있어났는지에 대한 주목할 만한 연구들을 쏟아냈다. 그리고 또 다른 기관 '귀환Return'

이 생존자들의 회고록을 모아 출간할 목적으로 결성되었다. 이처럼 스탈린 테러의 규모를 정식으로 승인하고 여전히 위대한 지도자로 인식되는 그의 명성을 공식적으로 무효화하는 작업은 잘되어가는 것처럼 보였다.

이 절차는 옐친이 '충격요법'이라는 경제안을 채택하기로 결정하면서 중단되었다. 1990년대 초, 자유시장 자본주의로의 빠른 전환을 위해 도입된 이 경제안은 포스트소비에트 러시아를 1930년대 미국의 대공황 때보다 더 큰 경제적 붕괴로 몰아넣었다. 민영화로 러시아의 가장 귀중한 경제적 자산들이 크렘린 정권 내부자들에게 넘어갔고, 초인플레이션이 발생하면서 봉급과 연금, 노후대비저축의 가치가 휴지 조각이 되었다. 러시아인의 75퍼센트가 가난해졌고 이들이 누리던 전통적인 사회적 특권 또한 사라졌다. 수백만 명의 아이가 갑자기 집을 잃었다. 남자의 평균 수명이 60세 아래로 떨어졌다. 공직자의 부패와 마피아 같은 범죄가 나라를 휩쓸었다.[5]

오늘날의 희생자가 수천만 명이나 속출하면서 과거 시대의 희생자에 대한 관심은 '대단원의 막'을 내렸다.[6] 1996년 안나 라리나가 죽었을 때 그녀의 장례식에 참석한 정부 관료나 공산당 의원은 한 명도 없었다. 한편 스탈린의 명성은 사회적 고통과 분노, 소비에트 시대에 대한 향수의 해일을 타고 높이 치솟았다. 러시아의 추락한 국제적 입지는 초강대국을 건설한 전시戰時 지도자로서의 그의 위상을 드높였고, 급작스럽게 부를 얻은 자와 빈곤한 자, 이 두 러시아가 출현하면서 스탈린의 경제 긴축정책이 사회정의처럼 받아들여졌다. 또한 노골적으로 불로재산과 특권을 누리는 계층이 생겨나면서 스탈린의 탄압이 인민의 실제 적에 대한 응징이었다는 재해석이 등장했다.

이 장밋빛 기억 중 역사적으로 사실인 것은 거의 없었지만, 중요한 것은 과거에 대한 사람들의 인식이었다. 1990년의 설문조사에서는 스탈린의 지배를 긍정적으로 바라본 러시아인이 10퍼센트 미만이었다. 그러나 10년 뒤 이 숫자는 3배가 되었고 2005년에는 50퍼센트 이상으로 치솟았다.[7] 그와 동시에, 살아 있는 두 반스탈린 지도자 고르바초프와 옐친의 선호도는 흐루쇼프의 선호도와 함께 한 자리 수로 떨어졌다. 1985년부터 시작된 이 두 지도자의 개혁에 대한 대중적 지지도는 소비에트와 그 이후 러시아에서 급격하게 하락했다.

특히 1990년대의 위기는 고르바초프가 시작한 반스탈린주의자들의 정치적 주요 업적, 즉 러시아의 민주화와 역사적 진실 말하기에 악영향을 끼쳤다. 대개 민주화를 후퇴시킨 원흉으로 푸틴을 비난하지만, 실제로 그 절차는 옐친이 1993년 선출된 의회를 폐지하기 위해 폭력을 사용하고 사리를 추구하는 금융 과두재벌에게 대중매체를 넘겨주며 사실상 1996년 재선을 확정했을 때 시작되었다. 그리고 푸틴이 "스탈린의 역사에 대한 조사를 중단시켰다"라는 서구의 기자와 교수들의 주장 또한 사실이 아니다.[8]

대신 푸틴의 통치 기간에는 소비에트 과거에 대한 해석을 둘러싼, 부활한 신스탈린주의자와 반스탈린주의자 간의 공개적인 정치 투쟁이 눈에 띄었다. 이 투쟁은 상트페테르부르크와 모스크바에서부터 예전에 굴라크가 위치했던 북극 지역에 이르기까지 전국적으로 맹위를 떨쳤고 텔레비전, 신문, 책, 학교, 의회, 정당, 가두시위 등 사실상 모든 공개 포럼에 모습을 드러냈다. 서구에서 나온 대부분의 글은 신스탈린주의자들이 1990년대 옐친 정권에서 다시 정치적 생명을 얻었다는 사실은 기술하지 않은 채 신탈린주의자들 자체에만 초점을 맞췄다.

'스탈린주의의 르네상스'가 온 것은 분명해 보였다. 서점가에는 테러를 포함한 스탈린 통치의 면면을 격찬하는 화려한 책들이 책꽂이를 가득 채웠다. 공산주의와 초국가주의 성향의 신문지상에서도 '스탈린의 복권'(한 연재물은 자랑스럽게 이렇게 선언한다)이 완료된 상태다.9 또한 2008년 한 특별 텔레비전 프로그램에서 스탈린은 몇 달간의 시청자 투표 끝에 옛 영웅(알렉산드르 넵스키)과 제정러시아 시대의 총리(표트르 스톨리핀 총리)에 뒤이어 역사상 가장 위대한 러시아인 3위에 뽑혔다.

그 사이 강력한 세력들이 신스탈린주의자 쪽에 힘을 실어주었다. 푸틴 정권은 1930년대 스탈린의 통솔력을 우호적으로 평가한 교과서와 교육 지도서를 홍보했다. KGB의 후임 기관인 FSB에서는 몇몇 반스탈린주의 프로젝트를 방해하면서 자료들을 압수하고 최소한 역사가 한 명을 일시적으로 체포하는가 하면 다른 역사가들도 괴롭혔다. 또한 스탈린 시대를 대표하는 상징들이 공공장소에 다시 모습을 드러내기 시작했는데, 모스크바 중심가를 가로지르는 한 지하철 외관에 그려진 상징과 완성도 높은 포스터들 속 스탈린의 이미지가 특히 눈에 띄었다.

그렇다고 푸틴 시절에 반스탈린주의자들의 활동이 아예 '중단'된 것은 아니었다. 대중 신문인 『노바야 가제타Novaya Gazeta』에서는 '굴라크에 대한 진실'이라는 특별 증보판을 정기적으로 발행하고 있다. 그 내용은 스탈린의 '집단 학살'에 대한 문서와 해설, 계속 진행 중인 '스탈린 재판' '제2의 뉘른베르크'에 대한 요구가 주를 이룬다.10 테러의 영향력이 군대처럼 존경받는 기관뿐 아니라 일반 시민에게까지 미쳤다는 사실을 상세히 알려주는 역사 연구서와 회고록도 수십 권 출간되었다. 그중 많은 수가 서구 학자들의 번역이 포함된 여러 권짜리 책『스탈린주의의 역사History of Stalinism』와 마찬가지로 이 책에서도 인용되었다.

주요 반스탈린주의 기관들의 업무도 심각한 방해를 받은 것은 아니었다. 고르바초프 재단은 반스탈린주의의 시초인 흐루쇼프와 미코얀을 비롯해 테러 자체에 대한 콘퍼런스를 성황리에 개최했다. 메모리얼협회는 공동묘지를 일반 사람들에게 알리고 지역의 '순교자 열전'을 후원하며 생존자들의 필요를 위해 로비하는 일을 계속했다. 메모리얼협회의 전국 프로젝트 중에는 고등학생들이 스탈린의 테러가 자신의 할아버지, 할머니에게 끼친 영향을 주제로 쓴 훌륭한 에세이 시리즈도 있다.[11]

반스탈린주의는 러시아 정치에서 가장 중요한 매체인 국영 텔레비전에서 배제된 것도 아니었다. 솔제니친과 샬라모프, 악쇼노프 등 유명 반스탈린주의 작가들의 책을 원작으로 한 영화가 자금 지원을 받아 많은 시청자를 대상으로 방송되었다. 스탈린 시대를 주제로 한 공개토론회에서는 솔직한 비평도 나왔다. 한 예로, 2009년에 인기 토크쇼 진행자인 블라디미르 포즈네르는 스탈린에게 "세계 역사상 최악의 악당 중 한 명"이라는 꼬리표를 붙였다. 2010년에는 텔레비전 방송국에서, 올가 샤투놉스카야가 흐루쇼프 정권에서 벌인 수사에 입각해 만든 새 다큐멘터리 '있지도 않았던 뉘른베르크'의 방영을 고려 중이었다.[12]

국영 텔레비전의 사례에서 알 수 있듯이, 반스탈린주의자들 역시 그 반대파와 마찬가지로 자신들을 지지해주는 고위 세력이 있었다. 법원에서는 FSB에 압수한 자료들을 돌려주라 명령하고, 스탈린의 손자가 자신의 할아버지를 '피에 굶주린 식인종'과 '범죄자'로 묘사한 『노바야 가제타』를 상대로 낸 명예훼손 소송을 기각했다. 이 신문 측 변호인은 이 결정이 '스탈린주의에 대한 뉘른베르크 재판의 문턱'이라고 전했다. 일부 국가 기록보관소에서는 테러 시대 문서에 접근하는 것을 엄격하게 단속했지만, 다른 곳에서는 마가단의 1만8000건을 비롯해 더 많은 문서를 개방했다.[13] 2008년에는 푸틴 정부의 일원이 직접 스탈린의 테러에 관한 메모리얼협회 콘퍼런스에 참여했다.

크렘린 정부와 연줄이 있는 유력한 정치인이자 모스크바 시장인 유리 루시코프는 이를 말해주는 또 다른 예다. 2002년 그는 테러의 아들이자 흐루쇼프의 해빙기 이후로 줄곧 반스탈린주의의 상징적 인물이 되어온 작가 겸 시인 고故 불라트 오쿠자바의 조각상을 어느 사랑받는 문화지구에 세우는 것을 재가했다. 이와 동시에 루시코프는 안토노프-옵세옌코에게 첫 국립 굴라크 역사박물관을 세우라면서 운영 자금을 비롯해 모스크바 중심에 위치한 값비싼 부동산을 넘겨주었고, 이 박물관은 2004년에 문을 열었다.

요약하자면 스탈린 시대를 둘러싼 정치투쟁은 흐루쇼프 정권에서 시작되어 고르바초프의 개혁에서 매우 중요한 위치를 차지했다가 푸틴 정권에서 다시 표면 위로 떠올랐다. 대공포 정치 70주년이 되는 2007년에 어느 반스탈린주의자가 얘기했듯이, 1956년에 안나 아흐마토바가 목격한 '두 러시아' 사이의 근원적인 갈등은 '오늘날까지도 해결을 보지 못했다.' 다시 한번 이 갈등은 스탈린 희생자들을 위해 국가기념비를 세우자는 캠페인을 주축으로 해서 일어났는데, 치열한 논쟁을 불러일으킨 이 캠페인은 50년 전에 흐루쇼프가 처음으로 제안했고 나중에는 고르바초프와 메모리얼협회, 『노바야 가제타』가 앞장서 이끌었다.14

이 투쟁에서 푸틴의 역할은 모순적이었다. 때로 그는 자신의 권위주의적 정책을 강화하는 하나의 방편으로서 스탈린 시대 전체를 옹호하는 것처럼 보였다. 예를 들어 푸틴은 스탈린의 대對 독일 전쟁 수행을, 심지어는 스탈린이 나치의 침공 전날에 히틀러와 협력한 사실까지도 비난하는 것을 꺼리는 모습을 여러 번 보였다. 게다가 전쟁 전인 1930년대에 스탈린이 테러를 포함해 취한 극단적 조치를 '근대화의 목표'를 위해 반드

시 필요했던 '동원'으로 합리화하는 듯한 2007년 교과서를 공개적으로 지지했다.[15]

그러나 어떤 때에는 반스탈린적 입장을 취했다. 대통령 임기 초반에 푸틴은 스탈린 시대의 범죄에 대해 확장된 수사를 하도록 인가했다. 2006년에는 푸틴에 종속된 FBS가 생존한 희생자이자 잘 알려진 시인 나움 코르자빈에게 경의를 표했고, 2007년에는 푸틴이 병상에 누운 솔제니친을 직접 방문해 여전히 수백만 굴라크 희생자의 운명을 대변해 보여주던 솔제니친에게 공로상을 전달했다. 같은 해, 푸틴은 모스크바 근처의 악명 높던 NKVD 학살장 겸 매장지에서 열린, 희생자들을 위한 공개 기념행사에 참석해 그러한 행보를 보인 첫 크렘린 지도자가 되었다.[16]

그뿐만이 아니었다. 솔제니친이 2008년에 죽었을 때, 푸틴 정부는 국장에 맞먹는 장례식을 계획하고 그의 일생을 추모하는 법안들을 제정한 다음, 그의 소설 『수용소군도』를 학교에서 의무적으로 읽도록 조치했다. 2009년 같은 맥락에서 푸틴은 전 국민 라디오 연설을 통해 스탈린 시대의 업적은 '정당화될 수 없는 반국가적 범죄'를 수반했다고 밝혔다. 2010년에는 폴란드 수상을 초대해 스탈린의 NKVD가 폴란드 장교 수천 명을 학살한 것으로 악명이 높은 카틴 숲에서 열린 추도식에 함께 참석함으로써 다시 한번 그 같은 기념행사에 참여한 최초의 러시아 지도자가 되었다.[17]

스탈린에 대한 푸틴의 모순된 혹은 애매모호한 태도는 놀라운 것이 아니다. 20세기에 러시아인들은 제정러시아와 소비에트의 역사를 존경할 가치가 없다며 공식 부인했다. 하지만 어떤 국가든 번영하려면 국민의 자부심을 고취시킬 최소한의 합의된 과거는 있어야 한다. 따라서 누가 됐든 21세기 러시아를 이끌어갈 지도자는 푸틴처럼 자국의 비극적 역사의 파편들을 잘 짜맞춰 그러한 과거를 만들어내려고 노력해야 할 것이다. 스탈린이 통치한 30년은 러시아가 나치 독일을 상대로 용감무쌍하고 값비싼 승리를 거두며 '나무쟁기에서 원자폭탄으로' 기술의 진보를 이룬 시기였다. 따라서 이 시대를 통째로 다 버릴 수는 없다. 그렇게 하는 것은 고르바초프조차도 역설했듯이, "내 할아버지와 아버지 그리고 그분들이 이룬 모든 것을 포기하는 일"일 것이다.[18]

2008년 푸틴이 대통령직을 자신의 후계자 드미트리 메드베데프에게 넘겨주고 여전히 총리로서 영향력을 과시할 때, 문제는 과거뿐 아니라 현재와 미래까지 아우르며 더욱 커졌다. 자국의 기본 인프라가 붕괴하고 있다는 사실에 화들짝 놀란 러시아의 정책 입안자와 정치 지식인들은 국가를 현대화하는 방법과 그 의미에 대해 역시나 열띤 논쟁에 돌입했다. 러시아의 미래를 위한 이 투쟁에서 스탈린의 과거와 그 상반된 교훈들은 다시 한번 핵심 쟁점이 되었다.

이 논쟁에서 서구 지향적 입장을 취하는 사람들은 러시아가 천연자원, 특히 에너지의 국가 주도 수출에 전적으로 의존하는 것은 시대에 뒤처진 일이므로 이 시스템을 국민의 창의적 결단력을 기초로 한 다각적 최첨단 경제로 대체해야 한다고 주장한다. 따라서 '러시아의 성공적인 현대화는 정치적 민주화 없이 불가능하다.' 러시아의 미래에 대해 이러한 비전과 접근법을 지지하는 사람들은 수 세기 동안 이어져온 국가 주도의 변혁(스탈린이 가장 최근의 경우)이 반후진 경제와 개인 자유의 부재만 거듭 초래했을 뿐 긍정적인 효과는 없었다고 본다. 이 사람들에게 모든 것의 출발점은 '현대화의 탈스탈린화'여야 한다.[19]

반면 반대편에서는 '러시아의 현대화를 위한 최적의 프로그램은 모든 장애물을 제거할 수 있는' 무제한적 힘을 지닌 '국가에 자원을 집중시키는 일종의 신스탈린주의로 이뤄져야 한다'고 주장한다. 이 '냉혹한 체제'의 옹호자들은 서구의 군사동맹 NATO가 러시아 국경선까지 확장된 것 등의 위협을 경고하면서, 국가의 미래는 곧 자부심 강한 국가이자 적수가 없는 군사력이라고 강조한다. 이들은 1930년대와 1940년대 스탈린의 '구국救國'을 다시 떠올리며 '우리는 세련된 스탈린주의를 통해서만 구원받을 수 있다'는 입장을 고수한다.[20]

다시 활개를 치는 이 신스탈린주의가 얼마나 '세련되었든', 이 이데올로기가 생존한 굴라크 귀환자들에게 어떤 영향을 끼쳤을지는 충분히 짐작이 될 것이다. 실제로 '스탈린주의의 르네상스'는 한때 '신성했던' 스탈린 희생자들의 지위를 무참히 무너뜨렸다. 그렇지 않아도 이 희생자들은 이미 정치계와 대중문화계에서 제2차 세계대전 희생자들과 포스트소비에트의 경제 충격요법의 희생자들에게 밀려 빛을 잃고 있었다. 1990년대 이래로 지금까지 수많은 굴라크 거부자는 테러 시대에 대한 반스탈린적 연구가 '90퍼센트는 거짓말'이며, 설령 있다 하더라도 노동수용소 죄수들이 '정직한 시민'인 경우는 드물었고 '복권에 따른 희열'은 기만이며 유전학자 니콜라이 바빌로프 같은 저명한 희생자들이 그 가해자들보다 훨씬 더 훌륭했던 것은 아니라고 주장한다.[21]

지금까지 러시아에 살아 있는 희생자들은 그 수가 점점 더 줄고 있을 뿐만 아니라 갈수록 비관도 커지고 있다. 내가 안토노프-옵세옌코에게 이 책의 제목을 '희생자들의 기나긴 귀환'으로 하겠다고 했을 때, 그는 거의 알려지지 않은 자신의 박물관을 떠올리며 "그건 스탈린의 기나긴 귀환에 가로막혔다오"라고 답했다. 철학자이자 안톤처럼 나이가 지긋한 전직 죄수였던 그리고리 포메란츠는 다음과 같이 경고했다. "거짓 선지자는 우리에게 말한다. 너희 자체는 보잘것없는 미물이지만, 알렉산드르 넵스키(러시아의 대공)와 스탈린의 영예로운 전통을 이어받은 일원이기도 하다고. 그리고 언젠가 러시아정교회가 스탈린을 성인으로 공표할 날이 올 것이라고."[22]

포메란츠와 내 오랜 친구 안톤이 걱정하는 데에는 그만한 이유가 있다. 그 숭배자들의 행복한 외침대로 '스탈린이 돌아온 것'은[23] 크렘린 지도자의 계획된 의도 때문이 아니라 1991년 이후 러시아를 괴롭히는 사회적 고통과 불만 때문이다. 이에 대한 대응으로 대부분의 러시아인은 1980년대 이후의 반스탈린 개혁을 비난하며 혼돈과 고통을 끝내줄 '강력한 국가'를 염원한다. 이 같은 상황에서 스탈린은 한때 그런 국가였던 소비에트의 상징이자 오늘날에 만연한 공직 부패와 불평등에 항거한 표상이 된다. 하지만 여론조사에서도 알 수 있듯이, 실제로 제2의 스탈린 밑에서 살고 싶어하는 러시아인은 거의 없다.

이러한 국민적 정서를 포착하고 러시아의 지금과 내일에서 스탈린 희생자들에 대한 기억을 지우고자 분투하는 많은 초국가주의 정치인과 이념가 역시 마찬가지다. 한 예로 푸틴 정권 이후 제2당이 된 개편된 러시아 연방 공산당은 다시 예전처럼 스탈린 숭배를 부르짖는 한편, 여러 출판물과 예식, 가두시위에서 흐루쇼프부터 고르바초프까지 스탈린의 적수들을 '피그미족'이라고 매도했지만,[24] 실제로 공산당이 선거와 의회에서 제의한 정치 및 경제 정책은 역사적 스탈린주의와 전혀 같지 않다.

서구의 시사해설자들은 러시아 내에 친스탈린적 태도가 만연한 데에는 크렘린 정부가 스탈린의 범죄를 완전히 규탄하지 못하고(고르바초프와 옐친은 그렇게 했지만) 그 희생자들을 제대로 추모하지 못한 탓이 크다고 계속해서 비난한다. 내 동정표가 어느 쪽에 가 있는지 독자 여러분도 알 테지만, 미국인들은 그런 판단을 자제해야 한다. 미국의 하원과 상원은 노예제도에 대한 공식 사과를 노예제가 끝난 지 150년이 지난 2008년과 2009년에야 비로소 각각 발표했다. 미국 대통령 또는 의회 전체가 그렇게 한 적은 없었다. 게다가 미국에는 노예로 살다가 죽은 수백만 흑인을 위한 국가기념비는커녕, 오늘날 러시아 전역에 세워진 수백 개의 작은 스탈린 희생자 기념비 비슷한 것조차 없다.

역사적으로 위대한 업적과 위대한 범죄를 동시에 지닌 나라, 즉 어느 러시아 시인이 스탈린 시대를 일컬어 쓴 표현대로라면 "찬란함과 처절함"이 공존하는 나라는 그 둘을 조화시키는 길을 찾기가 쉽지 않다.(탈나치화는 처음에 점령군이 패배한 독일에 강요한 것이기 때문에, 러시아와 히틀러 후 독일을 비교하는 것은 적합하지 않다.) 몇 세대가 지나고 상충되는 기억들이 흐릿해진 뒤에야 전 국가적인 합의가 이뤄질 수 있다. 그 사이 과거와 현재, 미래를 둘러싼 이 투쟁은 양측이 일어섰다 사그라졌다가 다시 일어나기를 반복하며 계속될 것이다.

오늘날 러시아에서 반스탈린주의는 관료 집단과 사회에서 전투력을 잃어가는 듯 보이지만, 이것은 훨씬 기나긴 이야기의 한 장일 뿐이다. 내 관점은 고르바초프가 정권을 잡기 전, 서구 전문가들이 반스탈린주의자들이 소련에서 정치적 기회를 줄 가능성은 없다고 믿었던 30년 전과 동일하다. 내가 그때도 주장했듯이 스탈린 시대의 범죄처럼 심각한 혹은 '어마어마한 규모'의 역사적 범죄에는 정치상의 공소시효가 없기 때문에[25] 이같은 범죄는 최소 두 가지 이유에서 러시아 정치의 주요 화두로 분명 다시 떠오를 것이다.

첫째, 굴라크에서 돌아온 이들을 포함해 스탈린의 희생자 대부분이 지금은 세상을 떠났지만, 러시아에는 여전히 그들의 직계 후손, 특히 손자손녀들이 숱하게 살고 있다. 몇몇은 고르바초프 정권에서 자신의 목소리를 냈고, 더 많은 수가 지금 공개적으로 의견을 말하고 있다. 2006년 여론조사에 참여한 러시아인 중 27퍼센트가 친족이 스탈린 밑에서 탄압을 받았다고 답했다. 조상을 공경하는 것이 러시아의 전통이므로 스탈린 희생자들의 후손은 국가가 이들의 조상을 잊도록 내버려두지 않을 것이다. 이것을 염두에 두고 카밀 이크라모프는 죽기 바로 전에 '비명횡사한 자들이 뒤에 남겨둔 훌륭한 자녀들과 손자 손녀들'에 대한 생각을 남겼다.[26]

둘째, 고르바초프 같은 흐루쇼프의 제20회 당 대회의 '아이들'이 1980년대 후반에 그 운명의 길을 걸었던 것처럼, 스탈린 시대의 범죄를 새롭게 심판할 정치 지도부는 고르바초프의 글라스노스트 폭로 시절에 성년이 된 세대에서 나올 가능성이 크다. 실제로 푸틴보다 열세 살 어리고 고르바초프의 역사적 폭로의 영향을 받았다고 인정한 새 러시아 대통령 드미트리 메드베데프는 이미 그러한 행보를 보이고 있다.

2009년 메드베데프는 스탈린의 과거를 둘러싼 고조되는 논쟁에 개입했다. 2월, 그는 고르바초프와 『노바야 가제타』의 편집국장 드미트리 무라토프를 크렘린에 초대한 후 이를 기회 삼아 스탈린 희생자들을 위한 국가기념비를 세우자는 캠페인을 '무조건적으로' 공개 지지했다. 8개월 후에는 한발 더 나아가 러시아 젊은이들이 '테러의 규모에 대해, 불구가 된 수백만의 생명에 대해, 재판이나 수사도 없이 총살당한 사람들에 대해, 수용소와 유형지로 보내진 사람들에 대해, 테러로 비명횡사한 수백만 명'에 대해 잘 알지 못한다며 불안감을 보였다.[27]

그런 뒤 메드베데프는 러시아의 현대화와 미래를 둘러싼 투쟁에서도 똑같이 분명한 입장을 취했다. 그는 "국가적 비극에 대한 기억은 승리에 대한 기억만큼 신성합니다"라고 주장하는 한편, "우리 국민을 망치는 무리들의" 신스탈린주의적 '정당화'를 거부하면서 다음과 같이 말을 이었다. "오늘날까지도 우리는 이 무수한 사람의 희생이 국가의 숭고한 목표를 위해 불가피했다는 소리를 들을 수 있습니다. 제가 확신하건대 인간의 슬픔과 죽음을 걸고서는 어떠한 국가적 발전도, 성공도, 목표도 성취될 수 없습니다." 메드베데프는 강조 차원에서 공동묘지와 모든 희생자의 이름을 찾는 작업을 계속해야 한다고 촉구했고 '지난날의 기억을 세대에서 세대로 전달할 기념박물관'이 필요하다고 주장했다.

스탈린 시대의 범죄를 둘러싼 정치적 투쟁은 러시아의 최고위층에서 또다시 진행 중이다. 이 싸움은 분명 더 격렬해질 것이다. 그렇다면 희생자들의 기나긴 귀환은 아직 끝난 것이 아니다.

이 책이 나올 수 있게 도와준 사람들, 그러니까 내가 30년도 더 전에 처음 만났던 스탈린 테러의 희생자들은 이제 대부분 세상을 떠났다. 그분들이 기여한 바는 본문에서 충분히 밝혔을 것이라 생각하고 여기서는 다시 이름을 언급하지 않겠다. 다만, 한 사람만은 예외로 두고 싶다. 이 『돌아온 희생자들』은 안나 라리나의 기억에 헌정하는 책이다. 라리나가 없었더라면 이 책은 쓰일 수 없었을뿐더러, 라리나와의 20년 우정 덕분에 내 삶은 다방면에서 풍요로워졌다.

이 연구를 처음 시작할 때부터 내게 아낌없는 도움을 준 몇몇 스탈린 희생자에게 드디어 이 책을 선물할 수 있게 되어 기쁘다. 독자 여러분도 이들의 이름(로이 메드베데프, 안톤 안토노프—옵세옌코, 타냐 바예바, 그리고 당연히 안나 라리나의 자녀들인 유리 라린, 나댜 파데예바, 미샤 파데예프)과 이들이 기여한 바를 알 것이다.

이외에도 많은 러시아 친구와 동료들, 특히 겐나디 보르디고프, 이리나 다비디안, 스베틀라나 구르비치의 가족들, 블라디미르 부하린, 올가 샤투놉스카야가 오랫동안 내게 크나큰 도움을 주었다. 좀 더 최근에는 유리 아이헨발트의 딸이자 저명한 언어학 교수인 알렉산드라 아이헨발트가 아버지의 삶과 자신이 알고 있는 다른 굴라크 귀환자들의 삶에 대해 귀중한 지식을 나누어주었다.

이 책에 실린 사진과 삽화를 구하는 데에도 많은 사람에게 신세를 졌다. 이들의 이름이 사진 설명에 실려 있지만, 가족의 사진을 사용하도록 허락해준 알렉산드라 아이헨발트와 엠마 구르비치, 올가 샤투놉스카야의 친족들, 이 책 표지[원서에 실렸음—옮긴이]에 실린 아버지 이고르 솔다텐코프의 작품을 쓸 수 있도록 허가해준 알렉세이 솔다텐코프, 누구보다도 테러에 대한 유일무이한 사진 역사서 『사라진 인민위원』과 『보통 사람들』을 차용할 수 있게 해준 내 친구 데이비드 킹에게 다시 한번 감사의 말을 전하고 싶다. 그 밖에 별도의 표시가 없는 사진은 모두 내 수집품에서 나온 것이다.

나는 미국인 지인들에게서도 큰 도움을 받았다. 로버트 콘퀘스트 교수와의 대화는 내가 이 프로젝트를 시작하도록 인도해주었고, 당시 내 아내였던 린 블레어 코언은 모스크바에서 처음 프로젝트가 시작됐을 때 내 곁에 있어주었다. 그때부터 나는 두 사람의 지식과 기억에 많이 의지했다. 또한 낸시 애들러의 연구는 내게 아주 중요한 정보를 제공해주었다. 그녀와는 지금까지도 가까운 동료이자 소중한 친구로 지내고 있다. 역사가이자 전 CBS 뉴스 동료인 조너선 샌더스는 모스크바에서 나를 위해 희귀한 사진과 문서들을 복사해주었다. 오마르 루비오는 책에 들어갈 모든 사진과 삽화를 준비해주었다.

그리고 이 책의 후반 작업에 빼놓을 수 없는 도움을 준 내 조수, 넘칠 정도로 똑똑하고 노련하고 수완이 좋은 아리나 체스노코바에게 특히 큰 빚을 졌다. 나는 인터넷은커녕 컴퓨터에 대한 지식조차 전무한 터라 조사부터 사실 확인, 자료 및 사진 입수, 회신, 그리고 몇몇 초안 원고 준비까지 아주 기본적인 것들을 아리나에게 많이 의존했다.

그러나 무엇보다도 오랜 시간 나의 길동무이자 아내가 되어준 카트리나 반덴 휴벨의 중대한 기여가 없었다면 이 책은 존재하지 못했을 것이다. 초기에 우리가 모스크바에서 희생자들과 시간을 보냈을 때 카트리나가 가졌던 의문과 통찰력, 메모는 지금 이 책에 실린 많은 내용의 근간이 되었다. 그리고 나중에는 사람들과 사건, 내가 쓰고 싶은 말들을 가장 잘 표현하는 법에 있어서 그녀의 판단에 상당히 의존했다. 이 모든 도움과 그 밖의 일들에 대해 큰 감사와 애정의 마음을 보낸다.

스티븐 F. 코언
모스크바-뉴욕
1976~2010년

일반 독자를 위해 꼭 필요하지 않은 자료, 특히 러시아어로 된 출처는 주에서 생략했다. 그 추가 자료들을 참고하고 싶은 전문가들은 여기서는 Koen, *Dolgoe*로 언급된 책의 더 짧은 러시아어판 Stiven Koen, *Dolgoe vozvrashchenie: zhertvy GU-LAGa posle Stalina*(Moscow: AIRO XXI, 2009)에서 대부분 찾을 수 있을 것이다.

또한 이 책은 독자에게 쉽게 다가갈 수 있도록 때때로 러시아어 이름의 철자를 여러 가지로 표기했는데, 즉 비전문가에게 가장 익숙한 철자 형태를 사용했다. 예를 들면, Tatiana Baeva가 아닌 Tatyana Bayeva로, Evgenii Evtushenko가 아닌 Yevgeny Yevtushenko로, Shatunovskaia가 아닌 Shatunovskaya로 썼다. 그러나 러시아어 출처를 언급할 때는 대체로 (비록 경음부호와 연음부호는 표시되어 있지 않지만) 전문가들이 선호하는 미국의회도서관의 음차표기법을 따랐다.

| 서문 |

1. Andrei Timofeev in *Literaturnaia gazeta*, Aug. 23, 1995; 그리고 Mark Iunge and Rolf Binner, *Kak terror stal bolshim*(Moscow, 2003). 당시 일어난 사건을 모두 다룬 매우 중요한 책으로는 Robert Conquest, *The Great Terror*, 40th anniversary ed.(New York, 2008)가 있다.

2. 'Pravda GULAGa,' *Novaia gazeta*, July 22, 2009.

3. Vitaly Shentalinsky, *Arrested Voices*(New York, 1996), 25~26쪽에서 인용했으나 번역에서는 일부 수정함.

4. 판결 후 성적 학대와 구타에 대한 정보는 A. G. Tepliakov, *Protsedura*(Moscow, 2007), 71~76쪽을 보라. 블류헤르와 남편, 아내, 자녀, 강간에 대한 정보는 A. I. Kartunova in *Novaia i noveishaia istoriia*, no.1(2004), 182~183쪽; V. B. Konasov and A. L. Kuzminykh in *Rossiiskaia istoriia*, no.1(2009), 117쪽; Kamil Ikramov, *Delo moego ottsa*(Moscow, 1991), 119쪽; 그리고 Conquest,

The Great Terror, 127쪽을 각각 보라. 특별 고문 감옥에 대한 정보는 Lidiia Go-lovkova, *Sukhanovskaia tiurma*(Moscow, 2009)를 보라.

5. Svetlana Alliluyeva, *Twenty Letters to a Friend*(New York, 1967), 140쪽.

| 1장 |

1. Anna Larina, *This I Cannot Forget: The Memoirs of Nikolai Bukharin's Widow*(New York, 1993)을 보라.

2. 내 책을 참고하고 싶다면, Stephen F. Cohen, *Bukharin and the Bolshevik Revolution*(New York, 1973 and 1980)을 보라.

3. 이에 대한 논고는 Stephen F. Cohen, *Rethinking the Soviet Experience*(New York, 1985), 특히 chaps.1, 3~5쪽을 보라.

4. 실은 편협하나마 도움이 되는 박사학위 논문이 1편 있다. Jane P. Shapiro, "Rehabilitation Policy and Political Conflict in the Soviet Union"(Columbia University, 1967).

5. Aleksandr Solzhenitsyn, *The Gulag Archipelago*, vol.3(New York, 1976), 445~468쪽.

6. 당시의 굴라크 문학이 궁금하다면, Libushe Zorin, *Soviet Prisons and Concentration Camps: An Annotated Bibliography*(Newtonville, 1980)를 보라. 미국인들이 경험한 스탈린의 테러에 대해 알고 싶다면 Tim Tzoulidis, *The Forsaken*(New York, 2008), 그리고 아주 유용한 정보가 실린 회고록을 원한다면 Victor Herman, *Coming Out of the Ice*(New York, 1979)를 보라.

7. 예를 들어 Dariusz Tolczyk, *See No Evil*(New Haven, 1999), xix–xx, chaps.4~5; 그리고 Leona Toker, *Return From the Archipelago*(Bloomington, IN, 2000), 49~52쪽, 73쪽을 보라. 샬라모프에 대한 정보는 *Nezavisimaia gazeta*, April 9, 1998에 실린, 샬라모프가 솔제니친에게 쓴 편지 참조.

8. 여기에는 *Sibirskie ogni, Baikal, Prostor, Angara, Ural, Poliarnaia zvezda, Na rubezhe, Dalnii vostok*도 포함됐다.

9. 뮌헨에 설립된 자유방송Radio Liberty은 *Arkhiv samizdata*라는 이름으로 이 같은 저작물의 목록을 정리해 나갔다.

10. Stephen F. Cohen, ed., *An End to Silence*(New York, 1982), 7~14쪽; 그리고 A. Antonov-Ovseenko, *Vragi naroda*(Moscow, 1996), 367쪽을 보라.

11. 우리의 관계에 대해 궁금하다면 *Novaia i noveishaia istoriia*, no.2(2006),

94~101쪽; 그리고 Cohen, ed., *An End*를 보라.

12. 아카데미 소속이었던 바예프는 수년이 지나서야 자신의 이야기를 거리낌 없이 들려주었다. A.D. Mirzabekov, ed., *Akademik Aleksandr Baev*(Moscow, 1997), chap.1 참조.

13. 1966년 7월 13일에 *Moskovskii komsomolets*에 발표되었고, 이 책에서는 조지 슈라이버George Shriver가 번역함. 그녀딘에게 바치는 다른 헌사들은 Evgenii Gnedin, *Vykhod iz labirinta*(Moscow, 1994); 그리고 Stephen F. Cohen, *Sovieticus*, exp. ed.(New York, 1986), 104~107쪽 참조. 이크라모프에 관한 정보는 Aleksandr Proskurin, ed., *Vozvrashchennye imena*, 2vols.(Moscow, 1989), vol.1, 208~209 참조.

14. *Gulag Archipelago: Let History Judge*(New York, 1972); 그리고 *The Time of Stalin*(New York, 1981)을 각각 보라. 굴라크 이후 솔제니친과 다른 죄수들의 논쟁적인 관계가 궁금하다면, Liudmila Saraskina, *Aleksandr Solzhenitsyn*(Moscow, 2008), 파트 5~6을 보고, 메드베데프와 다른 죄수들의 훈훈한 관계가 궁금하다면, *Podem*, nos. 7 and 9 (1990)에 나온 그의 설명을 보라.

15. 말하자면, 이들은 전체 희생자의 약 30퍼센트에 불과했다. 서문 n.1 참조.

16. 몇몇 설문지는 1985년 이후에 준비되었다. *Gorizont*, no.7(1989), 63~64쪽; Nanci Adler, *The Gulag Survivor*(New Brunswick, 2002), 121쪽; *Moskvichi v GULAGe*(Moscow, 1996), 51~52쪽; 그리고 Orlando Figes, *The Whisperers*(New York, 2007), 662쪽 참조.

17. Saraskina, *Aleksandr Solzhenitsyn*, 553쪽; 그리고 앞서 언급한 레셰톱스카야의 회고록을 보라. 솔제니친은 수년이 지나서야 *Arkhipelag Gulag*, vol.1(Moscow, 2008): 13~18쪽에서 자신의 자료 출처를 정확히 밝혔다. Figes의 *The Whisperers*는 내가 조사한 것보다 훨씬 많은 사례에 토대를 두고 있고 굉장히 존경할 만한 성과를 냈지만, 이는 더 이상 은밀한 조사를 하지 않아도 될 때 러시아 전역에 여러 조수 팀을 두고 진행한 일이었다. 페이지 657~665쪽 참조.

18. 이 보고서는 수년 후 *Literaturnaia gazeta*, no.27(1996)에 게재되었다.

19. Roy Medvedev의 *samizdat* 자료에 기초한 책 Cohen, ed., *An End*; 그리고 Cohen, *Rethinking*.

20. Adler, *Gulag Survivor*.

21. A. Antonov-Ovseenko, *Portret tirana*(Moscow, 1995), 3의 서문.

22. Anne Applebaum, *Gulag*(New York, 2003), 515쪽.

23. Raisa Orlova and Lev Kopelev, *My zhili v Moskve*(Moscow, 1990); 그리고 Kersnovskaia, *Skolko stoit chelovek*(Moscow, 2006)을 보라. 최근에 나온 다른 회고록으로는 Anna Tumanova, *Shag vpravo, shag vlevo...*(Moscow, 1995); Aleksandr Milchakov, *Molodost svetlaia i tragicheskaia*(Moscow, 1988); Pavel Negretov, *Vse dorogi vedut na Vorkutu*(Benson, VT, 1985); Anatolii Zhigulin, *Chernye kamni*(Moscow, 1989); Mikhail Mindlin, *Anfas i profil*(Moscow, 1999); Olga Shatunovskaia, *Ob ushedshem veke*(La Jolla, CA, 2001); Nadezhda Ulanovskaia and Maia Ulanovskaia, *Istoriia odnoi semi*(St. Petersburg, 2005)가 있다. 그러나 대부분이 Simeon Vilensky, ed., *Till My Tale Is Told*(Bloomington, IN, 1999)에서처럼, 여전히 굴라크에서의 삶에 초점을 둔다. 일반적인 서구 연구서에는 앞서 언급한 n.7, n22; Adam Hochschild, *The Unquiet Ghost*(New York, 1994); Simon Sebag Montefiore, *Stalin*(London, 2003); Kathleen E. Smith, *Remembering Stalin's Victims*(Ithaca, 1996); Catherine Merridale, *Night of Stone*(New York, 2001); 그리고 Figes, *The Whisperers*가 있다.

24. 생존자들의 귀환을 부분적으로나마 다루고 있는 책으로는 Miriam Dobson, *Khrushchev's Cold Summer: Gulag Returnees, Crimes, and The Fate of Reform after Stalin*(Ithaca, 2009); 그리고 개개인보다는 주로 억눌린 민족들에 초점을 두고 있는 N.F. Bugai, *Reabilitatsiia repressirovannykh grazhdan Rossii*(Moscow, 2006)을 보라. Adler가 자신의 연구를 계속 진행 중이고, 2006년 하버드 대학에서 열린 굴라크를 주제로 한 한 학회의 영향으로 귀환자들을 다룬 출판물이 나오고 있다. Kathleen E. Smith는 돌아온 죄수들을 폭넓게 다룰 1956년에 관한 책을 준비 중이고, Figes의 *The Whisperers*, chap.8은 지나치게 일반화하긴 했지만, 이 일반적인 테마를 다루고 있는 Merridale의 *Night of Stone*의 그 섹션들과 마찬가지로 귀한 공헌을 하고 있다. 러시아 문학에서는 이 주제를 다룬 부분이 Elena Zubkova, *Russia After the War*(Armonk, 1998), chap.16; 그리고 *Mir posle Gulaga*(St. Petersburg, 2004)의 경우처럼 여전히 몇 페이지에 불과하다. 기록보관소 책으로는 *Reabilitatsiia*, 3vols.(Moscow, 2000~2004)와 *Deti GULAGa*(Moscow, 2002)을 보라. 부하린의 일가친척들은 귀환자들 가운데서도 그 삶이 문서로 가장 잘 정리돼 있는 경우다. Larina, *This I Cannot Forget; Mark Iunge, Strakh pered proshlym*(Moscow, 2003); V. I. Bukharin, *Dni i gody*(Moscow, 2003); A. S. Namazova, ed., *Rossiia i Evropa*, no.4(Moscow, 2007), 190~296쪽(부하린의 딸 스베틀라나 구르비치에 대해 다룸); 그리고 부하린의 옥중 소설 *How It All*

Began(New York, 1998)에 내가 쓴 도입부 참조.

| 2장 |

1. 라즈곤 역시 스탈린의 호흡증상이 의미하는 바를 알고 있었다. *True Stories*, 245쪽 참조. 이크라모프의 경우는 그의 저작 *Delo*, 166쪽을 보라.

2. Aleksandr Proshkin in *Sovetskaia kultura*, June 30, 1988.

3. 생존이란 주제에 관해서는, 예를 들어 Varlam Shalamov, *Kolyma Tales and Graphite*(New York, 1980 and 1981); Eugenia Ginzburg, *Within the Whirlwind*(New York, 1981); Nadezhda Mandelstam, *Hope Against Hope*(New York, 1970), 178쪽; Razgon, *True Stories*, 7쪽을 보라.

4. Tomasz Kizny, *Gulag*(Buffalo, NY, 2004), 289쪽.

5. 이런 사례들을 실증적으로 잘 연구한 책으로는 David King, *The Commissar Vanishes*(New York, 1997)가 있다.

6. A.B. Suslov in *Voprosy istorii*, no.3(2004), 125쪽; *Istoriia stalinskogo GU-LAGa*, 7vols.(Moscow, 2004~2005), vol.5, 90쪽 참조.

7. Emma Gershtein, *Moscow Memoirs*(New York, 2004), 456쪽.

8. Josephine Wohl, *Invented Truths*(Durham, 1991), 22쪽; Anatolii Rybakov in *Knizhnoe obozrenie*, no.45(1995), 10쪽. 많은 사례 중 몇몇은 *Deti GULAGa*; Pyotr Yakir, *A Childhood in Prison*(New York, 1973); Ikramov, *Delo*; Inna Shikheeva-Gaister, *Semeinaia khronika vremen kulta lichnosti*(Moscow, 1998); *Kak nashikh dedov zabirali*(Moscow, 2007); Owen Matthews, *Stalin's Children*(New York, 2008)을 보라. 청년자살 사례는 Zoia Eroshok in *Novaia gazeta*, Oct. 7, 2009를 보라.

9. A. Iu. Gorcheva, *Pressa Gulaga*(Moscow, 2009), 90~95쪽; 그리고 더 일반적인 정보는 Cathy A. Frierson and Semyon S. Vilensky, *Children of the Gulag*(New Haven, 2010)를 보라.

10. Matthews, *Stalin's Children*, 75쪽, 100쪽. 유리의 사례는 Ikramov, *Delo*, 148쪽을 보라.

11. 'Pravda GULAGa,' *Novaia gazeta*, Oct. 30, 2008. 비슷한 정보는 Frierson and Vilensky, *Children*, 312~314쪽을 보라.

12. '빨간 줄이 그어진 이력', 즉 '정치적 탄압으로 파멸한'(Aleksei Karpychev in *Rossiiskie vesti*, March 28, 1995) 사람들의 이야기는 Figes, *The Whisperers*

에 넘치도록 나와 있다. 표트르 페트롭스키의 미망인에 관한 정보는 *Golosa istorii*, no.22, book1(Moscow, 1990), 230쪽을 보라.

13. Olga Aroseva and Vera Maksimova, *Bez grima*(Moscow, 2003); *I, Maya Plisetskaya*(New Haven, 2001); Boris Efimov, *Moi desiat desiatiletii*(Moscow, 2000), 그리고 일리야 예렌부르크Ilya Ehrenburg의 의심에 관해서는 Boris Frezinskii, *Pisateli i sovetskie vozhdi*(Moscow, 2008), 201쪽; Vladimir Molchanov in *Politicheskii klass*, Oct. 14, 2008을 보라. 네토의 경우는 Lev Lure and Irina Maliarova, *1956 god*(St. Petersburg, 2007), 214쪽; 더 일반적인 정보는 Robert Edelman, *Spartak Moscow*(Ithaca, 2009)를 보라.

14. Peter Pringle, *The Murder of Nikolai Vavilov*(New York, 2008), 250쪽, 282쪽. 내 설명의 나머지 부분은 Iurii Vavilov, *V dolgom poiske*(Moscow, 2004); Vladimir Shaikin, *Nikolai Vavilov*(Moscow, 2006), 211~214쪽을 보라.

15. 마레츠카야의 이야기는 T. Iakovleva in *Komsomolskaia pravda*, July 12, 1989; 그리고 그녀의 가족 웹사이트(maretski.ru)를 보라.

16. Aleksei Novikov in *Rossiiskie vesti*, March 28, 1995.

17. *Novyi mir*, no.6 (1988): 106쪽.

18. Golfo Alexopoulos in *Slavic Review*, Summer 2005 참조.

19. 예를 들어 Gerstein, *Moscow Memoirs*, 448~470쪽에서 게르스타인과 구밀료프, 아흐마토바가 서로 주고받은 서신을 보라.

20. Nikita Petrov, *Pervyi predsedatel KGB: Ivan Serov*(Moscow, 2005); Ikramov, *Delo*, 59쪽.

21. Aleksandr Zviagintsev, *Rudenko*(Moscow, 2008), chaps.3~8.

22. Matthews, *Stalin's Children*, 115; Kopelev, *Ease My Sorrows*(New York, 1983), 218쪽을 각각 보라.

23. Milchakov, *Molodost*; Shatunovskaia, *Ob ushedshem*; Yakir, *Childhood*; 다른 예로는 Koen, *Dolgoe*, 86쪽을 보라.

24. Tatiana Okunevskaia, *Tatianin den*(Moscow, 1998), 411쪽, 435~438쪽; Victoria Fyodorova and Haskel Frankel, *The Admiral's Daughter*(New York, 1979); S. Frederick Starr, *Red and Hot*(New York, 1983), 194~257쪽; Montefiore, *Stalin*, 396~399쪽; Koen, *Dolgoe*, 87. 스타로스틴 사형제에 대한 내용은 Edelman, *Spartak*을 보라.

25. Larissa Vasilieva, *Kremlin Wives*(New York, 1994), 155~159쪽.

26. *Reabilitatsiia*, vol.1, 213쪽. 느린 절차에 관한 정보는 B. Riazhskii, "Kak shla reabilitatsiia," *Teatralnaia zhizn*, no.5(1989), 8~11쪽에 나온 메이예르

홀트의 사후 소송 사건을 보라. 기간에 대한 정보는 Adler, *Gulag Survivor*, chap.3을 보라.

27. 같은 책, 89쪽, 104쪽. 군중에 관한 정보는 Riazhskii, "Kak shla," 10쪽; 호소에 관한 정보는 Shatunovskaia, *Ob ushedshem*, 431쪽; Antonov-Ovseenko, *Portret*, 452쪽을 보라.

28. Gerstein, *Moscow Memoirs*, 464쪽.

29. Masha Gessen, *Ester and Ruzua*(New York, 2004), 307; Naum Korzhavin, *V soblaznakh krovavoi epokhi*, vol.2(Moscow, 2006), 704쪽; 연설문을 공개적으로 읽히도록 한 결정에 관한 정보는 *Izvestiia TsK KPSS*, no.3(1989), 166쪽; 비슷한 정보는 Koen, *Dolgoe*, 87쪽을 보라.

30. Shatunovskaia, *Ob ushedshem*, 286~287쪽.

31. P .E. Shelest, *Da ne sudimy budete*(Moscow, 1995), 113~115쪽. 위원회에 관한 출처들은 세부적인 면에서 서로 조금씩 차이가 난다. Koen, *Dolgoe*, 88쪽을 보라.

32. Vadim Tumanov, "Vse poteriat—i vnov nachat s mechty"(Moscow, 2004), 168~171쪽. 비슷한 정보는 Moris Gershman, *Prikliucheniia amerikantsa v Rossii*(New York, 1995), 254~256쪽; 그리고 Koen, *Dolgoe*, 88쪽을 보라.

33. V. N. Zemskov in *Sotsiologicheskie issledovaniia*, no.7(1991), 14쪽. 위원회가 석방한 사람들의 수에 대한 정보는 Koen, *Dolgoe*, 88쪽을 보라.

34. 이 문단과 앞 문단에 나온 묘사는 Grigori Svirski, *A History of Post-War Soviet Writing*(Ann Arbor, 1981), 101쪽; Tzoulidis, *The Forsaken*, 37쪽; Shatunovskaia, *Ob ushedshem*, 282쪽; 비슷한 정보는 Koen, *Dolgoe*, 88쪽을 보라.

35. Nikolay Zabolotsky, *Selected Poems*(Manchester, UK, 1999), 190쪽; Grossman, *Everything Flows*(New York, 2009), 75~76쪽; 비슷한 정보는 L. A. Voznesenskii, *Istiny radi*(Moscow, 2004), 686쪽.

36. *Gulag*, vol.3, 470쪽.

37. Negretov, *Vse dorogi*. 비슷한 정보는 Adler, *Gulag Survivor*, 231~233; 그리고 Koen, *Dolgoe*, 88쪽을 보라.

38. 예를 들어 Hochschild, *Unquiet Ghost*; Colin Thubron, *In Siberia*(New York, 1999), 38~48쪽; 두개골에 대한 정보는 Yevgeny Yevtushenko in *Literaturnaia gazeta*, Nov. 2, 1988을 보라.

39. Cohen, ed., *An End*, 66~67쪽.

3장

1. Applebaum, *Gulag*, 512쪽.

2. Mikhail Ardov, Boris Ardov, Aleksei Batalov, and Iurii Arpishkin, *Legendarnaia Ordynka*(Moscow , 1995), 101쪽. 다른 장수자들의 사례는 Koen, *Dolgoe*, 89쪽을 보라.

3. Grossman, *Everything Flows*, 93쪽; Orlova and Kopelev, *My zhili*, 347~348쪽; Svirski, *A History*, 197쪽을 각각 보라.

4. Oleg Khlebnikov on Shalamov in *Novaia gazeta*, June 18~20쪽, 2007; Gerstein, *Moscow Memoirs*, 423쪽; Lure and Maliarova, *1956 god*, 281쪽; 1956년에 열린 당 역사가들의 비공개회의에서의 알렉세이 스네고프, *Russkaia mysl*, Dec. 20, 1984에 실린 Valentin Zeka(Sokolov)의 사망기사; Saraskina, *Aleksandr Solzhenitsyn*, 456쪽; Iu. Iziumov in *Dose*, May 29, 2003을 각각 보라. 다른 사례들은 Koen, *Dolgoe*, 89쪽을 보라.

5. Mirzabekov, ed., *Akademik*, chap.1; 이와 비슷한 전문가다운 행동에 대해서는 Tumanova, *Shag*, 213~226쪽을 보라.

6. B. M. Firsov, *Raznomyslie v SSSR*(St. Petersburg, 2008), 123쪽; 로코솝스키에 대한 정보는 Rodric Braithwaite, *Moscow 1941*(New York, 2007), 38~40쪽.

7. *Istoricheskii arkhiv*, no.2(2008), 30~41쪽; N. Koroleva, *Otets*, vol.2(Moscow, 2006).

8. Natalia Sats, *Zhizn—iavlenie polosatoe*(Moscow, 1991), 353~356쪽; Larina, *This I Cannot Forget*, 233쪽.

9. 아이헨발트는 1993년에 죽었다. 마지막으로 출간된 그의 저서 *Poslednie stranitsy*(Moscow, 2003)에는 자서전과 시, 에세이가 담겨 있다.

10. E.P. Vittenburg, *Pavel Vittenburg*(St. Petersburg, 2003); 그리고 세프에 관한 정보는 *Literaturnaia gazeta*, Oct. 22~28, 2008.

11. 행복한 결말과 불행한 결말의 사례는 Adler, *Gulag Survivor*; Figes, *The Whisperers*; Koen, *Dolgoe*, 90쪽을 보라. 이크라모프에 관한 정보는 *Delo*, 56쪽, 147쪽을 보라.

12. 샬라모프에 대한 정보는 John Glad in Shalamov, *Graphite*, 9쪽; Elena Zakharova in *Novaia gazeta*, Nov. 8~11, 2007을 보라. 베르골츠에 대한 정보는 Gerbert Kemoklidze in *Literaturnaia gazeta*, Nov. 12~18, 2008; Daniil Granin, *Prichudy moei pamiati*(St. Petersburg, 2008), 104~106쪽을

보라.

13. *Reabilitatsiia*, vol.2: 351쪽. 공산당원이 된 귀환자들에 대한 1차 자료를 원한다면 Orlova and Kopelev, *My zhili*; Ulanovskaia and Ulanovskaia, *Istoriia*; 학문적 연구를 원한다면 Adler, *Gulag Survivor*, 29, 205~223쪽과, Dobson, *Khrushchev's Cold Summer* 중 특히 69~77쪽을 보라. 애들러는 당을 향한 귀환자들의 태도에 관한 책을 마무리 중이다. 한 장이 *Europe-Asia Studies*, March 2010, 211~234쪽에 실렸다.

14. Ulanovskaia and Ulanovskaia, *Istoriia*, 267쪽.

15. *Nikita Sergeevich Khrushchev: dva tsveta vremeni*, 2vols.(Moscow, 2009), vol.2, 572~573쪽.

16. 이 인용구를 제공해준 낸시 애들러에게 고마움을 전한다.

17. 이들 부자에 대한 정보는 Olga Semenova, *Iulian Semenov*(Moscow, 2006)을 보라.

18. Solzhenitsyn in *Novyi mir*, no.4(1999), 163쪽. 샬라모프에 관한 정보는 Svetlana Boym in *Slavic Review*, Summer 2008, 347쪽; Zinovy Zink in *The Times Literary Supplement*, Dec. 5, 2008, 6쪽; 비슷한 정보는 Koen, *Dolgoe*, 90쪽을 보라.

19. Iurii Kariakin, *Peremena ubezhdeniia*(Moscow, 2007), 232쪽; Ginzburg, *Within*, 390쪽; Antonov-Ovseenko, *Portret*, 469~477쪽과 Smith, *Remembering*, 177~178쪽의 관점을 보라.

20. Karpov in *Sovetskaia Rossiia*, July 27, 2002, *Pravda*, April 26, 1995와 그의 저서 *Generalissimus*, 2vols.(Moscow, 2002); Sviashchennik Dmitrii Dudko, *Posmertnye vstrechi so Stalinym*(Moscow, 1993); *Sovetskaia Rossiia*, March 6, 2008과 *Molotov Remembers*(Chicago, 1933), 290쪽에 인용된 Rokossovsky를 보라.

21. A.L. Litvin, ed., *Dva sledstvennykh dela E. Ginzburg*(Kazan, 1994), 14쪽.

22. Razgon, *True Stories*, 269쪽; Mandelstam, *Hope Against Hope*, 377쪽; Kersnovskaia, *Skolko stoit*, 347쪽; Aroseva, *Bez grima*, 89쪽; *Reabilitirovan posmertno*, 2vols.(Moscow, 1988), vol.1, 104~106쪽을 보라.

23. Aroseva, *Bez grima*, 88~89쪽, 255쪽.

24. 예를 들어 Frierson and Vilensky, *Children*, 362~364쪽; *Moscow News*, Nov. 16, 2009에 실린 Anna Arutunyan의 보고서를 보라.

25. Vasilii Aksenov, *Zenitsa oka*(Moscow, 2005), 399~410쪽; Orlova and Kopelev, *My zhili*, 359쪽; Elena Bonner, *Mothers and Daughters*(New York,

1993), 328~333쪽.

26. Koen, *Dolgoe*, 91쪽; and T. I. Shmidt, *Dom na naberezhnoi*(Moscow, 2009), 27쪽을 보라.

27. Matthews, *Stalin's Children*, 105~108쪽; Donald J. Raleigh, ed., *Russia's Sputnik Generation*(Bloomington, IN, 2006), 168~174쪽; Bonner, *Mothers*, 323쪽; 비슷한 정보는 Shmidt, *Dom*, 84쪽을 보라. 오쿠자바와 이 일반적인 주제에 관한 정보는 Alexander Etkind in *The Russian Review*, Oct. 2009, 623~640쪽을 보라.

28. Ginzburg, *Within*, 410~411쪽; *Everything Flows*, 11쪽. 비슷한 정보는 Koen, *Dolgoe*, 91쪽을 보라.

29. Irina Shcherbakova, ed., *Kak nashikh dedov zabirali*(Moscow, 2007), 502쪽.

30. Vilensky, ed., *Till My Tale*, 280쪽, 284쪽; 그네딘과 비슷한 사례는 Milchakov, *Molodost*, 91-92쪽; Baitalsky, *Notebooks*, 389~391쪽을 보라. 이와 대조적인 사례는 Lakshin in *Literaturnaia gazeta*, Aug. 17, 1994; 더 일반적인 경우는 Adler, *Gulag Survivor*, 139~145쪽을 보라.

31. Shalamov, *Graphite*, 281쪽.

32. Mandelstam, *Hope Against Hope*, 279.

33. Natalia Kozlova, *Sovetskie liudi*(Moscow, 2005), 345쪽.

34. Orlova and Kopelev, *My zhili*, 75쪽; Michael Scammell, *Solzhenitsyn*(New York, 1984), 657쪽.

35. Svirski, *A History*, 183쪽.

36. Oleg Volkov, *Pogruzhenie vo tmu*(Moscow, 1992), 428~429쪽.

37. Vilensky, ed., *Till My Tale*, 98쪽.

38. 이에 대한 논의는 Adler, *Gulag Survivor*를 보라. 사례와 희생자 집단, 향수에 대한 정보는 Koen, *Dolgoe*, 91~92쪽을 보라.

39. Adler, *Gulag Survivor*, 186~190쪽; 법령에 관한 정보는 *Reabilitatsiia*, vol.2, 181~183쪽, 194~197쪽, 333~334쪽; 사례들은 Adler, *Gulag Survivor*, 92, n.67을 보라.

40. I, *Maya Plisetskaya*, 39쪽.

41. Shentalinsky, *Arrested Voices*, 285쪽.

42. Yury Trifonov, *The Disappearance*(Ann Arbor, 1991), 67; Shmidt, *Dom*, 92쪽.

43. 예를 들어 Irina Shcherbakova, ed., *Krug semi i koleso istorii*(Moscow,

2008), 251쪽을 보라.

44. A. V. Antonov-Ovseenko, *Respublika Abkhaziia*(Moscow, 2008), 19~20쪽.

45. Arkady Vaksberg, *Stalin's Prosecutor*(New York, 1991), 86~93쪽.

46. E. Efimov in *Sotsialisticheskaia zakonnost*, no.9(1964), 42~45쪽; Lev Zaverin in *Soiuz*, no.51(1990), 9쪽.

47. Adler, *Gulag Survivor*, chap.5를 보라.

48. 레오니트 페트롭스키가 후일 자신의 조부모님에 대해 한 이야기는 *Voprosy istorii KPSS*, no.2(1988), 93~97쪽; *Rabotnitsa*, no.3(1988), 17~19쪽을 보라.

49. *Teatralnaia zhizn*, no.5(1989), 8~11쪽의 랴시스키의 체험기 참조.

50. Adler, *Gulag Survivor*, 171쪽, 177쪽; Ivan Zemlianushin in *Trud*, Dec. 24, 1992. 첫 번째 책은 1954~1961년을 말하고 있고 두 번째 책 역시 분명 1954~1964년을 언급하고 있기 때문에 수치에 거의 모순이 없다고 볼 수 있다.

51. Adler, *Gulag Survivor*, 179쪽; 그리고 비슷한 정보는 Moshe Zaltsman, *Menia reabilitirovali*(Moscow, 2006), 247쪽을 보라. 다른 인용과 사례들은 Koen, *Dolgoe*, 93쪽을 보라.

52. 그녀의 이야기는 "Pravda GULAGa," *Novaia gazeta*, July 29, 2009; 다른 사례들은 Koen, *Dolgoe*, 93쪽을 보라.

53. 영웅대접에 관한 정보는 Zaraev in *Ogonek*, no.15(1991), 15쪽; Adler, *Gulag Survivor*, 186쪽; and Korzhavin, *V soblaznakh*, vol.2, 657쪽을 보라. 친절함을 보인 사례는 Voznesenskii, *Istiny*, 678쪽을 보라.

54. *I, Maya Plisetskaya*, 34쪽; 연기에 관한 정보는 Mandelstam, *Hope Against Hope*, 33쪽; 특사에 관한 정보는 Dobson, *Khrushchev's Cold Summer1*, Maya, chaps.1~6을 보라.

55. Snegov in *Vsesoiuznoe soveshchanie istorikov*(Moscow, 1964), 270쪽; 비슷한 정보는 Vladimir Amlinskii in *Iunost*, no.3(1988), 53쪽.

56. 이 마지막 사례들에 관한 정보는 Koen, *Dolgoe*, 94쪽을 보라. 교사와 고아, 발송한 쪽지, 의사, 페시코바에 관한 정보는 Shmidt, *Dom*, 77~78쪽; *Shatrov*, vol.5(Moscow, 2007), 383쪽; *I, Maya Plisetskaya*, 41쪽과 Mandelstam, *Hope Against Hope*, 345쪽; "Pravda GULAGa," *Novaia gazeta*, Sept. 9, 2009; Gorcheva, *Pressa Gulaga*, 171쪽, 220쪽을 보라.

57. E.S. Levina, *Vavilov, Lysenko, Timofeev-Resovskii*(Moscow, 1995), 134~135쪽. 다른 사례는 Koen, *Dolgoe*, 94쪽을 보라.

58. Lidiia Chukovskaia, *Zapiski ob Anne Akhmatovoi*, vol.2(Paris, 1980), 115쪽,

137쪽; 비슷한 정보는 Lev Razgon in *Literaturnaia gazeta*, Dec. 13, 1995.

59. *True Stories*, 276쪽.

60. Boris Rubin, *Moe okruzhenie*(Moscow, 1995), 187쪽.

61. Aroseva, *Bez grima*, 255~264쪽; *Molotov Remembers*, 281쪽.

62. Antonov-Ovseenko, *Vragi naroda*, 16쪽. 이크라모프에 관한 정보는 *Delo*, 171쪽을 보라.

63. 이 단락과 앞 단락에 실은 인용구들은 *Istoricheskii arkhiv*, no.1(2008), 80쪽; Svirski, *A History*, 53쪽; *Aleksandr Fadeev: pisma i dokumenty*(Moscow, 2001), 297~298쪽을 보라.

64. 이를 비롯한 다른 사례들은 Koen, *Dolgoe*, 95쪽; 그리고 Mandelstam, *Hope Against Hope*, 48쪽을 보라.

65. Dobson, *Khrushchev's Cold Summer*, 122쪽; Svirski, *A History*, 353쪽, 367쪽; Ludmilla Alexeyeva and Paul Goldberg, *The Thaw Generation*(Boston, 1990), 84쪽; 그리고 비슷한 정보는 Koen, *Dolgoe*, 96쪽.

66. *Krokodil*, no.7(1989), 6쪽에서 Tseitlin이 인용함.

67. Iurii Panov in *Izvestiia*, Aug. 10, 1990; Viktor Bokarev in *Literaturnaia gazeta*, March 29, 1989.

68. Kersnovskaia, *Skolko stoit*; 이외에 굴라크 예술에 대해 다룬 다른 책들은 Koen, *Dolgoe*, 96쪽 참조.

69. Konstantin Simonov in *Izvestiia*, Nov. 18, 1962. 초기 작품들에 대한 예들은 Koen, *Dolgoe*, 96~97쪽을 보라.

70. Alexander Yanov, *The Russian New Right*(Berkeley, 1978), 15쪽; Dmitri Volkogonov, *Stalin*, 2vols.(3rd ed., Moscow, 1992), vol.2, 626쪽; Solzhenitsyn, *Oak*, 16쪽을 보라.

| 4장 |

1. 예를 들어 *Istoricheskii arkhiv*, no.2(2001), 123~124쪽에 실린 Ivan Isaev의 불평; 그리고 V. Ivanov~Paimen, 같은 저널, no.4(2003), 23~24쪽을 보라.

2. Saraskina, *Aleksandr Solzhenitsyn*, 523쪽. 책임자들에 대한 정보는 Emily Tall in *Slavic Review*, Summer 1990, 184쪽; V. Loginov and N. Glovatskaia in *Voprosy ekonomiki*, no.1(2007), 154~156쪽을 보라.

3. Koen, *Dolgoe*, 97~98쪽을 보라.

4. 예를 들어 S. A. Mikoian, "Aleksei Snegov v borbe za destalinizatsiiu," *Voprosy istorii*, no.4(2006), 69~83쪽; Sergei Khrushchev, *Khrushchev on Khrushchev*(Boston, 1990), chap.1; *Reabilitatsiia*, vols.1~3과 K. Ai-mermakher, ed., *Doklad N.S. Khrushchev o kulte lichnosti Stalina na XX sezde KPSS*(Moscow, 2002)의 인명 색인; 그 작가에 대한 정보는 Firsov, *Raznomyslie*, 249쪽을 보라.

5. Shatunovskaia, *Ob ushedshem*; Grigorii Pomerants, *Sledstvie vedet katorzhanka*(Moscow, 2004). 인용 부분은 Pomerants, "Pamiati odinokoi teni," *Znamia*, no.7(2006), 165쪽.

6. Anastas Mikoian, *Tak bylo*(Moscow, 1999), 589쪽; 앞에서 인용한 아들들의 이야기, n.4.

7. 이 사건들에 대한 정보는 앞서 인용한 출처 nn.4~6을 보라.

8. Khrushchev, *Khrushchev*, 13쪽; 비슷한 정보는 Mikoian, "Aleksei Snegov."

9. Milchakov, *Molodost*, 94~98쪽; Dmitrii Shelestov, *Vremia Alekseia Rykova*(Moscow, 1990), 296쪽; Dmitrii Bykov in *Rodina*, no.8(2008), 118~119쪽; Bonner, *Mothers*, 323~324쪽; A. Afanasev in *Komsomols-kaia pravda*, Jan. 15, 1988; 더 많은 사례는 Koen, *Dolgoe*, 99쪽을 보라.

10. Nadezhda Ulanovskaia in *Vremia i my*, no.77(1983), 217~241쪽; Miklos Kun, *Stalin*(Budapest, 2003), 79쪽. 미코얀에게 동조적인 전기로는 M. Iu. Pavlov, *Anastas Mikoian*(Moscow, 2010)을 보라.

11. Shatrov in *Svobodnaia mysl*, no.10(1994), 22쪽; 몰로토프가 한 말은 Molo-tov, *Istoricheskii arkhiv*, no.3(1993), 76쪽.

12. Saraskina, *Aleksandr Solzhenitsyn*, 480~498쪽; 흐루쇼프 본인의 희생자에 대한 정보는 Vladimir Semichastnyi, *Bespokoinoe serdtse*(Moscow, 2002), 79쪽; 그리고 약쇼노프에 관한 정보는 *Nikita Sergeevich Khrushchev*, vol.2: 538~539쪽을 보라.

13. William Taubman, *Khrushchev*(New York, 2002), 274~275쪽, 276~277쪽; Shatrov in *Svobodnaia mysl*, no.10(1994), 22쪽; *Nikita Khrushchev 1964*(Moscow, 2007), 442쪽.

14. 도덕적 요인에 관해서는 Roy Medvedev, *Khrushchev*(Garden City, NY, 1983), 87~91쪽; Orlova and Kopelev, *My zhili*, 31쪽; 비슷한 정보로는 Koen, *Dol-goe*, 99~100쪽을 보라. 포메란츠에 관한 정보는 그의 "Pamiati," 166쪽과 그의 저서 *Sledstvie*, 138~139쪽을 보라.

15. 증인이 된 한 기한자 수레 가자랴은 베리야의 재판에 대한 회고록을 썼다.

SSR: Vnutrennie protivorechiia(New York), no.6(1982), 109~146쪽 참조.

16. 라주르키나에 관한 정보는 *XXII sezd kommunisticheskoi partii Sovetskogo Soiuza*, 3vols.(Moscow, 1962), vol.3, 121쪽; *Molotov Remembers*, 367쪽을 보라.

17. Iurii Trifonov, *Otblesk kostra*(Moscow, 1966), 86쪽.

18. Alliluyeva, *Twenty Letters*, 222쪽; N.S. Khrushchev, *Vremia. Liudi. Vlast.*, 4vols.(Moscow, 1999), vol.2, 184쪽; Viktor Danilov in *Kritika*, Spring 2008, 355쪽; Georgii Ostroumov in *Proryv k svobode*(Moscow, 2005), 288쪽; 비슷한 정보는 Alexeyeva and Goldberg, *The Thaw Generation*을 보라.

19. *The Time of Stalin*, xviii.

20. Frierson and Vilensky, *Children*, 365쪽.

21. Anatolii Rybakov, *Roman~vospominanie*(Moscow, 1997), 84쪽.

22. Oleg Litskevich in *Svobodnaia mysl*, no.6(2008), 135~144쪽.

23. 이 프로젝트와 결과에 대한 정보는 Koen, *Dolgoe*, 101쪽을 보라.

24. 1957년의 한 중앙위원회 회의에서 되풀이된 비난. *Molotov, Malenkov, Kaganovich. 1957*(Moscow, 1998) 참조.

25. Vavilov, *V dolgom poiske*, 176쪽.

26. *Ob ushedshem*.

27. Medvedev, *Khrushchev*, 81쪽에서 인용됨. '대세'에 관한 정보는 Vladimir Lakshin in *Literaturnaia gazeta*, Aug. 17, 1994; 샤투놉스카야에 관한 정보는 Pomerants, *Sledstvie*, 12쪽을 보라.

28. 세로프에 관한 정보는 Petrov, *Pervyi predsedatel*; 기록보관소 문서에 관한 정보는 Koen, *Dolgoe*, 101~102쪽을 보라.

29. N. Barsukov in *Kommunist*, no.8(1990), 99쪽.

30. Koen, *Dolgoe*, 103쪽; 인용 부분은 Nikita Petrov in *Novoe vremia*, no.23(2000), 33쪽을 보라.

31. *Molotov, Malenkov, Kaganovich*. 여기에 쓰인 인용과 세부 정보는 *Istoricheskii arkhiv*, no.3(1993), 17쪽, 19쪽, 85쪽, 88쪽에서 가져온 것.

32. 같은 저널, no.4(1993), 17쪽.

33. Koen, *Dolgoe*, 103쪽; Petrov, *Pervyi predsedatel*, 151쪽; 총 해고자 수에 관한 정보는 Julie Elkner in Melanie Ilic and Jeremy Smith, eds., *Soviet State and Society Under Khrushchev*(London, 2009), 146쪽을 보라.

34. Koen, *Dolgoe*, 103쪽.

35. 흐루쇼프, 세레브랴코바, 이라크모프, 라즈곤, 내 책 출판을 담당한 사람에

관한 정보는 각각 Medvedev, *Khrushchev*, 97쪽(비슷한 정보는 Shatunovs-kaia, *Ob ushedshem*, 286); *Khrushchev: dva tsveta*, vol.2, 574쪽; *Delo*, 168~169쪽; *True Stories*, 235쪽; Paul R. Gregory, *Lenin's Brain and Other Tales from the Secret Soviet Archives*(Stanford, CA, 2008), 91쪽; Aleksandr Avelichev in *Stephen Cohen, The Soviet Union and Russia*(Exeter, NH, 2010), 79~80쪽을 각각 보라.

36. 대략적인 수치와 시인, 흐루쇼프에 관한 정보는 Dmitri Volkogonov in *Moscow Times Magazine*, Aug. 13, 1995, 21쪽; Galina Ivanova in *Obshchaia gazeta*, Aug. 27, 1998~Sept. 2, 1998; Pavel Antokolskii in *Grani*, no.56(1964), 182쪽; 그리고 바로 앞 주석의 처음 두 개의 인용을 보라. 수용소의 경제 관리인에 관한 정보는 Deborah Kaple이 편집한 Fyodor Mochulsky의 출간 예정 회고록 *Gulag Boss*를 보라.

37. 명령에 복종했다는 내용은 Piatnitskii, *Osip Piatnitskii*, 610~611쪽; Mandelstam, *Hope Against Hope*, 49쪽; Tzouliadis, *The Forsaken*, 320쪽을 보라. 흐루쇼프의 연루 사실을 입증하는 기록보관소 문서에 관해서는 Koen, *Dolgoe*, 101~102쪽을 보라.

38. Saraskina, *Aleksandr Solzhenitsyn*, 478쪽. 이 문단과 다음 문단의 인용은 모두 회의록 *XXII sezd*, vol.3, 121~122쪽, 362쪽, 402쪽, 584쪽에서 가져온 것.(자녀들에 관한 정보는 114쪽을 보라.)

39. *Ob ushedshem*, 297~300쪽. 위원회의 최종 보고서는 *Reabilitatsiia*, vol.2, 541~670쪽을 보라.

40. Vladimir Lakshin in *Novyi mir*, no.1(1964).

41. Boris Polevoi in *Ogonek*, July 1962, 20~24쪽; V. Starikov in *Ural*, no.4(1963), 4~48쪽; Ikramov in *Molodaia gvardiia*, no.12(1962), 183~234쪽; Aksyonov in *Iunost: izbrannye*(Moscow, 1965), 9~36쪽을 각각 보라.

42. *Den poezii 1962*(Moscow, 1962), 45쪽. 이 시를 내게 알려주고 번역해주신 고故 베라 던햄 교수님께 감사드린다. 관료들에 관한 정보는 예를 들어 *Gulag Survivor*, 179~181쪽에 나오는, 이반 라주틴의 소설에 대한 애들러의 논고; 그리고 세대에 관한 정보는 Ikramov in *Molodaia gvardiia*, no.12(1962), 183~234쪽을 보라.

43. Shatunovskaia, *Ob ushedshem*, 276쪽; Aleksandr Shelepin at *XXII sezd*, vol.2, 405쪽. 수슬로프에 관한 정보는 *Istochnik*, no.2(1996), 115쪽을 보라.

44. Rybakov, *Roman*, 177쪽.

45. Larina, *This I Cannot Forget*, 240~246쪽; Roy Medvedev in Cohen, ed., *An End*, 119~123쪽을 보라.

46. Ardov 외, *Legendarnaia Ordynka*, 259쪽; Zezina, *Sovetskaia khudo-zhestvennaia*, 174쪽; 비슷한 정보는 Koen, *Dolgoe*, 104쪽.

47. 같은 책에서.

48. Mikhail Sokolov in *Current Digest of the Soviet Press*, April 24, 1963, 13쪽; Ivan Lazutin, *Sud idet*(Moscow, 1962), 258쪽.

49. *Khrushchev: dva tsveta*, vol.2, 581쪽. 예렌부르크의 '선행 자처'에 관해서는 Joshua Rubenstein, *Tangled Loyalties*(New York, 1996), 249쪽에 인용된 Anna Akhmatova쪽을 보라.

50. *Izvestiia*, Jan. 30과 Feb. 6, 1963의 예렌부르크와 빅토르 예르밀로프Viktor Yermilov의 대화; 흐루쇼프에 관한 정보는 Taubman, *Khrushchev*, 596쪽; *Encounter*, June 1964: 88~98쪽의 어느 러시아 작가에게서 온 익명의 편지; Leonid Ilyichev in *Current Digest*, April 3, 1963, 6쪽을 보라.

51. *Politicheskii dnevnik*, vol.2(Amsterdam, 1975), 123쪽. 파시스트 독일에 관한 도발적인 기사 중 몇몇은 예브게니 그네딘이 쓴 것이었다. *Novyi mir*, no.3(1966), no.8(1968)을 보라. 다른 예시들은 Koen, *Dolgoe*, 104~105쪽을 보라.

52. Khrushchev, *Khrushchev*, 14쪽.

53. 샤투놉스카야, 스네고프, 악쇼노프에 관한 정보는 Shatunovskaia, *Ob ushedshem*, chaps.20~23; Khrushchev, *Khrushchev*, 15쪽; Aksyonov in *Novaia gazeta*, July 8, 2009를 보라. 레닌그라드에 관한 정보는 Dobson, *Khrushchev's Cold Summer*, 54쪽, 87쪽을 보라.

54. Shatunovskaia, *Ob ushedshem*, 292쪽; Semichastnyi, *Bespokoinoe*, 161쪽.

55. *Pravda*, Oct. 21, 1962. 흐루쇼프에 관한 정보는 Evgenii Evtushenko, *Volchii pasport*(Moscow, 1998), 241~243쪽을 보라.

56. Andrei Karaulev, *Vokrug kremlia*(Moscow, 1990), 50쪽.

57. Fedor Burlatsky, *Khrushchev and the First Russian Spring*(New York, 1988), 200~201쪽, 215쪽; Pavlov, *Anastas Mikoian*, 314~319쪽; G. L. Smirnov in *Neizvestnaia Rossiia*, vol.3(Moscow, 1993), 377~381쪽; Semichastnyi, *Bespokoinoe*, 342~343. 개요 보고서에 관한 정보는 *Reabilitatsiia*, vol.2, 541~670쪽을 보라.

58. *Nikita Khrushchev 1964*.

59. Rybakov, *Roman*, 41.

60. *Current Digest*, Feb. 5, 1964; Evtushenko, *Volchii pasport*, 242쪽; *Current Digest*, Aug. 5, 1964, 20쪽.

61. Saraskina, *Aleksandr Solzhenitsyn*, 525쪽; Taubman, *Khrushchev*, 14쪽, 비슷한 정보는 *Nikita Khrushchev 1964*, 211쪽, 340쪽, 346~347쪽; *Istochnik*, no.2(1996), 115쪽을 각각 보라.

62. Saraskina, *Aleksandr Solzhenitsyn*, 535쪽; O. Volin in *Sovershenno sekretno*, no.6(1989), 18쪽; Ulanovskaia and Ulanovskaia, *Istoriia*, 269쪽.

| 5장 |

1. 스탈린 문제와 개혁층, 보수층에 관한 이 절은 나의 1985년 저서 *Rethinking*, chaps.4~5와 곧 출간될 그 책의 확장판에서 더 많은 이야기를 풀어내고 있다.

2. Feliks Chuyev in Cohen, ed., *An End*, 174쪽.

3. 이 같은 불평의 예는 *Preduprezhdenie pravonarushenii sredi nesovershennoletnikh*(Minsk, 1969), 12쪽; Cohen, *Rethinking*, 200쪽 각주 77번을 각각 보라.

4. *The New York Times*, Dec. 3, 1978에서 인용됨.

5. Rudolf L. Tokes, ed., *Dissent in the USSR*(Baltimore, 1975), 351쪽.

6. Stephen F. Cohen and Katrina vanden Heuvel, *Voices of Glasnost*(New York, 1989), 280~306쪽에서 카르핀스키와의 인터뷰 부분을 보라.

7. Pyotr Pospelov in *Vsesoiuznoe soveshchanie*, 298쪽; *Khronika zashchity prav v SSSR*(New York), July~Sept. 1977, 16~17쪽.

8. 몰로토프에 관한 정보는 *Molotov Remembers*, 409~411쪽; 체르넨코에 관한 정보는 *Reabilitatsiia*, vol.2, 538~559쪽을 보라.

9. *Kremlevskii samosud*(Moscow, 1994), 209~211쪽, 361쪽; *Reabilitatsiia*, vol.2: 539~540쪽; Semichastnyi, *Bespokoinoe*, 245쪽.

10. Tepliakov, *Protsedura*, 64쪽; Lidiia Golovkova in *Novaia gazeta*, Dec. 16, 2009.

11. Lev Sheinin, *Zapiski sledovatelia*(Moscow, 1968); *Izvestiia*, May 31, 1967에 실린 사망 기사. 테러에서 그가 맡은 역할은 Zviagentsev, *Rudenko*, 73~78쪽과 Vaksberg, *Stalin's Prosecutor*의 관련 쪽; 인용 부분은 Valerii Rodos, *Ia syn palacha*(Moscow, 2008), 29쪽을 보라.

12. *Izvestiia*, Dec. 16, 1963.

13. 약간 다른 버전인 Medvedev, *Khrushchev*, 98쪽; 그리고 Solzhenitsyn, *Gulag*, vol.3, 451쪽을 보라.

14. Adler, *Gulag Survivor*, 196~197쪽에서 인용된 어느 귀환자. 스네고프와 수슬로프에 관한 정보는 *Reabilitatsiia*, vol.2: 510쪽, 521~525쪽; 스네고프(와 샤투놉스카야)가 받은 간청에 대해서는 Orlova and Kopelev, *My zhili*, 53쪽을 보라.

15. 예를 들어 Roy Medvedev, *On Socialist Democracy*(New York, 1975)쪽을 보라.

16. Larina, *This I Cannot Forget*, 343~345쪽. 비슷한 정보는 Yuri Tomsky in Proskurin, ed., *Vozvrashchennye imena*, vol.2, 270쪽을 보라.

17. Tatiana Rybakova, *Schastlivaia ty, Tania!*(Moscow, 2005), 255쪽; Philip Boobbyer, *Conscience, Dissent and Reform in Soviet Russia*(London, 2005), 66쪽에 인용된 흐루쇼프.

18. *Nikita Khrushchev 1964*, 441쪽. 빅토르 루이스의 삶에 관해서는 Elena Korenevskaia in *Literaturnaia gazeta*, Feb. 10~16, 2010을 보라.

19. Khrushchev, *Vremia. Liudu. Vlast*, vol.1, 163.

20. Iuliu Edlis in *Sovetskaia kultura*, Dec. 21, 1989; Orlova and Kopelev, *My zhili*, 347~348쪽.

21. L.P. Petrovskii, *Petr Petrovskii*(Alma~Ata, 1974); Anton Rakitin, *V. A. Antonov-Ovseenko*(Moscow, 1975).

22. 번역본에 관한 정보는 Mikhail Shatrov, *Dramas of the Revolution*(Moscow, 1990)을 보라.

23. Woll, *Invented Truth*, 14쪽에서 인용됨.

24. *Otblesk kostra*.

25. 이 발전과정에서 나온 대표적인 저작물과 다른 서류들은 George Saunders, ed., *Samizdat*(New York, 1974); Abraham Brumberg, ed., *In Quest of Justice*(New York, 1970); Cohen, ed., *An End to Silence*를 보라.

26. Larina, *This I Cannot Forget*, 183쪽. 내가 이 정보 중 일부를 가져온 출처이기도 한, 야키르의 사위 율리 킴이 쓴 야키르의 공감 가는 인생 이야기는 *Obshchaia gazeta*, Feb. 8~14, 1996; 그리고 비슷한 정보는 Leonid Petrovskii in *Kentavr*, no.1(1995), 61~75쪽을 보라.

27. L. N. Dzhrnazian in *Sotsiologicheskie issledovania*, no.5(1988), 64쪽.

28. M.S. Gorbachev, *Izbrannye rechi i stati*, 7vols.(Moscow, 1987~1990), vol.5, 217쪽, 397~398쪽, 401~402쪽, 407쪽. 옐친에 관한 정보는 *Svobodnaia mysl*, no.11(1995), 62~63쪽을 보라.

29. G. A. Bordiugov and V.A. Koz1ov, *Istoriia i koniunktura*(Moscow, 1992), chap.2.

30. 예를 들어 Proskurin, ed., *Vozvrashchennye imena*, 2vo1s.; F. A. Karmanov and S. A. Panov, eds., *Reabilitirovan posmertno*, 2vo1s.(Moscow, 1988)를 보라. '수문'에 관한 정보는 Anatoly Chernyaev, *My Six Years with Gorbachev*(University Park, PA, 2000), 139쪽을 보라.

31. Nanci Adler, *Victims of Soviet Terror*(Westport, CT, 1993).

32. *Delo*.

33. *The Nation*, April 17, 1989, 521~524쪽.

34. *Literaturnaia gazeta*, July 6, 1988에서 Iurii Shchekochikhin이 인용함.

35. 우리의 만남에 관한 정보는 *Foreign Broadcast Information Service: Soviet Union*, Sept. 14, 1990, 24쪽; *Izvestiia*, Aug. 25, 1989를 보라. 훗날 유명한 소비에트 작가들의 운명에 대한 중요한 정보를 제공했던 크라유시킨에 대해 더 알고 싶다면, Shentalinsky, *Arrested Voices*를 보라.

36. 1990년에 *Vecherniaia Moskva*에 실리기 시작한 이 명단을 기준으로 메모리얼 협회에서는 1993년과 1995년, 2000년에 *Rasstrelnye spiski*라는 제목으로 세 권 분량의 확장본을 출간했다. 밀차코프와 있었던 폭로성 인터뷰에 관한 정보는 David Remnick, *Lenin's Tomb*(New York, 1993), 137~140쪽을 보라.

37. 예를 들어 *Moscow News*, nos. 19, 28, 42(1988), and nos. 10, 37(1990); 그리고 *Komsomolskaia pravda*, Dec. 8, 1989를 보라. 편집장에 관한 정보는 G. Z. Ioffe in *Otechestvennaia istoriia*, no.4(2002), 164쪽에 인용된 Vitaly Korotich; 비슷한 정보는 Koen, *Dolgoe*, 107쪽을 보라. 양심의 가책에 관한 정보는 Rudolf Syisask in "Pravda GULAGa," *Novaia gazeta*, March 3, 2010을 보라.

38. *Nedelia*, Dec. 26~31, 1988; 그리고 상징적 재판에 관한 정보는 Koen, *Dolgoe*, 107을 보라.

39. *Literaturnaia gazeta*, March 29, 1989.

40. Larina, *This I Cannot Forget*, 339쪽.

41. N. B. Ivanova in *Gorbachevskie chteniia*, no.4(2006), 81쪽에 인용됨. 비슷한 정보는 Koen, *Dolgoe*, 107쪽을 보라.

42. *Izvestiia*, May 7, 1992에 실린 편지를 보라.

43. *Komsomolskaia pravda*, Sept. 26, 1990.

1. 예를 들어 *Johnson's Russia List*(이하 JRL), 이메일 뉴스레터, Dec. 21, 2009에 실린 VTsIOM의 설문조사; A. V. Filippov, *Noveishaia istoriia Rossii, 1945~2006 gg.*(Moscow, 2007), 93쪽; A.T. Rybin, *Stalin v oktiabre 1941 g.*(Moscow, 1995), 5쪽을 보라.

2. Cohen and vanden Heuvel, *Voices*, 225쪽에서 비슷한 지적한 Aleksandr Bovin.

3. *Reabilitatsiia*, vol.3, 600~606쪽; Adler, *Gulag Survivor*, 33쪽과 chap.7.

4. *Dva sledstvennykh dela*, 3쪽.

5. 1990년대 상황은 Stephen F. Cohen, *Failed Crusade*, 확장판(New York, 2001)을 보라.

6. B.S. in *Nezavisimaia gazeta*, Sept. 21, 1993; 비슷한 정보는 *Mir posle Gulaga*.

7. 동일한 견해로는 Sergei Cherniakhovskii and Aleksandr Bangerskii in *Politicheskii klass*, Dec. 2009, online ed.; 앞선 각주 1번; Sarah E. Mendelson and Theodore P. Gerber in *Foreign Affairs*, Jan./Feb. 2006, online ed.

8. Wendy Slater in *The Times Literary Supplement*, Oct. 30, 2009, 29쪽; 비슷한 정보는 *The Economist*, Sept. 5, 2009, 14쪽.

9. 예를 들어 Iurii Mukhin and Aleksandr Shabalov, *Pochemu vrut uchebniki istorii*(Moscow, 2009)을 보라.

10. 예를 들어 *Novaia gazeta*, March 16, April 22, and July 29, 2009를 보라.

11. 예를 들어 Irina Shcherbakova가 편집한 두 책 *Kak nashikh dedov zabirali* 와 *Krug semi i koleso istorii*(Moscow, 2007 and 2008)을 보라.

12. 포즈네르에 관한 정보는 *JRL*, Dec. 23, 2009에 실린 보도; 그리고 다큐멘터리에 관한 정보는 *Novaia gazeta*, Jan. 25, 2010을 보라.

13. 법원 결정에 관한 정보는 ibid., Oct. 16, 2009; 마가단에 관한 정보는 ITAR-TASS 보도, May 23, 2008, 비슷한 정보는 *JRL*, July 9, 2007에 실린 AP 특전을 보라.

14. 인용 부분은 N. B. Ivanova in *Gorbachevskie chteniia*, no.4, 81쪽; 기념비에 관한 정보는 *Novaia gazeta*, June 5~8과 9~15, 2008, 이에 반대하는 공산당 대언론 공식 성명, June 5~6, 2008을 보라.

15. Filippov, *Noveishaia*, 81~94쪽. 이 교과서와 관련 교사 지도서에 대한 정부

의 지지에 항의한 내용은 2008년과 2009년에 *Novaia gazeta*에 정기적으로 실렸다.

16. Reuters 특전, Nov. 2, 2000; *Knizhnoe obozrenie*, no.48(2006), 4쪽; kremlin.ru, Oct. 30, 2007, 더불어 같은 날의 ITAR−TASS 보도를 각각 보라.

17. *JRL*, Feb. 4, 2010에 실린 AFP 특전; 푸틴이 한 말은 ITAR−TASS, ibid., Dec. 22. 2009에서 인용됨.

18. *Izvestiia*, Dec. 1, 1990.

19. Vladimir Ryzhkov in *Moscow Times*, Feb. 9, 2010; Aleksandra Samarina in *Nezavisimaia gazeta*, Nov. 2, 2009; 비슷한 정보는 Aleksandr Budberg in *Moskovskii komsomolets*, Dec. 28, 2009를 각각 보라.

20. Sergei Mitrofanov, Polit.ru, Jan. 3, 2010에 인용된 Mikhail Delyagin; *Zavtra*, Dec. 31, 2009에 실린 원탁회의 토론; 그리고 Aleksandr Prokhanov in *Zavtra*, March 4, 2009를 각각 보라. 비슷한 정보는 Iurii Mukhin, *Stalin protiv krizisa*(Moscow, 2009)쪽을 보라.

21. Sergei Chernyakhovsky in *Moscow News*, Dec. 1~7, 2009; Rybin, *Stalin*, 5; Zhanna Kasianenko in *Sovetskaia Rossiia*, July 27, 2002에 인용된 Vladimir Karpov; Mikhail Anokhin in *Literaturnaia gazeta*, March 18~24, 2009를 각각 보라.

22. *Novaia gazeta*, July 1, 2009.

23. Edmund Griffiths in *The Times Literary Supplement*, Jan. 30, 2009, 14쪽에 인용된 Andrei Fefelov. 이 장 첫 페이지에 나온 Aleksandr Sergeyev의 다른 인용 또한 Griffiths가 인용함.

24. 예를 들어 Gennadii Ziuganov, *Stalin i sovremennost*(Moscow, 2008); Iurii Emelianov, *Stalin pered sudom pigmeev*(Moscow, 2007); 2009년 12월 친공산주의 신문 *Sovetskaia Rossiia*에 실린, 방대한 분량의 스탈린 탄생 130주년 보도기사를 보라.

25. 이 표현은 *Moskovskii komsomolets*, Dec. 28, 2009에서 Aleksandr Budberg가 한 것이다. 당시의 내 분석 연구는 Cohen, ed., *An End*, 22~50쪽; 내 저서 *Rethinking* 중 특히 chaps.4~5를 보라.

26. *Delo*, 256. 여론조사에 관한 정보는 Paul Goble in *JRL*, Feb. 24, 2006을 보라. 손자손녀의 사례는 앞선 n.11을 보라.

27. 이 만남에 관한 정보는 Dmitrii Muratov in *Novaia gazeta*, Feb. 2, 2009; 그리고 *JRL*, Jan. 30, 2009에 실린 RFE/RL과의 인터뷰를 보라. 이 문단과 다음 문단에서 인용된 메드베데프의 말은 blog kremlin.ru, Oct. 30, 2009를 보라.

옮긴이의 말

우리에게 익숙한 조지 오웰의 『동물농장』(1945)은 러시아 혁명과 스탈린의 배신을 풍자한 정치 우화다. 줄거리는 대략 이렇다. 인간 농장주를 몰아내고 서로 화합해서 평등한 농장을 건설한 동물들. 하지만 혁명의 뜻을 이어받은 돼지 나폴레옹(스탈린)은 라이벌인 돼지 스노볼(트로츠키)과의 긴긴 대립 끝에 권력을 손에 넣고 자신의 기반을 탄탄히 하기 위해 대대적인 숙청에 들어간다. 그 결과, 농장은 인간이 다스리던 때와 별반 다르지 않은 곳이 된다. 스탈린을 다룬 대부분의 책은 여기에서 끝난다. 그래서 스탈린을 구소련의 독재자쯤으로 여길 뿐, 그가 얼마나 많은 사람을 죽이고 얼마나 많은 이들을 수용소에 보냈는지, 그리고 수용소에서 살아남은 사람들이 어떤 삶을 살았는지는 알지 못한다.

하지만 『돌아온 희생자들』은 여기서부터 이야기를 시작한다. 스탈린에 의해 희생된 인명수가 히틀러의 희생자 수 못지않았음을 강조하고, 스탈린 사망 후 생존자들이 어떤 삶을 살고 이들이 러시아 정치에 어떠한 영향을 미쳤는지를 설명하며, 앞으로 러시아가 나아가야 할 방향까지 다루고 있다. 특히 흐루쇼프의 스탈린 격하 연설, 생존자들에 대한 석방 조치 및 이들의 복권을 위한 노력 그리고 스탈린 사후부터 현재의 푸틴 대통령까지 정권 교체기마다 있었던 희생자들에 대한 처우 변화 등 러시아 현대사의 굵직굵직한 사건들을 담고 있다. 무엇보다 희생자들의 눈을 통해 바라본 러시아 정치·사회사가 펼쳐져 있어 스탈린 테러가 남긴 유산을 색다른 시각으로 접할 수 있다.

더불어, 스탈린 희생자들에 대한 공개적 담론이 철저히 통제되던 시절에 희생자들을 직접 만나 자료를 수집한 저자의 오랜 노력이나, 석방 후에도 '인민의 적'이라는 낙인이 찍힌 채 살아가야 했던 희생자들이 '진실'을 조금이라도 더 알리기 위해 신변의 위협도 마다하지 않는 모습은 큰 감동으로 다가온다. 또한 저자는 희생자들의 억울한 과거보다는 사회에 복귀하려는 현재의 노력과 미래에 대한 희망에 초점을 맞추며, 절망 가운데서도 희망의 끈을 놓지 말아야 한다는 역사적 메시지를 전달한다. 이런 긍정적이고 진취적인 역사관은 실각 후에도 여전히 희생자들의 편에서 그들을 위로했던 반스탈린주의자 흐루쇼프의 고백에서 잘 드러난다.

물론 내가 정권을 쥐고 있을 때 이 일을 끝내지 못한 것이 못내 아쉽습니다. 하지만 괜찮습니다. 한 사람이 못다 한 일은 그다음 사람이 할 테니까요. 만약 그 사람도 못 한다면 또 다음 사람이 하면 됩니다. 정당한 명분은 절대 사라지지 않는 법이니까요.

이 책은 만만하게 술술 읽히는 책이 아니다. 30년이라는 조사기간이 무색할 정도로 적은 페이지에 이 많은 정보를 담으려다보니 자연히 글의 밀도가 높아지고 이를 가독성 있게 번역하기가 녹록지 않았다. 아마도 이 글을 쓸 당시에는 이미 저자가 희생자들의 삶에 깊이 녹아 있었기 때문에 오히려 학자로서 이들의 이야기를 구구절절하게 하기 힘들었으리라 여겨진다. 또한 조사 대상이 주로 작가, 역사가, 과학자 등 지식인들에 한정되어 있다보니 당시 생존자 중 대다수에 속했을 일반 농민·노동자들의 삶이 거의 드러나 있지 않다는 아쉬움이 있다.

하지만 『돌아온 희생자들』은 영화나 책 등 각종 매체를 통해 우리에게 잘 알려져 있는 히틀러의 희생자들과는 달리, 러시아 내에서조차 잊혀가는 스탈린의 희생자들을 조명했다는 점에서 의미가 크다. 다시 말해서, 이 책은 무고하게 희생된 사람들이 자신들을 잊지 말라고 당부하는 조용한 외침이다. 더 나아가 인류 역사에 제2의 스탈린이 등장하지 않기 위해서는 역사에 대한 올바른 인식과 진실을 알리는 노력이 필요하다고 주장하며, 스탈린의 희생자들에 대한 사회적 복권이 완전히 이루어질 때에야 비로소 이 희생자들이 '진정으로' 돌아올 수 있다고 피력한다.

마지막으로, 이 책을 번역하며 러시아의 현대사가 우리 역사와 무척 닮아 있다는 점 때문에 놀라웠다. 많은 살상 피해를 입혔지만 러시아에 다시없을 국제적 명성을 안겨준 스탈린에 대한 엇갈린 평가, 스탈린이 자행한 집단 테러의 공범 수준을 어떻게 판단할 것인가에 대한 사회적 고민 등은 해방 후 친일파에 대한 청산을 제대로 이행하지 못하고 또 오랜 독재 아래 소위 '한강의 기적'을 일으켰던 우리에게 많은 시사점을 안겨준다. 비단 과거의 일만이 아니다. 지금도 비뚤어진 권력에 의해 삶의 터전을 잃고 부당하게 인권을 침해받는 사례가 심심치 않게 발생한다. 사회적으로 비뚤어진 스탈린 희생자들의 고통이 멀게만 느껴지지 않는 이유다.

| ㄱ |

가스테프, 유리Gastyev, Yuri 29, 46, 134, 178

가자랸, 수렌Gazaryan, Suren 133

감금 48, 53, 62, 84, 88, 95, 98

강제노동수용소 11, 58

강제 집단화 143

개인 복권 107

개인 재산 104

개혁주의자 170, 179

거짓 선고 58

거짓 자백 13~14, 197

거짓된 맹비난 152

검찰총장 55, 106, 137

결혼생활 34, 38, 57, 100, 102

고르바초프, 미하일Gorbachev, Mikhail 25, 38~40, 58, 92, 118, 125, 135, 141, 170, 174, 176, 179, 185, 188~195, 199~200, 202~204, 219~220, 223, 225~226, 228, 230~232

고르바초프 재단 225

고르바토프, 알렉산드르Gorbatov, Aleksandr 86

고리키, 막심Gorky, Maksim 112

고아원(고아) 21, 48~49, 00, 98~100,

106, 108, 112, 185, 194, 198

고충 처리단 60

골고다언덕(수용소) 28, 85

공동묘지 32, 64, 99, 191~192, 195, 225, 233

공동묘지 1호 191

공산당 12, 26, 29, 58, 62, 87, 90~92, 124, 146, 151, 171~172, 174, 203, 222, 230

공직 부패 230

교정노동수용소 131

구르비치, 예스피르Gurvich, Esfir 33

구르비치-부하린, 스베틀라나Gurvich-Bukharin, Svetlana 33, 57, 62, 88, 114, 192, 236

구밀료프, 레프Gumilyov, Lev 48, 58, 61, 84~85, 113, 132

구원 94, 179, 229

국가적 업적 169

국가 주도의 변혁 228

국무부 125

굴라크 귀환자/생존자 22~23, 25, 27~29, 35~38, 40~41, 46, 53, 84, 87, 103~104, 113, 123~125, 130, 137, 142~143, 169, 171~173, 176, 181, 185, 187~202, 204, 229, 236

굴라크 역사박물관 226
굴라크 은어 117
굴라크 회고록 23, 34, 201
그네딘, 예브게니Gnedin, Yevgeny 30~
31, 83, 91~92, 100~101, 111, 115,
133, 179, 182, 185, 202
그로스만, 바실리Grossman, Vasily 40,
63, 99, 202
근대화 226
글라스노스트 25, 190, 196, 232
글루시코, 발렌틴Glushko, V. P. 86
긴즈부르크, 유지니아Ginzburg, Eugenia
24, 34, 84, 94~95, 99, 102, 133, 145,
182~183, 186, 201, 221

| ㄴ |

나찰니키(보스들) 124
나치 독일 10, 86, 131, 137, 169, 228
네그레토프, 파벨Negretov, Pavel 63
네토, 레프Netto, Lev 61, 100
네토, 이고르Netto, Igor 50~51
노릴스크 12, 64
노멘클라투라(소비에트 행정계급)nomen-
klatura 123, 171

| ㄷ |

다니엘, 율리Daniel, Yuli 177
『닥터 지바고Doctor Zhivago』(파스테르나
크) 15, 202
『대공포The Great Terror』(콘퀘스트) 20

대공포 10, 142, 226
대규모 석방 59
대규모 탄압 10, 48, 54, 58, 141
돈스코이 공동묘지 32, 191
두 러시아two Russias 113, 190, 222, 226

| ㄹ |

라린, 유리Larin, Yuri 21, 31, 87, 89,
127, 186, 235
라주르키나, 도라Lazurkina, Dora 130
~131
라즈곤, 레프Razgon, Lev 32, 45, 92,
102, 114, 133, 140, 193
란다우, 레프Landau, Lev 113
랴시스키, 보리스Ryazhsky, Boris 109,
128, 135, 147
랸드레스, 세묜Lyandres, Semyon 93
러시아 연방 공산당 230
레닌 9, 20, 26, 29, 88, 90~93, 107~
108, 124, 126~127, 130~131, 141,
145, 149, 151~152, 173~174, 184, 186,
190, 199~200
레닌주의적 가치 91
레셰톱스카야, 나탈리야Reshetovskaya,
Natalya 34, 102~103
로기노프, 블라들렌Loginov, Vladlen 40
로즈네르, 에디Rozner, Eddi 57, 87, 118
로코솝스키, 콘스탄틴(원수)Rokossovsky,
Konstantin(Marshal) 86, 95, 124
루덴코, 로만Rudenko, Roman 55, 137
루뱐카 형무소 105, 115, 140, 176, 198,
221

루시코프, 유리Luzhkov, Yuri 226
루이스, 빅토르Louis, Viktor 181
루체프, 보리스Ruchev, Boris 183
루캬노프, 아나톨리Lukyanov, Anatoly 194
루킨, 블라디미르Lukin, Vladimir 49
리가초프, 예고르Ligachev, Yegor 203
리코바, 나탈리야Rykova, Natalya 29, 84, 91, 179
리코프, 알렉세이Rykov, Aleksei 29, 32, 106, 110, 127, 174, 184

| ㅁ |

마레츠카야, 베라Maretskaya, Vera 52
마레츠키, 그리고리Maretsky, Grigory 52
마레츠키, 드미트리Maretsky, Dmitri 52
마셰로프, 표트르Masherov, Pyotr 134
마카리예프, 반카Makaryev, Vanka 116
『만남의 집House of Meetings』(에이미스) 40
만델스탐, 나데즈다Mandelstam, Nadezhda 101
말랑말랑한 방법vegetarian methods 13
말렌코프, 게오르기Malenkov, Georgy 54, 126~127, 130, 135~136, 138~139, 141, 149
메드베데프, 드미트리Medvedev, Dmitri 228, 232~233
메드베데프, 로이Medvedev, Roy 25, 34, 36, 63, 91~92, 114, 124, 140, 179, 186, 192, 196~197, 202, 235
메드베데프, 조레스Medvedev, Zhores 114, 182, 185

메모리얼협회Memorial Society 193~194, 221, 225~226
메이예르홀트, 프세볼로트Meyerhold, Vsevolod 13~14, 109, 147, 196
『모든 것은 흘러간다Everything Flows』(그로스만) 40, 63, 99
『모든 길은 보르쿠타로 통한다All Roads Lead to Vorkuta』(네그레토프) 63
모스크바 10, 19~22, 25, 27~28, 30~39, 47, 52, 57, 59, 62~63, 84, 87, 90, 99, 105~106, 108, 117, 124, 132, 134, 139, 145, 148~149, 174, 178~180, 184, 187, 192~193, 195, 197, 201~202, 220~221, 223~224, 226~227, 236~237
모스크바 재판 20, 106, 174
몰로토프, 뱌체슬라프Molotov, Vyacheslav 50, 54~57, 114~115, 126, 128, 130~131, 135~139, 141, 149, 174
문예비평가 146
미코얀, 아나스타스Mikoyan, Anastas 54~56, 59, 124~128, 136, 151, 153, 177, 180, 225
미틴, 마르크Mitin, Mark 146, 176
민영화 222
밀차코프, 알렉산드르(사샤)Milchakov, Aleksandr(Sasha) 32, 56~57, 91, 94, 114, 123, 127, 142, 191~192, 195

| ㅂ |

바빌로프, 니콜라이Vavilov, Nikolai 51, 105, 135, 229
바빌로프, 세르게이Vavilov, Sergei

51~52

바예바, 타티야나(타냐)Bayeva, Tatyana (Tanya) 27~29, 49, 56, 85, 87, 101, 113, 178, 180, 186, 188, 235

바예프, 알렉산드르Bayev, Aleksandr 27, 85~86, 113, 124

바이탈스키, 미하일Baitalsky, Mikhail 29, 132~133, 179, 182, 186

반덴 휴벨, 카트리나Vanden Heuvel, Katrina 38, 193, 237

반스탈린주의자 127, 151, 192, 223~226, 231, 262

반체제 운동 28, 56, 185~188

반혁명 13, 55

베르골츠, 올가Berggolts, Olga 90~91

베리야, 라브렌티Beria, Lavrenti 12, 30, 54~56, 130, 137, 193

베리야의 패거리 137, 193

벨리아미노프, 표트르Veliaminov, Pyotr 87

보로실로프, 클리멘트Voroshilov, Kliment 54, 95, 126, 130, 135, 137, 149, 176

보르쿠타 12, 63~64

복권 58, 91, 107~110, 117~118, 125, 127, 134~136, 140, 147, 149, 151, 170, 172~175, 177~178, 181~182, 184~185, 187, 189~191, 194, 198, 204, 220, 224, 229, 262~263

본네르, 옐레나Bonner, Yelena 98~99, 127, 133

볼코프, 올레크Volkov, Oleg 103

부돈니, 오성장군 세묜Budyonny, Marshal Semyon 101

부르콥스키, 보리스Burkovsky, Boris 124

부하린, 니콜라이Bukharin, Nikolai 20~ 22, 25, 28~29, 31, 33~34, 36, 38~39, 47, 49, 52, 62, 83, 85, 87~88, 91~93, 98, 104~106, 108, 110, 115, 127, 142, 147, 174, 176, 179, 182, 184, 190, 192, 197~199, 221, 236

부하린주의 열풍 190

브레즈네프, 레오니트Brezhnev, Leonid 126, 136, 148, 170~175, 178~179, 181, 184~188

블류헤르, 바실리Blyukher, Vasily 14, 98

비밀경찰 36~37, 49, 105, 113, 130, 137, 139, 145, 147, 171, 182, 194~195, 221

비밀 기록보관소 142

비신스키, 안드레이Vyshinsky, Andrei 106, 145, 175~176, 203

비정치범 53

비텐부르크, 파벨Vittenburg, Pavel 89

비토프, 안드레이Bitov, Andrei 40

| ㅅ |

사면 53, 57, 107

사츠, 나탈리야Sats, Natalya 87

사하로프, 안드레이Sakharov, Andrei 37, 186, 192

『삶과 운명Life and Fate』(그로스만) 202

샤발킨, 파벨Shabalkin, Pavel 146

샤투놉스카야, 올가Shatunovskaya 56, 59, 62, 83~84, 91, 124~127, 129~130, 136, 138, 140, 142, 144, 149, 151, 175, 177, 179, 182, 225, 236

샤트로프, 미하일Shatrov, Mikhail 32, 48, 91, 103, 112, 129, 180, 184, 192, 196, 201

샬라모프, 바를람Shalamov, Varlam 24, 32, 84, 90, 94, 101~102, 225

석방 22~25, 45~46, 53~54, 56~57, 59~62, 83, 86~89, 93, 95, 97, 102, 107, 110, 113~115, 123~127, 131, 136, 140, 144, 149, 173, 175, 177, 181, 189

세레브랴코바, 갈리나Serebryakova, Galina 92~93, 140

세레브랴코프, 레오니트Serebryakov, Leonid 106, 203

세로프, 이반Serov, Ivan 55, 136, 149

세묘노프, 줄리안Semyonov, Julian 93

세프, 로만Sef, Roman 89

셰바르드나제, 예두아르트Shevardnadze, Eduard 203

셰이닌, 레프Sheinin, Lev 176

소비에트 개혁 38, 189

소비에트 반체제 운동 28, 56, 185

『소용돌이 속으로 떠나는 여행Journey Into the Whirlwind』(긴즈부르크) 24, 133

『소용돌이치는 곳에서Within the Whirlwind』(긴즈부르크) 24, 133

『손자 손녀를 위한 노트Notebooks for the Grandchildren』(바이탈스키) 133

솔다텐코프, 이고르Soldatenkov, Igor 236

솔제니친, 알렉산드르Solzhenitsyn, Aleksandr 11, 23~24, 27, 29~30, 32, 34, 36, 63, 83, 85, 93~94, 102~103, 118~119, 123~124, 128~129, 131~133, 135, 141, 143, 147, 149, 151~153, 174~175, 180,

183, 186, 191, 225, 227

『송아지, 참나무를 계속 받다The Oak and The Calf』(솔제니친) 24

수감자 11, 25, 53, 60, 62, 86, 99, 112, 118, 136, 144, 195~195

수소폭탄 36

수슬로프, 마하일Suslov, Mikhail 136, 144, 148, 153, 175~177

『수용소군도The Gulag Archipelago』(솔제니친) 11, 23, 34, 36, 133, 186, 191, 193, 227

수용소 문학 119, 153

수용소증후군 103

순교자 열전 14, 225

스네고프, 알렉세이Snegov, Aleksei 56, 59, 83, 85, 91, 103, 124~126, 130, 149, 151, 175, 177, 182

스멜랴코프, 야로슬라프Smelyakov, Yaroslav 183

스베르들로프, 안드레이Sverdlov, Andrei 145~146, 176

스타로스틴 사형제 57, 87

스타소바, 옐레나Stasova, Yelena 107

스탈린의 통치 131, 219

스탈린 이후의 정치 수뇌부 132

스탈린주의 12, 20, 26, 29~30, 33, 52, 58, 64, 95, 126~128, 130, 135~135, 138, 142, 145~146, 149~152, 171~172, 174, 177, 181, 188, 190~193, 203, 219~220, 223~226, 229~231, 233, 262

스탈린 테러 21, 27, 34, 59, 83, 95, 110, 123, 171, 174~175, 184, 186~187, 222, 235, 262

스톨랴로바, 나탈리야Stolyarova, Natalya

147

시각예술 118

시냡스키, 안드레이Sinyavsky, Andrei 177

시르빈트, 옙세이Shirvindt, Yevsei 125

시모노프, 콘스탄틴Simonov, Konstantin 109

신경제정책(NEP)New Economic Policy 20, 22, 189

신스탈린주의자 136, 151, 173, 223~224

심문 11~13, 140, 187, 198, 201

| ㅇ |

아로세바, 올가Aroseva, Olga 50, 96~97, 103, 114

아로세프, 알렉산드르Arosev, Aleksandr 96

아스트로프, 발렌틴Astrov, Valentin 197~198

아이헨발트, 유리Aikhenvald, Yuri 28, 87~88, 102, 129, 183, 185, 192, 198, 236

아흐마토바, 안나Akhmatova, Anna 48, 61, 113, 202, 226

악쇼노프, 바실리Aksyonov, Vasily 36, 40, 49, 100, 128, 133, 143, 147, 149, 183, 221, 225

악쇼노프, 파벨Aksyonov, Pavel 34, 97

안드로포프, 유리Andropov, Yuri 37, 187

안토노프-옙세옌코, 블라디미르Antonov-Ovseyenko, Vladimir 26, 127

안토노프-옙세옌코, 안톤Antonov-Ovseyenko, Anton 26, 34, 37, 84, 96,

102, 115, 124, 129, 133~134, 179, 182~183, 185, 193, 196, 226, 229, 235

알단-세묘노프, 안드레이Aldan-Semyonov, Andrei 183

앙케트(개인 신상명세서) 49

애들러, 낸시Adler, Nanci 39, 41, 236

야쿠보비치, 미하일Yakubovich, Mikhail 127, 132

야키르, 표트르Yakir, Pyotr 56, 92, 102~103, 128~129, 134, 180, 182, 186~188

약탈 105~106

양대 홀로코스트 중 하나 9

에이미스, 마틴Amis, Martin 40

NKVD(정치경찰) 12~13, 24, 48~49, 55, 86, 95~96, 105~106, 112, 115, 136, 139~140, 145~147, 153, 175~176, 187, 193, 195, 198, 220, 227

여권 107

예렌부르크, 일리야Ehrenburg, Ilya 109, 147~148

예조프, 니콜라이Yezhov, Nikolai 12

예피모프, 보리스Yefimov, Boris 50~51, 96

엥겔가르트, 블라디미르Engelgardt, Vladimi 113

옐스베르크, 야코프Elsberg, Yakov 146

옙투셴코, 예브게니Yevtushenko, Yevgeny 150, 152

오쿠넵스카야, 타티야나Okunevskaya, Tatyana 56~57, 87, 101

오쿠자바, 불라트Okudzhava, Bulat 92, 99, 117, 127, 226

울리흐, 바실리Ulrikh, Vasily 96, 145, 175

유딘, 파벨Yudin, Pavel 146, 176
유라소프, 드미트리Yurasov, Dmitri 196
『이것을 나는 잊을 수 없네This I Cannot
Forget』(라리나) 21, 133
이데올로기 12, 203, 229
이동위원회 61, 88
『이반 데니소비치의 하루One Day in the
Life of Ivan Denisovich』(솔제니친) 24, 30,
36, 93, 118, 128, 131, 143, 149
2차 희생자 48, 177, 194, 197
이크라모프, 카밀Ikramov, Kamil 29~
30, 45, 55, 89, 92, 104, 115, 134, 140,
143, 179, 182, 185, 193, 196, 232
익명의 러시아어 설문지 35
인민의 적 12, 20, 33, 45, 48, 97~98,
125, 177, 197, 262

제22회 당 대회 141~142
젬추지나, 폴리나Zhemchuzhina, Polina
57
중앙위원회 29, 87, 116, 138~139, 146,
151, 153, 174
중앙통제위원회 125
중재자 107, 109
즈제노프, 게오르기Zhzhenov, Georgy
84, 87
지굴린, 아나톨리Zhigulin, Anatoly 183
진보 지식인 111
『진실한 이야기True Stories』(라즈곤) 32,
133
집단 죄의식 140, 147
집단처형 96, 221
집단화 10~11, 20, 131, 143, 172

| ㅈ |

자백 13~14, 30, 197, 221
자볼로츠키, 니콜라이Zabolotsky, Niko-
lai 62, 183
작은 물 117
작은 10월 혁명 153
장수 83, 115
『재앙과 부활Catastrophe and Rebirth』(그
네딘) 133
재회 24, 99~100
전체주의 22
정부의 사면 53
정치범 53~56, 59, 111
정치적 희생양 53
제20회 당 대회 135, 232

| ㅊ |

체르넨코, 콘스탄틴Chernenko, Konstan-
tin 174
총살된 자들의 명단(밀차코프) 195
최고법원의 군사재판소 55
충격요법 222, 229

| ㅋ |

카가노비치, 라자르Kaganovich, Lazar 54
~55, 114, 126, 130, 135~139, 141, 149
카르포프, 블라디미르Karpov, Vladimir
94
카르핀스키, 렌Karpinsky, Len 173, 200

카르핀스키, 뱌체슬라프Karpinsky, Vyacheslav 107

카플레르, 알렉세이Kapler, Aleksei 57, 87

카피차, 표트르Kapitsa, Pyotr 112

카홉스카야, 이리나Kakhovskaya, Irina 132

칼라시니코프, 미하일Kalashnikov, Mikhail 50

케르스놉스카야, 예브프로시니야Kersnovskaya, Yevfrosiniya 41, 118

코간, 라자르Kogan, Lazar 198~199

코롤료프, 세르게이Korolev, Sergei 86, 124

코르닐로프, 블라디미르Kornilov, Vladimir 31

코르자빈, 나움Korzhavin, Naum 178, 227

코시긴, 알렉세이Kosygin, Aleksei 203

코펠레프, 레프Kopelev, Lev 29~30, 36, 41, 45, 56, 62, 91~92, 94, 103, 129, 133, 172, 179, 183, 185~186

코언, 니카Cohen, Nika 39

코언, 린 블레어Cohen, Lynn Blair 236

코언, 알렉산드라Cohen, Alexandra 37

코언, 앤드루Cohen, Andrew 37, 200

콘퀘스트, 로버트Conquest, Robert 19~21, 23, 36, 40, 236

콜리마Kolyma 12, 60, 83~85, 89, 94, 112, 118

크라유시킨, 아나톨리Krayushkin, Anatoly 194

크르지자놉스키, 글레프Krzhizhanovsky, Gleb 107

큰 물big zone 117

키로프, 세르게이Kirov, Sergei 142

| ㅌ |

토도르스키, 알렉산드르Todorsky, Aleksandr 125, 139

톰스키, 유리Tomsky, Yuri 114, 179, 184

투마노프, 바딤Tumanov, Vadim 60, 63, 89

트로이카(3인위원회) 11, 14, 55

트로츠키, 레온Trotsky, Leon 20, 29, 132, 184

트리포노프, 유리Trifonov, Yuri 132, 134, 184~185

트바르돕스키, 알렉산드르Tvardovsky, Aleksandr 64, 109

특별 이주지 11

| ㅍ |

파데예프, 알렉산드르Fadeyev 109, 115~116, 139

파데예프, 표도르Fadeyev, Fyodor 21

파스테르나크, 보리스Pasternak, Boris 15, 202

『판단은 역사에 맡겨라Let History Judge』(메드베데프, R) 26, 186

팔라치 115

퍄트니츠키, 오시프Pyatnitsky, Osip 29

퍄트니츠키, 이고르Pyatnitsky, Igor 29, 56, 98, 102, 149, 177, 185

페레스트로이카 170, 189, 192~193, 203

페시코바, 예카테리나Peshkova, Yekaterina 112

페트롭스키, 그리고리Petrovsky, Grigory 107~108

페트롭스키, 레오니트Petrovsky, Leonid 28, 92, 128, 134, 183, 186~187, 192, 196

페트롭스키, 표트르Petrovsky, Pyotr 49

포메란츠, 그리고리Pomerants, Grigory 84, 125, 129, 229~230

포스크레비셰프, 알렉산드르Poskreby-shev, Aleksandr 101

폭력적인 개인 독재 171

표도로바, 조야Fyodorova, Zoya 56

표도로프, 스뱌토슬라프Fyodorov, Svya-toslav 133

『푸시킨의 집Pushkin House』(비토프) 40

푸틴, 블라디미르Putin, Vladimir 220, 223~228, 230, 232

플리세츠카야, 마이야Plisetskaya, Maya 48, 50, 111

피키나, 발렌티나Pikina, Valentina 124~125

| ㅎ |

하수인 27, 115, 130, 140, 175, 182, 197~198

해피엔딩 89

형법 58조 13, 55

『화상The Burn』(악쇼노프. V) 40

흐루쇼프, 니키타Khrushchev, Nikita 19, 21~22, 41, 54~56, 58~59, 61, 91~93, 95, 97, 103~104, 107, 109~110, 116, 118~119, 123, 125~132, 135~145, 147~153, 169~182, 185~191, 193, 202, 223, 225~226, 230, 232

흐루쇼프 시대의 귀환자 40

흐루쇼프의 해빙기 24, 117, 135, 185, 226

흐루쇼프파 죄수들 129~130, 136, 139, 142

돌아온 희생자들

| 초판인쇄 | 2014년 7월 28일 |
| 초판발행 | 2014년 8월 4일 |

지은이	스티븐 F. 코언
옮긴이	김윤경
펴낸이	강성민
편집	이은혜 박민수 이두루
편집보조	유지영 곽우정
마케팅	정민호 이연실 정현민 지문희 김주원
온라인 마케팅	김희숙 김상만 한수진 이천희
독자모니터링	황치영

| 펴낸곳 | (주)글항아리 | 출판등록 2009년 1월 19일 제406-2009-000002호 |

주소	413-120 경기도 파주시 회동길 210
전자우편	bookpot@hanmail.net
전화번호	031-955-8898(편집부) 031-955-8891(마케팅)
팩스	031-955-2557
ISBN	978-89-6735-123-6 03900

글항아리는 (주)문학동네의 계열사입니다.

이 도서의 국립중앙도서관 출판예정도서목록(CIP)은 서지정보유통지원시스템 홈페이지(http://seoji.nl.go.kr)와 국가자료공동목록시스템(http://www.nl.go.kr/kolisnet)에서 이용하실 수 있습니다. (CIP제어번호 : CIP2014020900)